U0529227

本书出版得到"云南大学一流大学国家级智库建设项目成果"全额资助

高原地区
优势产业发展论

以迪庆州生物产业和旅游产业为例

戴波 著

中国社会科学出版社

图书在版编目(CIP)数据

高原地区优势产业发展论：以迪庆州生物产业和旅游产业为例／戴波著．—北京：中国社会科学出版社，2020.2

ISBN 978-7-5203-6114-9

Ⅰ.①高… Ⅱ.①戴… Ⅲ.①生物技术产业—产业发展—研究—迪庆藏族自治州②旅游业发展—研究—迪庆藏族自治州 Ⅳ.①F426.7②F592.774.2

中国版本图书馆CIP数据核字(2020)第041209号

出 版 人	赵剑英
责任编辑	李庆红
责任校对	夏慧萍
责任印制	王 超
出 版	中国社会科学出版社
社 址	北京鼓楼西大街甲158号
邮 编	100720
网 址	http://www.csspw.cn
发行部	010-84083685
门市部	010-84029450
经 销	新华书店及其他书店
印 刷	北京君升印刷有限公司
装 订	廊坊市广阳区广增装订厂
版 次	2020年2月第1版
印 次	2020年2月第1次印刷
开 本	710×1000 1/16
印 张	17
插 页	2
字 数	288千字
定 价	79.00元

凡购买中国社会科学出版社图书，如有质量问题请与本社营销中心联系调换
电话：010-84083683
版权所有　侵权必究

目 录

第一章 研究背景 ……………………………………………… （1）
  第一节 前言 …………………………………………………… （1）
  第二节 迪庆州概览 …………………………………………… （3）

第二章 迪庆州生物产业发展研究 …………………………… （25）
  第一节 迪庆州生物产业现状 ………………………………… （25）
  第二节 迪庆州药材产业发展模式选择 ……………………… （41）
  第三节 迪庆州葡萄酒业的实践与发展 ……………………… （53）
  第四节 迪庆州高原特色农业的发展 ………………………… （62）
  第五节 迪庆州生物产业 SWOT 分析 ………………………… （71）

第三章 迪庆州旅游产业发展研究 …………………………… （85）
  第一节 迪庆州旅游产业现状 ………………………………… （86）
  第二节 迪庆旅游重点景区发展模式与评价 ………………… （94）
  第三节 乡村旅游、农家乐和民宿发展模式与评价 ………… （115）
  第四节 迪庆州旅游产业的 SWOT 分析 ……………………… （132）

第四章 高原特色产业发展研究 ……………………………… （139）
  第一节 产业发展的理论依据 ………………………………… （141）
  第二节 生物产业发展模式及实践 …………………………… （148）
  第三节 旅游产业发展理论与模式 …………………………… （159）
  第四节 产业发展的现实依据 ………………………………… （188）
  第五节 产业发展的保障措施 ………………………………… （194）

第六节　产业发展的实施路径 …………………………………（204）

第五章　迪庆州扶贫实践及成效分析 ………………………（219）

第一节　迪庆藏族自治州贫困人口情况 ………………………（221）

第二节　迪庆州扶贫特色分析 …………………………………（226）

第三节　迪庆州扶贫成效分析 …………………………………（242）

参考文献 ……………………………………………………………（265）

第一章

研究背景

第一节 前言

按照国务院《全国农业现代化规划（2016—2020年）》、国家发展改革委《全国农村经济发展"十三五"规划》的要求，云南省委、省政府提出了"十三五"期间高原特色农业现代化建设的主要目标、重点产业、主要任务、保障措施，《云南省高原特色现代农业"十三五"产业发展规划》等相关规划出台。2017年4月19日，云南省政府办公厅印发了《关于云南省高原特色现代农业产业发展规划（2016—2020年）》。该规划提出，到2020年，云南省将建成一批优势特色产业基地县。云南省立足区位优势和资源禀赋，创新发展思路，强化工作措施，高原特色农业产业发展取得阶段性成果，成为全国现代农业发展的典型模式之一。

云南省将高原特色现代农业产业列为省八大重点产业之一[①]，为农业农村经济发展注入新的活力。云南省作为边疆落后省份之一，贫困人口和贫困乡、县较多，自然条件偏差，总面积为39万平方千米，其中中山区和半山区的面积就占94%，生态环境脆弱，地形坡度大，耕地面积少，经济活动空间小，难以合理布局产业和发展产业，扶贫脱贫工作非常艰巨。

产业扶贫在精准扶贫工作中占据基础性、关键性地位，而且易地搬迁扶贫、生态治理扶贫等也都需要以产业扶贫作为支撑。我国相当一部分贫困人口需要通过发展生产实现脱贫。就全部产业类型而言，农业是贫困地

---

① 2017年1月6日，云南省政府印发的《云南省产业发展规划（2016—2025年）》提出云南要着力发展的8大重点产业是：生物医药和大健康产业、信息产业、高原特色农业、旅游文化产业、新材料产业、先进装备制造业、现代物流产业、食品与消费品制造业。

区的基础产业和民生产业，是贫困人口生活和收入的重要来源，大力发展农业产业是保证贫困人口脱贫致富的重中之重。

云南迪庆州高原藏区的产业发展尤其受环境限制，如何发展高原特色产业？其产业如何发展和转型升级？产业扶贫的成效如何？这些都非常值得深入调研和探讨。

云南是边疆多民族省，决胜全面建成小康社会，民族地区是重点和难点，是最难啃的"硬骨头"。对"三区三州"等深度贫困地区实施倾斜政策扶贫攻坚，是党和国家最具现实意义和政策意义的政策和方略。云南省迪庆藏族自治州是国家划定的"三区三州"范围之一，是国家层面的深度贫困地区。国家农业农村部专题研究部署"三区三州"产业扶贫工作，统筹各类措施倾斜支持当地特色优势产业发展。

2017年11月，中共中央办公厅、国务院办公厅印发了《关于支持深度贫困地区脱贫攻坚的实施意见》（以下简称《意见》），对深度贫困地区脱贫攻坚工作作出全面部署。《意见》指出，西藏、四省藏区、南疆四地州和四川凉山州、云南怒江州、甘肃临夏州（以下简称"三区三州"），以及贫困发生率超过18%的贫困县和贫困发生率超过20%的贫困村，自然条件差、经济基础弱、贫困程度深，是脱贫攻坚中的"硬骨头"，补齐这些短板是脱贫攻坚决战决胜的关键之策。

自此，中央统筹，重点支持"三区三州"。新增脱贫攻坚资金、新增脱贫攻坚项目、新增脱贫攻坚举措主要用于深度贫困地区。加大中央财政投入力度，加大金融扶贫支持力度，加大项目布局倾斜力度，加大易地扶贫搬迁实施力度，加大生态扶贫支持力度，加大干部人才支持力度，加大社会帮扶力度，集中力量攻关，构建起适应深度贫困地区脱贫攻坚需要的支撑保障体系。

加强就业扶贫、基础设施建设、土地政策支持和兜底保障工作，实施贫困村提升工程，推进基础设施和公共服务体系建设，改善生产生活条件，发展特色优势产业，壮大村集体经济，都是打赢深度贫困地区脱贫攻坚战的重要内容和任务。

在改革开放40年发展历程中，中国旅游产业发展逐步从要素投入驱动型向要素投入与生产率改善双重驱动型过渡，并以改革为突破口，开始凝聚新的增长源，目前发展到以"保增长、扩内需、调结构"为任务目标的"加速发展阶段"。

"十三五"期间，云南省旅游产业面临世界经济复苏增长，全球旅游进入休闲度假新时代，国际旅游市场有较大增长空间。我国经济进入中高速新常态发展期，国内旅游从大众观光旅游向休闲度假旅游转型升级，旅游需求井喷式增长，旅游业从经济建设的边缘走到前沿，成为拉动经济、优化结构的动力产业，成为扶贫攻坚、增进人民福祉的民生产业，成为传播文明、交流文化、增进友谊的文化产业，成为促进生态文明、建设美丽中国的绿色产业。

迪庆州旅游产业面临国家加快"一带一路"建设，加快旅游业改革发展，进一步促进旅游投资消费，加快基础设施网络建设等重大机遇，同时，也面临旅游市场竞争日益激烈、旅游创新驱动发展不足、要素资源尤其是土地、资金、人才等要素资源短缺、约束突出的挑战。近年来，迪庆州顺应全球旅游发展新趋势，围绕打造"世界的香格里拉"品牌目标，打造国际高原全域旅游目的地，通过打造精品旅游线路、建设高 A 级旅游景区聚集区、发展旅游特色小镇、推动乡村旅游振兴、培育旅游新业态、推动旅游文化深度融合、强化旅游公共服务设施等，积极推进旅游产业新业态发展。

迪庆藏族自治州是典型的藏区和多民族杂居地区，世居民族有藏、傈僳、纳西等，还有白、回、彝、苗、普米等 26 个民族，是民族地区脱贫攻坚的典型示范，迪庆州的生物产业、旅游产业在云南省乃至全国都具有特色和优势，其模式和典型性、其存在问题和未来发展机制都值得探究。生物产业、旅游产业的可持续发展和政策制定，对迪庆区域经济社会发展和实现小康社会的目标有着重要意义。

本书对迪庆藏族自治州辖区的香格里拉市、德钦县和维西傈僳族自治县的生物产业和旅游产业进行深入调研，并对迪庆州这两个发展的支柱产业和重点发展产业的现状、发展模式、存在问题、扶贫成效等进行梳理和归纳，从理论与现实角度分别对生物产业和旅游产业的优势、劣势、机遇和挑战进行分析，并对产业进一步升级和发展的保障措施与路径选择提出建议。

第二节　迪庆州概览

迪庆州地处青藏高原南缘、横断山脉腹地，高山、草甸、江流、峡谷并存，海拔落差 5600 多米。独特的地理环境，一方面造就了壮美的自然景观，另一方面也给农牧业生产带来挑战，尤其是缺乏连片的耕地，导致农业产业小、散、弱的问题突出。

一　迪庆藏族自治州州情

迪庆的藏语意为"吉祥如意的地方"，是云南省唯一的藏族自治州，位于云南省西北部，滇、藏、川三省区交界处，青藏高原伸延部分南北纵向排列着横断山脉，金沙江、澜沧江、怒江三江并流国家级风景名胜区腹地，澜沧江和金沙江自北向南贯穿全境，总面积 23870 平方千米。其西北接西藏自治区，东临四川省，东南与丽江市毗邻，西与怒江傈僳族自治州接壤。境内最高海拔为梅里雪山主峰卡瓦格博峰 6740 米，也是云南省最高海拔；最低海拔为澜沧江河谷，海拔 1486 米，绝对高差达 5254 米，较小范围内的巨大高差使得境内出现了垂直气候和立体生态环境特征。州府所在地香格里拉县建塘镇距省城昆明市 608 千米。

迪庆藏族自治州辖区有德钦县、维西傈僳族自治县和香格里拉市（县级市），细分为 29 个镇（乡、民族乡），11 个居委会，182 个村民委员会。境内有藏、傈僳、纳西、汉、白、回、彝、苗、普米 9 个千人以上的民族和其他 16 个少数民族。

迪庆藏族自治州香格里拉市地处青藏高原南缘、横断山脉腹地，是滇、川、藏三省区交汇处，是英国著名作家詹姆斯·希尔顿于 1933 年在其长篇小说《消失的地平线》中，首次描绘的一个远在东方群山峻岭之中的永恒和平宁静之地——香格里拉。香格里拉是迪庆藏语，意为"心中的日月"。

1. 历史沿革[①]

迪庆有着悠久的历史。维西傈僳族自治县境内的戈登新石器文化遗址证明，远在六七千年前，迪庆就有人类生息繁衍。德钦县永芝、纳古、石底等地出土的石棺墓及随葬文物显示，在 2300 多年前，吐蕃先民已在这里创造了个性鲜明的土著文化。秦王朝时期，吐蕃统治势力已延伸到迪庆。汉朝，汉武帝在"西南夷"设置郡县。东汉时，迪庆为牦牛羌地。

---

① 《迪庆藏族自治州概况》编写组：《迪庆藏族自治州概况》，民族出版社 2007 年版，第 53—60 页。

三国蜀汉时期属云南郡地。隋时为南宁州总管府地。

唐武德四年（621）设神州，今维西、中甸的部分地区为唐剑南道姚州都督府十三羁縻州之一。唐永隆元年（680），吐蕃在今迪庆境内维西塔城一带设神川都督。五代后晋天福二年（937）段思平灭杨干贞，建立地方政权，号大理国，取代南诏，维西改属大理国。宋代（960—1254），大理国废节度，设四镇八府，维西县境归么些大酋统辖，属四镇之一的成纪镇，名罗间，为大理国极边险僻之地。境内藏区在宋代成为藏传佛教兴盛的地方，而沿金沙江一线则为么些大酋所据，号花马国。南宋宝祐元年（元宪宗三年，1253），忽必烈率大军征大理国，至元八年（1271），元忽必烈派兀都蛮率蒙古军镇守旦当（今香格里拉一带），同年置茶罕章宣慰司。至元三十年（1293），云南旦当（中甸藏区）划属宣政院管辖地。南宋宝祐元年（1253），忽必烈率领"回回亲军"挥师南下，西路军兀良合台经旦当、罗裒间（今维西）并于境内金沙江上"革囊渡江"，后平大理国。元至元十四年（1277），设临西县，属丽江路军民抚司巨津州。

明代分属丽江府、永昌府，部分属云南都司。明永乐四年（1406），在今维西县设剌和庄长官司，直属云南都指挥使司管辖。明嘉靖至万历年间（1522—1572），为丽江土司木氏统治，丽江军民府土知府木氏染指藏务，经营康区，并以迪庆为据点，攻下巴塘、理塘、乡城等康南地区。这一时期，香格里拉称"中甸"，维西称"你那"，德钦称"阿德酋"。

清康熙二十七年（1688）"准于中甸互市"，"遂设渡通商贸易"。清雍正四年（1276），将迪庆地区划归云南省，设中甸厅。雍正五年（1727）设维西厅（辖阿墩子），设通判。清末，在川滇边界藏区推行"改土归流"，迪庆地区曾受川、滇边务大臣衙门节制，并新设阿墩子弹压委员。

民国元年（1911），中甸、维西改厅为县，直属云南省腾越道。民国21年（1932）阿墩子改为德钦设治局。

1949年7月成立了维西县人民政府。1950年5月中甸和平解放，成立了县人民政府。随之德钦也宣布和平解放，仍称德钦设治局，1952年5月德钦县召开省届各族人民代表大会，决定成立德钦藏族自治区及自治区人民政府。1955年12月改称德钦县。三县1950年属丽江专区，1957年9月13日设立迪庆藏族自治州，自治州人民委员会驻中甸县，原属丽江专区的中甸、维西、德钦三县划归迪庆藏族自治州领导，迪庆藏族自治州仍由丽江地区代管。1973年8月，迪庆藏族自治州为省直属管辖。

2014年12月16日，《民政部关于同意云南省撤销香格里拉县设立县级香格里拉市的批复》（民函〔2014〕375号）：经国务院批准，同意撤销香格里拉县，设立县级香格里拉市，以原香格里拉县的行政区域为香格里拉市的行政区域，香格里拉市人民政府驻建塘镇金沙路22号。

千百年来，居住在迪庆这方土地上的各族人民勤劳勇敢，为争取和平与自由，同一切残暴势力进行顽强斗争。早在唐咸通十五年（669），迪庆藏民就投入"洛金邦"奴隶平民大起义。1801，傈僳族人民不堪忍受清王朝、土司、喇嘛寺的重重压迫剥削，爆发了震惊清王朝的"恒乍绷起义"。清光绪壬辰年（1905），在德钦县爆发了有上万名藏民僧俗及其他民族参加的反帝斗争。1936年4月，中国工农红军二、六军团长征途经中甸（今香格里拉），与藏民和松赞林寺结下深厚情谊，贺龙同志向松赞林寺赠送了"兴盛番族"的锦幛。1949年5月20日，在党组织的领导下，维西县举行武装暴动，夺取政权，10月1日，在中华人民共和国成立当天，成立了维西县人民政府。1950年5月，中甸县和平解放，成立了中甸县人民政府。随即德钦也宣布和平解放，仍称德钦设治局，1952年5月建立县一级的德钦藏族自治区。1957年9月，经中华人民共和国国务院批准，成立云南省迪庆藏族自治州，由丽江地区代管。1973年8月经中共中央、国务院、中央军委批复，同意迪庆藏族自治州不再由丽江地区代管，直接受中共云南省委、省政府领导。

2. 人口与民族

截至2015年年末，迪庆州总人口40.7万人，人口密度17.1人/平方千米。云南省2015年人口密度为120.3人/平方千米。截至2017年年末，迪庆州总人口41.2万人，人口密度17.26人/平方千米。云南省2017年人口密度为121.8人/平方千米。迪庆州属于人口稀少地区。

表1-1　　　　　　　　　迪庆州人口变化情况

年份	总人口（人）	男（人）	女（人）	人口性别比
1957	167717	84992	82725	102.7
1964	173381	84483	88898	95.0
1970	214617	105454	109163	96.6
1980	268791	131847	136944	96.3

续表

年份	总人口（人）	男（人）	女（人）	人口性别比
1982	277047	138262	138785	99.6
1990	315317	160247	155070	103.3
2000	353518	184451	169067	109.1
2010	400182	213073	187109	113.9
2015	407000	216	191	113.1
2017	412000	219	193	113.5

资料来源：云南人口普查办公室：《云南省人口统计资料汇编（1949—1988）》，云南人民出版社1990年版。

云南人口普查办公室：《云南省1990年人口普查资料》，中国统计出版社1992年版。

云南人口普查办公室：《云南省2000年人口普查资料》，云南科技出版社2002年版。

云南人口普查办公室、云南省统计局：《云南省2010年人口普查资料》，中国统计出版社2012年版。

云南省统计局：《云南统计年鉴2016》，中国统计出版社2016年版。

云南省统计局：《云南统计年鉴2018》，中国统计出版社2018年版。

从1957年迪庆州成立，至今辖区没有变更，因此人口变化就是在本区域内的变化。从表1-1看，人口随年度变化持续增加，幅度适中。人口性别比值得关注，从1980年的96.3到2010年的113.9，这30年中，迪庆州总人口性别比上升很快，超过云南省总人口性别比的变化，2010年云南省人口性别比为107.9。

据迪庆州人口普查办统计，截至2010年年末，迪庆藏族自治州常住人口为40.5万人，其中户籍管理人口360920人。在户籍总人口中，农业人口302689人，非农业人口58231人。全州有少数民族25个，少数民族人口319226人，占总人口的88.5%，其中藏族人口129097人，占总人口的35.8%；傈僳族人口108491人，占总人口的30.1%。千人以上的民族有6个，分别为彝族15183人、白族14836人、苗族1429人、回族1131人、纳西族46230人、普米族2052人。2012年，迪庆州少数民族人口占总人口的83.56%，藏族人口13万余人，占总人口的33%；傈僳族人口10万余人，占总人口的29%。①

---

① 人口普查年才有按地区的民族分类人口统计。

二 藏族人口情况

藏族是中国少数民族中人口较多的民族之一，全国 1953 年第一次人口普查时，藏族有 275 万多人，到 2010 年第六次人口普查的 628 万多人，藏族总人口数翻了 2 番多（见表 1-2）。藏族在全国的 31 个省、自治区、直辖市中均有分布，大多数集中分布在西藏自治区、青海省、四川省西部，此外云南迪庆、甘肃甘南等地区也有集中分布。

藏族是从原始社会末期或奴隶社会直接过渡到社会主义社会的"直过民族"，他们大部分居住在高山峡谷及地理环境条件差的贫困地区。由于历史、社会及地理条件等多重因素，人口较少民族与"直过民族"群众平均受教育程度普遍较低。1990 年，藏族的文盲和半文盲占总人口的 59.8%；2000 年文盲人口比率为 23.43%；到 2010 年，藏族的平均受教育年限也才 4.34 年，净文盲率 16.01%。而云南省 2010 年的平均受教育年限为 7.6 年，净文盲率 6.03%。全国平均受教育年限为 8.76 年，汉族为 8.84 年。从受教育年限角度看，藏族总体上落后，也是造成其贫困的重要因素之一。藏族有自己的语言和文字。藏族普遍信仰藏传佛教。

1. 藏族人口分布状况

根据第六次全国人口普查数据，我国藏族人口的分布情况如表 1-2 所示。

表 1-2　　　　2010 年我国藏族族人口地区分布情况　　　　单位：人

地区	人口	男	女
北京	5575	2746	2829
天津	1775	911	864
河北	1935	869	1066
山西	1047	494	553
内蒙古	3259	1821	1438
辽宁	1881	890	991
吉林	652	264	388
黑龙江	589	312	277
上海	2406	1031	1375
江苏	3358	1451	1907
浙江	2850	1274	1576
安徽	1279	511	768

续表

地区	人口	男	女
福建	1739	711	1028
江西	1150	595	555
山东	2146	875	1271
河南	1811	598	1213
湖北	2175	974	1201
湖南	1622	758	864
广东	5604	2723	2881
广西	815	393	422
海南	248	111	137
重庆	3086	1250	1836
四川	1496524	747138	749386
贵州	1281	585	696
云南	142257	71239	71018
西藏	2716388	1368355	1348033
陕西	6345	2827	3518
甘肃	488359	245262	243097
青海	1375059	693995	681064
宁夏	656	316	340
新疆	8316	4346	3970
全国	6282187	3155625	3126562

资料来源：国家统计局人口和就业统计司：《中国2010年人口普查分民族人口资料》（上、下），民族出版社2013年版。

从表1-2可以看出，我国藏族人口分布相对集中于西藏、四川、青海、甘肃四省区，云南省藏族人口是紧随其后的第五位，其他省区仅有少部分人口分布。云南的藏族人口主要集中分布在迪庆州。

从表1-3可以看出，云南省的藏族人口分布非常集中，基本上集中在迪庆藏族自治州，各个地州都有少量分散分布。其中千人以上的藏族人口分布在昆明市、丽江市、怒江州和大理州。

表1-3　　　　　　2010年云南省藏族分地州人口情况　　　　单位：人

地区	小计	男	女
昆明市	3009	1497	1512
曲靖市	62	26	39
玉溪市	127	67	60

续表

地区	小计	男	女
保山市	129	67	62
昭通市	74	38	36
丽江市	5199	2482	2717
普洱市	123	66	57
临沧市	161	77	84
楚雄州	208	104	104
红河州	150	82	68
文山州	114	53	61
西双版纳州	51	33	18
大理州	1321	556	765
德宏州	130	77	53
怒江州	1772	931	841
迪庆州	129496	65016	64480

资料来源：云南省统计局：《云南民族人口分县数据 2010 年》，中国统计出版社 2012 年版。

人口数量是指一个地区或一个国家在一定时间内的人口总和，一般以人口普查的统计结果为依据，藏族是我国人口较多的少数民族，通过我国 1953—2010 年的六次人口普查数据可以看出我国藏族人口数量的演变情况。

从表 1-4 可知，在 1982—2010 年这 28 年的时间里，全国的藏族人口增长了 2434312 人，增长的幅度为 37%。

表 1-4　　　　　　　　　全国藏族人口普查数

年份	总人口（人）	男（人）	女（人）	性别比
1953	2753081	—	—	—
1964	2501174	—	—	—
1982	3847875	1882334	1965541	95.7
1990	4593072	2269082	2323990	97.6
2000	5416021	2697807	2718214	99.2
2010	6282187	3155625	3126562	100.9

资料来源：国家统计局人口和就业统计司：《中国 2010 年人口普查分民族人口资料》（上、下），民族出版社 2013 年版。

2. 藏族人口结构

人口的性别结构是指一定时点、一定地区男女两性在全体人口中的比重。中国已经成为世界上出生性别比失衡较为严重、持续时间较长的国家之一，其中最主要的汉族人口的性别比出现严重失衡。藏族的人口性别比逐年增长，从历次人口普查数据看，藏族的人口性别逐渐趋于平衡。人口出生率、死亡率等人口学特征基本正常。从表1-4可以看出，我国藏族人口性别比呈现出增长趋势。在人口统计学上，一般正常范围在102—107，高于或低于这个数字，都属于失衡状态，藏族人口性别比虽然在逐年攀升，但是明显低于全国水平，而且目前仍处于正常的性别比范围内。

人口结构反映一定地区、一定时点人口总体内部各种不同质的规定性的数量比例关系，主要有性别结构和年龄结构。人口金字塔是按人口年龄和性别来表示人口分布的特种塔状条形图，是形象地表示某一人口的年龄和性别构成的图形。水平条代表每一年龄组男性和女性的数字或比例，金字塔中各个年龄性别组相加构成了总人口。人口金字塔图，以图形来呈现人口年龄和性别的分布情况，以年龄为纵轴，以人口数为横轴，按左侧为男、右侧为女绘制图形，其形状如金字塔。金字塔底部代表低年龄组人口，金字塔上部代表高年龄组人口。人口金字塔图反映了过去人口的情况，如今人口的结构，以及今后人口可能出现的趋势。

图1-1和图1-2为全国藏族人口金字塔。总体呈现出缩减，即新增人口逐渐减少，与全国总人口变化情况相近。从2000年到2010年，藏族人口变化基本趋于稳定。

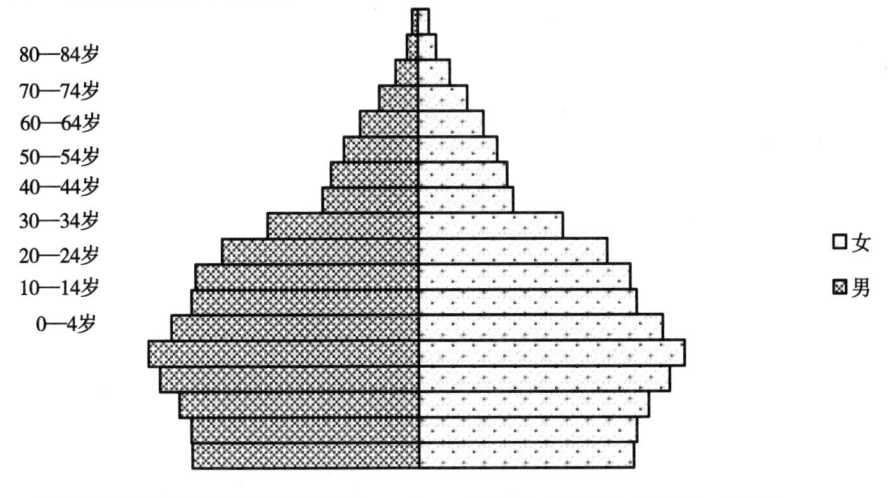

图1-1　全国藏族人口2000年人口普查数的年龄金字塔

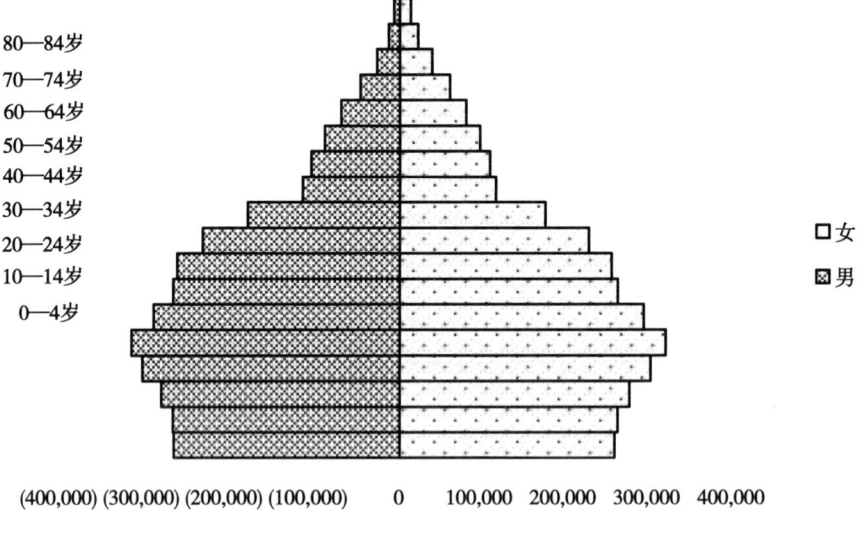

图 1-2　全国藏族人口 2010 年人口普查数的年龄金字塔

三　香格里拉市简介

1. 历史渊源

香格里拉市原名中甸县，藏语称"建塘"。唐代属吐蕃神川都督地，吐蕃曾以中甸为前沿据点，经营并控制南诏 70 年之久。元代为宣政院直辖地，明中叶后属云南丽江民府，清雍正二年（1724）设中甸厅，辖于云南省。1950 年 5 月 10 日，中甸和平解放，归属丽江地区行署。1957 年 9 月 13 日迪庆藏族自治州成立并设州政府于中甸县。经国务院批准，2001 年 12 月 17 日中甸县更名为香格里拉县，2014 年 12 月 16 日，香格里拉撤县设市。

2. 面积和人口

香格里拉全市土地面积 11613 平方千米，是云南省土地面积第一大县（市），香格里拉市辖 4 个镇、7 个乡（其中 1 个民族乡）：建塘镇、小中甸镇、虎跳峡镇、金江镇、上江乡、三坝纳西族乡、洛吉乡、尼西乡、格咱乡、东旺乡、五境乡。共有 62 个村民委员会（居委会），688 个村民小组，2017 年总人口 17.6 万人。境内居住有藏族、纳西族、汉族、傈僳族、彝族、白族、苗族、回族、普米族 9 个世居民族和其他民族共 25 个，由此形成了藏民族独具特色的服饰文化、饮食文化、建筑文化、民俗风情和文学艺术等。香格里拉市有藏传佛教、东巴教、基督教、伊斯兰教、道教等宗教，是一个多民族聚居、多宗教并存的高原山区市，体现了东西文化荟萃和南北文化交融的多元文化、包容文化的特点。

3. 区位和交通

香格里拉市位于云南省西北部、迪庆藏族自治州东部，地处青藏高原东南缘、世界自然遗产"三江并流"腹地，与迪庆州德钦县、维西县、丽江市玉龙县隔金沙江相望，沿 214 国道经德钦通往西藏自治区芒康县，与四川省甘孜州乡城、稻城、木里、得荣等县相连，是滇、川、藏三省区的交汇处。同时，香格里拉市是迪庆藏族自治州州府所在地和全州政治经济文化中心，系滇西北城镇群三大经济增长极之一、大香格里拉生态旅游区核心区，是昆明—丽江—迪庆—滇川藏经济走廊的重要节点城市和金沙江对内开放合作经济带的重要组成部分。县境地形总趋势西北高、东南低，最高点巴拉格宗海拔 5545 米，最低点洛吉吉函海拔 1503 米，海拔高差 4042 米，平均海拔 3459 米，县境地貌按形态可分为山地、高原、盆地、河谷。因地处高海拔低纬度地带，气候随海拔升高而变化，将依次出现季风气候、立体气候、高原气候以及地形小气候。

"十二五"末，全市已建成以 214 国道（丽香、香德公路段）、215 国道、224 省道（香乡公路段）为骨架，旅游公路和乡市公路为支撑，乡村公路为网络的相互衔接、互为补充的公路体系。丽香高速、丽香铁路等重大交通基础设施正在推进；香格里拉机场的软硬件建设得到进一步加强，口岸机场正在申报中。

4. 资源禀赋

（1）旅游资源

香格里拉境内雪山、高原湖泊、高山草甸和原始森林广布，海拔高差大，立体气候明显。得天独厚的气候、地理区位和独特的自然环境，赋予了香格里拉十分丰富的旅游资源。香格里拉市是"三江"并流风景区的核心地带，自然环境优美，四季气候鲜明，有国家第一个陆地公园——普达措国家公园、小布达拉宫—松赞林景区和以险、深著称的虎跳峡，除此之外，还有独克宗古城、白水台、巴拉格宗、纳帕海、石卡雪山等自然景区闻名遐迩，是滇西北高原旅游中心。境内有藏族、纳西族等世居民族和藏传佛教、东巴教、基督教等多种宗教，成为集高原生态、多民族、多宗教文化为一体的世人向往的梦幻之地。

（2）生物资源

香格里拉市位于高山峡谷之间，包含从北回归线温带到北极寒带完整的气候带，生物多样性特色突出，是三江并流区生物多样性的缩影，生物资源极其丰富，境内有菌类、苔藓类、蕨类、种子类植物289科3870种，其中食用和药用真菌24科92种；有以杜鹃花为冠的观赏性植物1241种；维管束植物234科3582种，广泛分布有冬虫夏草、松茸等珍贵野生植物资源；有哺乳动物26科69属97种，常见两栖类5种，爬行类18种，鸟类40科170种，鱼类75种。素有"天然高山生物园"的美誉。

（3）土地和矿产资源

全市国土面积为1.1613万平方千米，是全省面积最大的县级行政区，林地面积广阔，森林覆盖率74.99%，耕地面积32万亩，草场面积636.1万亩。香格里拉市处于"三江有色金属成矿带"，地质构造复杂，土壤种类多样性特点突出，矿产资源十分丰富，境内有铜、钨、钼、铍、大理石等25种金属、非金属矿种，120个矿床矿点。铜、钨、钼、铍探明储量为全省第一，其中铜的已探明矿藏储量为615万吨，远期储量达到1000万吨以上，居全国第一。

（4）水资源

香格里拉市水能蕴藏量高，金沙江干流在境内流程375千米，拥有硕多岗河、岗曲河、白水河、尼汝河等大小河流244条，其中多年平均流量3.07立方米/秒以上的一级支流有13条，总长545千米，流域面积8065.9平方千米。水能资源丰富，市域内中小河流的水能理论贮藏量达到692万千瓦，可开发理论贮藏量达209.84万千瓦，具备水电开发的优良条件。

5. 综合指标衡量

从香格里拉市的各项综合指标看（见表1-5），香格里拉市的综合实力显著增强，产业转型升级势头良好，人民生活质量稳步提高，生态建设成效显著。

表 1-5　　　　　　　香格里拉市各项综合指标

类型	指标	2015 年/2017 年	"十二五"期间/2017年均增长率（%）
富强指标	地区生产总值（亿元）	121.68*	10.3
	其中：工业增加值（亿元）	12.78	28.1
	人均生产总值（元）	56311	14.1
	地方财政公共预算收入（亿元）	4.86*	—
	地方财政公共预算支出（亿元）	42.36*	11
	全社会固定资产投资（亿元）	（预计）188.7*	—
	社会消费品零售总额（亿元）	35.8*	12
	城镇居民人均可支配收入（元）	32666*	9
	农村居民人均可支配收入（元）	8034*	12
结构指标	城镇化率（按常住人口计算）（%）	45.75	3
	三次产业比重	4.1∶34.5∶61.4	—
	进出口总额增速（%）	7	—
人文指标	旅游产业总收入（亿元）	115.6	20.1
	人均受教育年限（年）	9	—
	网络普及率（%）	95	—
生态指标	森林覆盖率（%）	74.99	0.02
	草场保有量（万公顷）	42.41	—
	新增水土流失治理面积（平方千米）	24	0.74
	城镇生活垃圾无害化处理率（%）	100	—
	万元生产总值能耗（吨标准煤）	1.3	—
社会指标	城镇调查失业率（%）	3.72	—
	人口自然增长率（‰）	7.96*	—
	新型农村合作医疗覆盖率（%）	99.50	—
	解决农村安全饮水人数（万人）	基本解决	—

注：*数据为 2017 年度数据，摘自 2018 年市二届人大二次会议《政府工作报告》，香格里拉市政府，2018 年 1 月。

资料来源：《香格里拉市国民经济和社会发展第十三个五年规划纲要》，迪庆州香格里拉市政府，2016 年 1 月。

四　维西县简介

1. 历史渊源

维西傈僳族自治县的建县年代非常久远，从唐至宋，先后隶属吐蕃、南诏"大理国"管辖，元至元十四年（1277）置临西县，为县境设治之始。明代沿用，至成化四年（1468）之后百余年间，由丽江木氏土司直接统管；清雍正五年（1727）建维西厅，移鹤庆府通判驻防；乾隆二十一年（1756）改隶丽江府。民国2年（1923）5月废厅置县，先后隶属滇西道、云南第一殖边督办公署，第七及第十三行政督察专员公署管辖。新中国成立后先后归丽江专区、迪庆州管辖。1985年6月11日，国务院批准建立维西傈僳族自治县，隶属迪庆藏族自治州至今。

2. 面积和人口

全县国土总面积为4476.5平方千米，东西最大跨径70千米，南北纵距122千米，县城保和镇海拔2320米。维西傈僳族自治县下辖3镇7乡，具体下辖乡镇为保和镇、塔城镇、叶枝镇、永春乡、攀天阁乡、白济汛乡、康普乡、巴迪乡、中路乡、维登乡。共有79个村民委员会，3个社区居民委员会，1029个村民小组。2017年年末，全县总人口为15.65万人，其中农业人口为13.84万人，占总人口的88.44%，少数民族人口136935人，占总人口的87.51%；傈僳族人口89843人，占全县总人口的57.42%，占全县少数民族人口的65.61%。全县千人以上的少数民族人口有：纳西族18803人，藏族12652人，白族9955人，彝族3114人，普米族1826人，全县居住着傈僳族、汉族、纳西族、怒族、独龙族等28个民族，形成了以傈僳族为主的多民族聚居地。

3. 区位和交通

维西傈僳族自治县地处"三江并流"世界自然遗产腹地，县境属青藏高原向云贵高原的过渡带，与香格里拉市、兰坪县、玉龙县、贡山县、福贡县、德钦县交界，县城保和镇距昆明689千米，距香格里拉市219千米，可北上德钦连接"昆明—丽江—香格里拉—昌都经济走廊"，南下兰坪进入大理和"滇西城市群"，东连丽江、香格里拉融入"香格里拉生态旅游区"，西至怒江州经片马口岸抵达缅北、印东等区域，是滇西北疆防要塞之地，是通往印、缅、康藏的驿运孔道之一，是古代滇西北"茶马互市"的汇集点，具有由滇入藏并进而通往南亚各国的桥梁和藏区与祖国内地联系的区域性枢纽区位优势。维西傈僳族自治县地形北窄南宽，云岭山脉东接金沙江，西临澜沧江，自北向南延伸，境内海拔最高点查布朵嘎峰可达4880米，最低点澜沧江与碧玉河交汇口海拔1380米，海拔高差达3500米，全县平均海拔2340米。县境地貌按形态可分为高山、河谷、山间小盆地和高山褶断，凹陷枯湖沉积地或草甸，由于河水冲刷和自然风化，地貌常被分割，形成典型的V形地貌。维西县地处低纬高原，属西藏华西类康滇区的亚热带与温带季风高原山地气候，又由于地质结构复杂，海拔高差大，光、温、降水分布皆不均匀，形成了垂直的立体气候。

截至2017年年底，全县已完成德钦至维西塔城二级油路、碧白三级油路建设，维通二级公路、永春河河西公路、澜沧江江西公路前期工作，香维、维福公路已开工建设，实施维登、梓里等澜沧江车马吊桥维修工程村组公路通达。

4. 资源禀赋

（1）旅游资源

维西县地处世界自然遗产"三江并流腹地"，境内群峰连绵叠嶂，江河纵横交错，蕴藏着众多美不胜收的自然风光、民族风情和历史文化，塔城滇金丝猴国家公园、维登新化湖、叶枝查布朵嘎、保和镇雪龙山杜鹃公园、巴迪南几洛、"九湖一山"等自然风光，达摩祖师洞、康普寿国寺、小维西天主教堂等民族宗教圣地，少数民族的民间歌舞、传统艺术、民风民俗和建筑、饮食、服饰文化等人文景观各有千秋，素有"药材之乡""兰花之乡""杜鹃花园"的美誉。

（2）生物资源

维西县素有"横断山中的绿宝石""三江明珠"的美称，境内已查明的树种有146科、777属、2537种，其中有秃杉、红豆杉等7种国家一级、二级、三级保护植物，药用植物241科633属867种，其中珍贵药材达十余种。同时，维西县人工种植药材历史悠久，尤其以种植当归、云木香、党参、天麻、重楼等较为著名，曾被国务院确定为"全国药材基地县"。野生观赏植物和高山花卉种类繁多，有以兰花、杜鹃花为冠的观赏性植物共计360多种，另外，维西是兰花名品——细叶莲瓣兰的原生地和主产地，境内已查明的兰花有150个原生种、80余个特色名兰和200多个新种。

维西是"野生动物的乐园"，县内共有野生脊椎动物716种，其中有国家保护的珍稀动物滇金丝猴、云豹、小熊猫等近百种，被称为"滇金丝猴的故乡"。已查明有昆虫1886种，资源昆虫1316种。

（3）土地和矿产资源

全县国土总面积4476.5平方千米，林地面积广阔，森林覆盖率达74.83%，农作物播种面积达51.43万亩，其中粮食作物播种面积36.16

万亩。维西傈僳族自治县地处"三江"成矿带，矿产业发展潜力巨大，境内已知矿藏有钛、铁、锑、铜、金、银、铅、锌、石膏、油页岩、石棉、大理石等，已探明的楚格咱铁矿储量 4825.9 万吨，庆福铁矿储量 1200 万吨，全县铜矿储量 15.88 万吨，锑矿储量 6.53 万吨，铅锌矿储量 25.78 万吨，煤炭储量 211 万吨，石膏储量 7200 万吨，其余有色金属矿种和非金属矿种在全县境内均有不同程度的分布。

（4）水资源

维西县水能资源比较丰富，澜沧江自北向南纵贯境域 165 千米，澜沧江水系集水面积 3854 平方千米，占全县国土总面积的 82.7%。金沙江流经县境东北隅，过境流程 13 千米。全县大小山溪、河流共 763 条，分别注入两江之中。其中永春河流程 59 千米，腊普河流程 76 千米，为"两江"最大的两条分支干流。据统计，不含金沙江和澜沧江，全县大小溪流、河流径流量达 32.32 亿立方米，水能蕴藏量为 58.72 万千瓦，位居全省前列。

5. 综合指标衡量

从维西县的各项综合指标看（见表 1-6），整体趋势发展良好，人民生活水平显著提高，产业转型升级效果显著，但地方财政赤字较为严重，地方政府应该加强债务风险意识。

表 1-6　　　　　　　　维西傈僳族自治县各项综合指标

类型	指标	2015 年/2017 年	"十二五"期间/2017 年均增长率（%）
富强指标	地区生产总值（亿元）	46.91*	10.3*
	其中：工业增加值（亿元）	2.99	26
	人均生产总值（元）	22709	23
	地方财政公共预算收入（亿元）	1.02*	67.29*（下降）
	地方财政公共预算支出（亿元）	28.69*	2.58*（下降）
	全社会固定资产投资（亿元）	103.07*	156.63*
	社会消费品零售总额（亿元）	8.89*	12*
	城镇居民人均可支配收入（元）	28467*	8.4*
	农村居民人均可支配收入（元）	7674*	9.4*
结构指标	城镇化率（按常住人口计算）（%）	19.86	——
	三次产业比重	12.36：37.94：49.7	——

续表

类型	指标	2015年/2017年	"十二五"期间/2017年均增长率（%）
人文指标	旅游产业总收入（亿元）	15.35	16.29
	人均受教育年限（年）	8	—
	广播电视覆盖率（%）	98.5	—
生态指标	全县森林覆盖率（%）	74.83	—
	全县耕地保有量（万公顷）	2.78	—
	新增水土流失治理面积（平方千米）	1.28*	—
	城镇生活垃圾无害化处理率（%）	96	—
	单位GDP能源消耗下降（%）	0.62	—
社会指标	城镇登记失业率（%）	3.91	—
	人口自然增长率（‰）	5.32*	—
	新型农村合作医疗覆盖率（%）	100	—
	解决农村安全饮水人数（万人）	5	—

注：* 即为2017年度数据。数据摘自2018年市二届人大二次会议《政府工作报告》，2018年1月。

资料来源：维西傈僳族自治县政府：《维西傈僳族自治县国民经济和社会发展第十三个五年规划纲要》，2016年1月。

五　德钦县简介

1. 历史渊源

德钦早在远古时代（春秋时期），就有土著先民在金沙江、澜沧江流域繁衍生息，从纳古、永芝、石底等地发掘的石棺墓及其文物看，距今2300多年前，吐蕃先民就在这里创造了丰富多彩的土著文化。唐属吐蕃神川都督府；元为巴宗（巴塘）的辖区；明正德四年（1509）始，德钦为云南省丽江土知府纳西族木氏领地，时称阿德酋。清顺治五年（1648）至康熙年（1665），德钦归复西藏统属范围，清称阿墩子。雍正五年（1727）清廷勘定川、滇、藏界，德钦由四川省（巴塘管辖）划归云南省。光绪三十三年（1906）设阿墩子弹压委员。民国2年（1913）改为行政委员。1915年，改设阿墩子行政委员会。民国21年（1932），改设阿墩子设治局。民国24年（1935），以"德钦林"（林：藏语，意为寺院）之音，改称为德钦设治局，辖燕门、云岭、佛山和升平镇。1950年5月20日，在升平镇召开德钦和平解放庆祝大会。中共丽江地委派出的随军代表接管德钦县参议会和设治局,建立县级人民政权机构——德钦县设治局,隶属丽江地区专员公署。1957年9月,成立迪庆藏族自治州,德钦县由丽江地区划归迪庆藏族自治州建制。1959年调整县区划,将德钦县和奔子栏县级办事处合并,原办事处下属的羊拉、奔子栏、霞若三个区划归德钦县管辖。①

2. 面积和人口

德钦县地处云南省西北部横断山脉地段,青藏高原南缘滇、川、藏三省接合部,北靠西藏芒康县、西连西藏左贡县、察隅县及云南省怒江州贡山县,南连维西县,东与四川巴塘县、得荣县及香格里拉市隔江相望,地处金沙江、澜沧江、怒江三江"三江并流"世界遗产腹地。德钦县总面积为7596平方千米,下辖2个镇、6个乡(其中2个民族乡):升平镇、奔子栏镇、佛山乡、云岭乡、燕门乡、霞若傈僳族乡、托定傈僳族乡、羊拉乡。共有42个村民委员会(居委会),466个村民小组,532个自然村,全县常住人口6.78万人,人口城镇化率为20.2%。②德钦是一个典型的多民族、多宗教并存的县,2005年县境内总人口为58658人,总人口中少数民族人口为57790人,占总人口的98%,少数民族有藏族、傈僳族、纳西族、白族、回族、彝族、壮族、苗族、哈尼族、怒族、傣族、普米族12个③,德钦多元的民族形成了一个以藏族佛教为主,天主教、道教、伊斯兰教、东巴教以及各种民族信仰并存的多元宗教及民间民族文化带。内居住有藏族、纳西族、汉族、傈僳族、彝族、白族、苗族、回族、普米族9个世居民族和其他民族共25个,由此形成了各民族独具特色的服饰文化、饮食文化、建筑文化、民俗风情和文学艺术等。德钦县有藏传佛教、东巴教、基督教、天主教、伊斯兰教等宗教,产生有大量著名宗教寺庙、教堂,有省级重点文物保护单位噶丹东竹林寺、塔巴林寺、天主教法国巴黎外方传教会云南铎区主教堂——茨中天主教堂、升平清真教堂等众多文化旅游景区,是一个多民族聚居、多宗教并存的高原山区县。

德钦地理位置属青藏高原南延部分,地势北高南低,地形地貌复杂,其特点为"峰峦重叠起伏,峡谷急流纵横",境内怒山、云岭两大山脉屹

---

① 德钦县志编纂委员会:《德钦年鉴(1978—2005年)》,云南人民出版社2011年版。
② 云南省统计局:《云南统计年鉴2016》,中国统计出版社2016年版。
③ 德钦县志编纂委员会:《德钦年鉴(1978—2005年)》,云南人民出版社2011年版。

立的太子雪山、润子雪山、白马雪山海拔均在 5000 米以上。最高海拔为 6740 米的云南第一峰——被奉为神山的卡瓦格博峰，最低海拔为燕门乡南端江边 1840.5 米。境内呈垂直分布着三种生态环境：高山河谷区、山区、高寒山区。德钦县独特的立体气候造就了云南省不可或缺的自然、人文、生物资源。

3. 交通区位

截至 2014 年，德钦县公路干线县内长度为：214 线穿奔子栏乡、升平镇、佛山乡全长 216 千米；德维公路穿升平镇、云岭乡、燕门乡全长 87 千米，拖其公路穿拖顶、霞若迪庆州全长 47 千米。奔拖公路全长 30 千米，羊拉公路全长 199 千米。村社公路通车里程为 236 千米，已通公路的有 30 个村，境内通车里程为 733 千米。

4. 资源禀赋

（1）旅游资源

德钦县位于横断山脉的地理位置、高海拔气候为其造就了难得的旅游资源，境内以梅里雪山为中心的风景名胜独具一格，其主峰卡瓦格博峰为云南最高峰，是国务院颁布的第二批重点风景名胜区"三江并流"的主要奇观之一，是"中国最美十大名山"之一，藏民誉为藏区八大神山之一，也是迄今为止人类未能登顶的雪山之一。卡瓦格博峰下冰川连绵，其中"明永洽"和"斯农洽"（洽：藏语，意为冰川）冰川最为有名，是世界上少有的低纬度、低海拔现代冰川。另有 1988 年 5 月由国务院批准的国家级自然保护区——白马雪山保护区，白马雪山长达 40 千米，高 3800—4200 米，拖顶乡境内低于 3000 米。白马雪山自然保护区是保存较为完好的寒带原始林区，也是云南省海拔最高、面积最大的自然保护区。保护区海拔最高的扎拉雀尼峰高至 5640 米，与最低处的霞若乡高差达 3380 米，形成立体感极强的气候特征和植被类型。依海拔的高低，垂直分布着高山流石滩植被、高山灌木丛草甸植被、亚高山暗针叶林、针阔混交林、云南松林。在云杉林和冷杉林组成的亚高山暗针叶林带，栖息着 1999 年世博会的吉祥物、国家一级重点保护动物滇金丝猴。[1]另外有国家级文物保护单位——东竹林寺、飞来寺、茨中教堂，拥有古朴而独特的民族风情，文化旅游资源丰富。现已查明可

---

[1] 《迪庆香格里拉》编委会：《迪庆香格里拉》，云南大学出版社 2001 年版。

开发的风景资源共有 41 处。

(2) 生物资源

德钦县山高峡深，海拔高差近 5000 米，立体气候明显，森林覆盖率 73%，生物资源丰富，有国家级保护植物 29 种，药用植物 286 种，国家级珍稀保护动物 55 种。其中白马雪山自然保护区为滇金丝猴主要栖息地。

(3) 土地和矿产资源

德钦县地处云南西北地区，是云南省乃至世界生物多样性最丰富和最独特的地区之一。德钦县境内有高山寒漠土、亚高山草甸土、棕色暗针叶林土、暗棕壤、褐土、黄棕壤、黄壤、区域性土壤等 11 个土类、15 个亚类、29 个土属、26 个土种，土壤面积为 10294035 亩，国土面积 7273 平方千米。德钦县地处西南"三江"成矿带，是云南省有色金属找矿前景最好的地区之一。目前已探明的有铜、铁、铅锌、金、银等 44 种矿物，其中有 9 种固体矿产列入《云南省矿产资源储量简表》，按保有资源储量排列：石棉第 2 位，铜第 6 位，金（伴生）第 7 位，银（伴生）第 8 位，铅第 11 位，锌第 12 位。

(4) 水资源

德钦县地处横断山脉腹地，雨量充沛，多年平均降水量为 636.5 毫米。珠巴龙河、阿东河、永芝河三条河流，年平均水流量为 39.4 立方米/秒；金沙江、澜沧江两大水系过境流量年平均为 1880 立方米/秒。湖泊蓄水面积 460 平方千米，净储量约为 700 万立方米。境内地表径流量多年平均为 21.1 亿立方米，地下水总储量 18.06 亿立方米，合计水资源总量 39.26 亿立方米，径流深 523 毫米，水资源比较丰富。金沙江水系经西藏于德钦县羊拉入境，横贯羊拉、奔子栏、拖顶乡巴东村出境。县内流长 250 千米，流域面积 4506 千米，占全县总土地面积的 59.3%，年径流量 11.45 亿平方米，河宽平均 80 米，落差 408 米，入境多年平均流量 1200 立方米/秒，历年月最大流量一般在 7—8 月，为 5460 立方米/秒，最小在 2—3 月，为 321 立方米/秒左右。羊拉至拖顶一段，沿途汇集 127 股支流，注入境内支流 39 条，多数支流短小，坡陡流急。水能蕴藏量在 1 万千瓦以上的一级支流有珠巴龙河、丹达河。金沙江在县境内水能蕴藏量为 479.8 万千瓦，产水量 22.5 亿立方米；地表径流量 12.16 亿立方米，径流深 467 毫米。澜沧江水系从西藏盐井布依入德钦县境，贯穿德钦县佛山、云岭、燕门乡，由大石头出境，境内流程曲长150千米，河宽15—150米，流域面积3090平方千米，占全县总土地面积的40.7%，年径流量8.38亿立方米，落差504米，入境多年平均流量660立方米/秒，历年月最大流量在7—8月，为4600立方米/秒，最小在2—3月，为161立方米/秒左右。澜沧江在县境内水能蕴藏量为326万千瓦，产水量16.76亿立方米，地表径流量9.05亿立方米，径流深631毫米。两岸有发源于海拔5000米左右东西走向的61条溪流注入。澜沧江在怒山山脉和云岭山脉夹持下，两岸高山峻岭，江边到山巅海拔高差达4720米，峡谷幽深，是世界上著名的峡谷地形之一。德钦县境内澜沧江峡谷为最险要的地段。澜沧江在德钦县境内主要支流有阿东河、永芝河、雨崩河等。

5. 综合指标衡量

2018年以来，在国家支持藏区发展的相关政策下，德钦县经济稳步增长，取得了一定的发展。2015年，全县生产总值达24.57亿元，年均增长为15.62%，人均生产总值达36288元，其中城镇常住居民人均可支配收入为28710元，年均增长11.06%，农村常住居民人均可支配收入为6516元，年均增长14.08%，社会消费品零售总额为4.99亿元，年均增长13.75%。而在产业方面，德钦县各项经济发展也取得了较好的发展，三次产业结构由2010年的8.5∶52.3∶39.2调整为2015年的6.2∶37.9∶55.9，实现了"二三一"产业结构模式向"三二一"产业结构模式的转变，与此同时，德钦县形成了代表其自身特色的以高原杂粮、酿酒葡萄、木本油料、特色畜牧为主的高原特色农业。在二次产业中，德钦县利用自身地理环境优势，积极发展电力工业，其中茂顶河一级、施坝河一级、禹功河等电站相继竣工投产并实现并网发电，旭龙电站、古水电站等电站建设正在积极有序地进行中。德钦县三次产业主要依赖于旅游产业的发展，其旅游发展主要以旅游与城镇、产业、文化、生态和乡村建设为中心，主推的梅里雪山——"香格里拉旅游皇冠上的明珠"品牌效应显现，2015年得钦县接待国内外游客193.1万人次，旅游产业总收入达12亿元（见表1-7）。①

---

① 相关数据参见德钦县人民政府《德钦县国民经济和社会发展第十三个五年规划纲要》，2016年1月。

表 1-7　　　　　　　　　　德钦县各项综合指标数据

类型	指标	2015 年	年均增长（%）
富强指标	地区生产总值（亿元）	24.57	15.62
	其中：工业增加值（亿元）	—	—
	人均生产总值（元）	36288	10.04
	地方财政公共预算收入（亿元）	1.59	17.47
	地方财政公共预算支出（亿元）	19.42	6.00
	规模以上固定资产投资（亿元）	56.6	19.06
	社会消费品零售总额（亿元）	4.99	13.75
	城镇常住居民人均可支配收入（元）	28710	11.06
	农村常住居民人均可支配收入（元）	6516	14.08
结构指标	户籍人口城镇化率（%）	15.7	—
	三次产业比重	6.2∶37.9∶55.9	
	进出口总额（万美元）	29	
人文指标	旅游产业总收入（亿元）	35.85	292.16
	平均受教育年限（年）	6.4	—
	互联网宽带普及率（%）	15	—
生态指标	全县森林覆盖率（%）	73	—
	全县耕地保有量（万公顷）	12.77	—
	新增水土流失治理面积（平方千米）	—	—
	城镇生活垃圾无害化处理率（%）	90	—
	万元生产总值能耗（吨标准煤）	—	—
社会指标	城镇登记失业率（%）	3.65	—
	人口自然增长率（‰）	4.52	—
	新型农村合作医疗覆盖率（%）	99.50	—
	农村自来水普及率（%）	66.5	—

第二章

迪庆州生物产业发展研究

《云南省生物医药和大健康产业发展规划（2016—2020年）》指出，生物医药和大健康产业已发展成为云南省支柱产业。

迪庆州是典型高原地区、民族地区，迪庆州生物产业发展主要集中在饮品加工业、中草药加工业、高原特色农业、园艺观赏业和畜牧业五种产业。根据其生物产业结构的发展状态，目前最好的方法便是改变传统粗放型的发展方式，引进更多的技术和人才，促使相关产业发展规模化、技术化和网络化，进一步提升生物产业发展的竞争力。州委、州政府根据具体情况，已经制定了一系列生物产业规划，将生物产业作为推动扶贫攻坚和区域经济发展的最主要政策措施来抓。

第一节 迪庆州生物产业现状

一 迪庆州生物产业概况

1. 迪庆州生物产业基础

迪庆州生物区系具有种类多、古老和特有成分丰富等特点，截至2017年，迪庆州种子植物有187科（云南有299科，西藏有164科）、1004属（云南有2136属，西藏有1145属）、4519种（含变种和变形）。迪庆州的动物种类也很丰富，有兽类120种、鸟类290种。迪庆现有林地面积188.38万公顷，森林覆盖率达到73.95%，活立木蓄积量2.4亿立方米，居云南各地州之首。迪庆州不仅是云南省森林重点分布区域之一，也是长江和澜沧江上游水土保持林和水源林的重点生态安全区，以松茸等为主的林产品资源成为迪庆发展生物产业的重要依托。

2017年年底，迪庆州有草地面积913万亩，其中可利用的草场面积有629万亩，理论上能够承载20.6万头黄牛。全州有可用作饲养牲畜的植被不下70科498属。分布在迪庆境内的药用植物不下867种，药用动物150种，年蕴藏量25万吨，其中冬虫夏草、贝母、天麻、松茸等是迪庆具有悠久开发历史的珍贵传统中药。多样性极为丰富的生物资源为迪庆人民发展经济提供了重要基础保障。

早在2003年，迪庆州就提出"生态立州、文化兴州、产业强州"发展战略，大力培育生物、旅游、水电、矿产支柱产业，州政府各部门与生物产业化企业合作，采用"企业+基地+农户"的生物产业开发模式，使全州生物资源得到合理开发。截至2017年年底，全州共建成6.34万亩青稞基地、3.40万亩绿色蔬菜基地、3.57万亩油料基地、8.13万亩豆类基地、10.96万亩药材基地、0.2万亩蚕桑基地、1.8万亩葡萄基地、8.60万亩马铃薯良种基地、1.05万亩烟叶种植基地；养殖方面，生猪存栏50.0万头，出栏达35.27万头；牛（黄牛、奶牛、水牛、牦牛等）存栏24.65万头，出栏4.44万头。基地建设既促动了农民增收，又为龙头企业生产加工提供了优质原料。

截至2017年年底，迪庆州共培育州级以上农业产业化龙头企业52家，其中省级重点龙头企业15家，发展农村经济合作组织2043户。2017年年底，全州生物产业实现总产值52.14亿元，实现增加值5.25亿元，其中生物农业实现产值31.04亿元，实现增加值4.59亿元；生物林业实现产值12.45亿元，实现增加值-0.60亿元；生物医药产值8.65亿元，实现增加值1.27亿元。

2. 迪庆州生物产业发展现状

迪庆州围绕"食品、药品、饮品和观赏品"四大工程重点建设本土特色产业。

（1）畜牧业食品工程方面，截至2017年年底，全州生猪存栏50.0万头，出栏达35.27万头；牛（黄牛、奶牛、水牛、牦牛等）存栏24.65万头，出栏4.44万头。目前已经形成了以香格里拉建塘镇、小中甸镇、洛吉乡、尼西乡为主的牦牛养殖加工生产区域和以香格里拉尼西乡为主的尼西鸡养殖加工生产区域，创造了"藏龙""藏香"等牦牛品牌系列产品和"绿林"等尼西鸡品牌，产品主要销往云南省内各大地级市，部分产品销往上海、江苏等地；农作物食品工程方面，全州共建成6.34万亩青稞基地、3.40万亩绿色无公害蔬菜基地、3.57万亩优质油菜基地、8.13万亩豆类基地、8.60万亩马铃薯良种基地，形成了以香格里拉为主的高原坝区和山区青稞、马铃薯良种生产区域；以香格里拉松茸及野生菌类加工园区为主的松茸及野生菌类加工生产区域，已有智园食品科技有限责任公司等企业落户，是目前中国最好的松茸加工园区。

建议：迪庆州食品加工业要提高产业生产能力，拓展产业链条，创建具有地域特色的优势品牌；高原特色农业中主要以青稞种植为主，而由于地理位置，无法大规模种植，因此可以利用阳光照射时间长等客观条件，走高端、优质、精良的小规模生产道路，对青稞再加工，制作出成品，销往省外。

（2）药品工程方面，2017年年底全州建成10.96万亩药材基地，实现医药产值共计8.65亿元，形成了以维西县为主的当归、秦艽、木香、白术等中药材种植加工生产区域和以香格里拉为主的藏药生产区域，代表性的龙头企业有云南香格里拉藏药有限责任公司，已有多个系列获得国家药品生产批准文号，完成GMP藏药生产厂房建设，产品销往北京、上海等地。

建议：①产品价格不具备优势，主要是因为产品价格低廉，企业可以把产品进行分级销售，把优质产品单独挑选出来，打造一个高端品牌，使人们、想起迪庆州就能想到"绿色能源""绿色食品""健康生活目的地"。②针对人才缺乏问题，企业可以通过一些激励补贴政策，来吸引高学历管理人才，引进先进思想，打开网上中药材高端产品销售渠道，为企业的未来打开新的局面。③政府应该加强交通设施建设，以保证企业产品能够快速输送出去，降低产品的运输成本。④可以尝试通过网络销售松茸系列产品，开发更多的销售渠道，利用价格优势来提高产品的竞争力。

（3）饮品工程方面，全州已建成1.8万亩葡萄基地，形成了以核桃为主的特色经济林生产区域，为维西康邦美味绿色资源开发公司等核桃加工企业输送原材料。以德钦县为主的优质酿酒葡萄、高档冰葡萄酒生产区域，培育了一大批以香格里拉酒业股份有限公司为代表的龙头企业。这些企业主要以核桃、青稞、葡萄为主要加工原料，形成了"舒达""康邦美味""香格里拉藏秘""太阳魂""藏香醇"等一大批商标品牌，产品已销往国内各大中城市，部分销往国外。

建议：葡萄酒行业应该依托迪庆州独特的自然地理位置，结合本州的旅游特色，打造绿色、无污染的品牌效应，以葡萄酒文化为核心建造葡萄酒旅游小镇，同时可以开发能够让人们亲手采摘新鲜葡萄、参与葡萄酒制作的休闲场所。

（4）观赏品工程方面，已经形成了以香格里拉建塘镇、小中甸镇为主的高原春油菜生产区域；以香格里拉高山植物园为主的野生花卉和园艺观赏植物人工引种驯化生产区域；以香格里拉为主的球根类花卉种球繁育生产区域；以维西县为主的兰花、杜鹃、茶花等地方特色花卉保护开发繁育生产区域。

建议：迪庆州园艺观赏业由于种植规模较小，运输成本过高，市场竞争力不足，近年来发展规模迟滞，因此，可以进行集中开发园艺种植，形成规模，建造旅游景点。

（5）其他种类生物产业有以香格里拉金江镇、上江乡、三坝乡为主的蚕桑生产区域；以维西县为主的糯山药、黑木耳、白芸豆、蜂产品等特色优质生物产品精深加工生产区域和以香格里拉为主的红豆杉生产区域。

另外还有以香格里拉经济开发区绿色产业园区为主的畜产品、高档葡萄酒等特色优质生物产品深加工生产区域，是一个饮料、食品、药品、观赏品生产加工的平台，截至2017年年底，该园区的松园绿色产业片区有企业13户，中心片区企业2户，老虎菁工业园区以及新仁片区企业5户，另有注册型企业10户。

根据实地调研情况，迪庆州生物产业存在的问题主要在于大多数企业都还处于原料初加工生产阶段，没有形成产业化开发优势，产品生产科技含量比较低，产业规模小，产品品种结构单一，品牌数量足够多，但是缺乏具有高技术含量的知名品牌，可以根据本地的实际情况，将迪庆州打造成"一个公司、三个原材料基地"的开发模式，比如，维西县地理环境较其他县市更加适宜中草药种植，可以主抓中草药的开发、研制以及种植等。

二 香格里拉市生物产业概况

1. 香格里拉市生物产业背景

香格里拉市生物资源极为丰富，截至2017年，境内已查明有菌类、藻类等植物289科3870种；这里有以云杉、冷杉为主的225种乔木；有以冬虫夏草、贝母、熊胆、麝香为首的830种药材；以杜鹃花为冠的

1241 种观赏植物可供开发利用；以羊肚菌为首的菌类享誉海内外，素有"世界花园之母"之称，驰名中外。同时，香格里拉还有"天然动物园"之誉，动物以雪豹、小熊猫、锦鸡最为驰名。香格里拉有 503 万亩天然牧场，可利用面积 74%，是云南省最广阔的牧区，丰富的自然资源为香格里拉生物产业发展提供了契机，充足的生物资源为香格里拉市的肉类加工等企业提供了充足的原材料，是香格里拉市生物产业发展的重要依托，既推动了企业的发展，也带动了农民的发家致富。

2. 香格里拉市生物产业现状和分析

香格里拉市以"四区"建设为引领，依托骨干企业，加强上下游产业的整体发展，着力推进产业转型升级，打造以高原农业为特色，以食品加工、生物医药等为重点，以现代物流产业、旅游产业为支撑的新兴产业体系，构建"一轴、一心、多片区"的空间格局。2017 年年底，香格里拉市共培育州级以上农业产业化龙头企业 21 家，其中省级重点龙头企业 9 家，发展农村经济合作组织 1031 户。这些企业与组织的发展为香格里拉市带来了巨大收益，2017 年全市生物产业实现总产值 23.64 亿元，实现增加值 1.36 亿元。

根据香格里拉市地域特色以及域内产业分布状况，从高原特色农业、饮品（酒业等）行业、畜牧业、中草药加工业、园艺观赏业五个方面进行简要综述。

（1）高原特色农业方面，香格里拉市大力推进高原特色农业发展，深入推广葡萄、青稞、药材等农特产品的深加工，提高种植基地建设水平；大力培育新型农业经营主体，重点打造一批科技含量高、产业链条长、加工水平高的高原特色农业龙头企业。截至 2017 年年底，香格里拉市粮食总产量达到 77215 吨、油料产量 2945.7 吨、中药材产量 4404.7 吨、烤烟产量 1429 吨，农业实现产值 12.44 亿元。

建议：根据"十三五"规划纲要，香格里拉市应紧紧围绕将该市打造成世界级生态文化旅游精品目的地、中国大香格里拉生态文化旅游区重要集散地的发展目标，采用生态农庄与景点结合的方式来促进香格里拉市的高原特色农业与旅游产业共同发展。

（2）畜牧业方面，香格里拉市牧场资源丰富，适合畜牧业发展，截至 2017 年年底全市生猪存栏 21.99 万头，出栏达 15.70 万头；牛（黄牛、奶牛、水牛、牦牛等）存栏 12.19 万头，出栏 2.14 万头，牦牛存栏数

5.68万头，出栏数0.96万头，肉类总产量达到1.73万吨，家禽存栏65.87万羽，出栏达47.11万羽，生产禽蛋达545吨。其中，以藏龙生物开发股份有限公司、绿林尼西鸡开发有限公司等为代表的从事肉类加工与再加工的企业，为香格里拉市生物产业发展做出了杰出贡献。

建议：香格里拉市可以借助草地资源优势，大力发展牦牛、藏香猪等肉质鲜嫩的牲畜肉类加工产业，提高肉类产品加工企业的生产能力，打上生态标签，提高藏香猪等产品的开发力度，加大产品宣传，坚持走高端产品道路。

（3）药品工程方面，香格里拉市主要以滇重楼、秦艽、三七等中草药种植加工为主，其中以香格里拉市忠浩野生中药材种植有限责任公司、迪庆开发区三江生物开发有限公司等为代表的众多重点企业从事中草药加工与再加工。2017年年底全市共实现医药产值2.47亿元，已有多家中草药加工企业入驻香格里拉市，生物医药较2016年实现增加值0.83亿元。

建议：香格里拉市中草药加工企业生产的产品附加值低，产业科技含量低、企业规模比较小、产品比较单一，因此，可以通过市场调研，适当扩大生产规模，提高市场占有率；根据市场需求逐步开展其他产品的加工，实现产品多样化；企业可以把产品进行分级销售，把优质产品单独挑选出来，打造一个绿色、无污染的天然药物高端品牌，拓展网上中药材高端产品销售渠道，为企业的未来打开新的局面；另外，可以通过州政府牵头、市县政府实施建立物流统一化管理系统，方便各个企业产品的运输，从而降低产品的运输成本，也能够提供部分就业岗位，带动贫困户脱贫致富。

（4）饮品工程方面，全市主要以葡萄酒加工业为主，培育了一大批以香格里拉酒业股份有限公司、云南藏雄酒业有限公司等为代表的重点企业，销售市场遍布全国，有着较为完善的销售运营渠道，葡萄酒产业发展在全国处于领先地位。

建议：可以借鉴其他企业的发展模式，采取个性化营销，通过制定特色Logo、整桶定制等方式吸引高端消费人群，提升自身的品牌影响力，利用地域优势从原材料入手，开发无污染、高质量的葡萄、青稞等在内的主要原料，生产异质化产品，打开国外市场，加大产品出口。

（5）园艺观赏方面，香格里拉市拥有以杜鹃花为冠的1241种观赏植物，具有巨大的自然优势，目前已经形成了以香格里拉建塘镇、小中甸镇为主的高原春油菜生产区域；以香格里拉高山植物园为主的野生花卉和园艺观赏植物人工引种驯化生产区域；以香格里拉市为主的球根类花卉种球繁育生产区域。

建议：香格里拉市的园艺观赏业除了植物园等生产区域之外，还可以和乡村旅游结合发展，划分观赏区间，通过农民种植花卉来提升园艺观赏业的发展前景。

根据实地调研情况，香格里拉市的生物产业大多还处于原材料初加工阶段，产品附加值较低，产品品种结构比较单一，竞争力不足，但香格里拉市畜牧业和园艺观赏业具有得天独厚的发展优势，可以适当进行开发，而香格里拉市酒业等饮品行业具有很好的发展前景，可以适当倾斜资金，加快企业的发展。

案例1：藏龙生物开发股份有限公司，在各级党委、政府的大力支持下，成为迪庆州重点培育的龙头企业，具有"国家级扶贫龙头企业""全国食品质量安全示范单位""迪庆州农业产业化重点龙头企业"等称号。作为重点企业，藏龙生物开发股份有限公司在新技术的引进、产品研发上，累计投入达5000多万元，建立了产品研发与生产经营管理团队，通过产品研发、加工、生产和市场营销管理机制，并以现代物流配送、冷链物流为核心，拓展国内市场。目前已经形成了以8个物流配送中心为核心、230个销售网点为辅助的区域销售网络。企业在发展的同时也带动了广大农牧民发家致富。藏龙生物开发股份有限公司实行"公司+基地（生物种植科技有限公司）+专业合作社+重点农户"的发展模式，辐射到迪庆州的香格里拉市、德钦以及维西的16个乡镇，带动3000多家农户，增加农牧民人均收入达3500元左右。

案例2：绿林尼西鸡开发有限公司通过近十年的技术积累实现了从孵化、脱温、育成、放养及1日龄到120日龄的前期免疫程序。公司技术相对比较成熟，2017年养殖规模达8万只，生产销售商品鸡6.4万只，鸡蛋240吨，共获得销售收入630万元。公司在2014年与上海多利农庄和多利（成都）农业发展有限公司、上海光明集团、云南国资商城达成了供货协议，产品主要销往昆明、成都、上海等地，另外，公司签订了香格里拉市所有学校的营养餐鸡蛋常年供货协议。绿林尼西鸡开发有限公司采用"公司+基地+农户"的运作模式在香格里拉尼西县、新仁村冷水沟组和龙洞片区、鲁礼型片区、维西县白济汛乡、塔城镇以及开发区区域内共带动贫困户 20 户，在迪庆州已发展社员 120 户，农户养殖规模达 10 万只，带动周边农户户均每年增收 25000 元。公司目前已经建立养殖合作社，扶持 250 个农户，为其提供种苗，带动周边农户脱贫致富。

案例 3：香格里拉酒业股份有限公司位于香格里拉经济开发区，以研发生产青稞干红葡萄酒为主，通过技术创新和设备进口，提高产品质量。技术革新主要采用与高校合作，聘请专业技术人才到基地开展科研、培训，提升了葡萄种植水平。此外，公司建立标准化栽培管理模式，推进有机、生态模式管理，促进产业升级，参与制定《生态原产地保护产品评审规范葡萄酒国家标准》。2016 年 3 月，通过国家质检总局颁发的香格里拉高原葡萄酒生态原产地保护证书。公司开发生产的高原和生态系列葡萄酒，已荣获国内国际葡萄酒质量大赛奖项 50 余项，企业实现 2000 万元以上的利润和 1000 万元以上的税收，为藏区的经济建设和社会稳定做出了突出贡献。企业通过打造"订单农业"，以"公司+基地+农户"以及"示范基地"的发展模式推广葡萄种植，带动德钦县 2700 多家农户、1 万余人种植了葡萄，实现农户原料直接收益 3000 余万元，实现德钦县人均增收近 400 余元，并辐射带动了周边藏区西藏芒康、四川甘孜的酿酒葡萄产业发展近万亩。

案例 4：云南藏雄酒业有限公司经营范围主要包括青稞酒及以青稞酒为基酒的配置酒（藏雄酒、玛咖酒）的生产和销售。公司在白酒酿造和生产中使用"云南小曲清香型白酒酿造工艺"技术，具有产品质量好、高效节能、自动化水平较高的优势。公司依托迪庆州农科所打造的"公司+农户+基地"经营模式实行订单农业，把现代的科学生产技术应用于工业化生产线中。通过项目的实施，有效地增加农民收入。通过大力发展青稞生产来培植财源、安置农村富余劳力，振兴农村经济，实现农村稳定和农民增收；同时通过发展青稞种植加工产业拉动藏民增收，使农民从单纯的粮食种植中解放出来，拓宽收入渠道。

案例 5：忠浩野生中药材种植有限责任公司位于香格里拉市小中甸镇和平村降给村民小组，占地面积 12 亩，主要经营中药材种植与加工。公司通过"公司+基地+农户"的发展模式，通过与农户之间签订合同的形式，实现统一供苗、统一提供技术指导、统一种植、统一产品标准、统一收购销售的一体化发展，为群众种植中草药提供保障。2017 年公司共计发放各类中药材种苗 360 万株，折合人民币 54 万元，发放农牧民工工资

112万元，支付土地租赁费32万元，向农牧户收购农资（有机肥料）500车，每车500元，折合人民币25万元。种植中草药涉及和辐射农户共计690户，实现年销售收入2188万元，其中带动农户每年新增收入达699万元，公司联结农户户均年增收1万元以上，有效带动了周边农民增收致富。

三 维西县生物产业概况

1. 维西县生物产业背景

维西县生物种类繁多，素有"横断山中的绿宝石""三江明珠""三江并流腹地"的美称，被誉为"药材之乡""中国冰酒文化城"，县境地域辽阔，自然资源十分丰富。截至2017年，境内已查明的树种有146科、777属、2537种，林内植被种类繁多，可供利用的资源蕴藏丰富。县内野生中药材共241科、633属、867种，其中珍贵药材达十余种，尤其以种植当归、云木香、党参、秦艽、天麻、重楼等较有名。维西县的动物种类也很丰富，县内共有野生脊椎动物716种，是滇金丝猴的重要栖息地，被称为"滇金丝猴的故乡"，县境内原始森林中共生活着11个滇金丝猴种群，数量达1000余只。此外，县境内栖类、爬行类以及水生类动物种类也较多，已查有害昆虫1886种，资源昆虫1316种。丰富的自然资源是维西县发展生物产业的重要依托。

维西县"十三五"规划纲要提出，维西县立足"国家重点生态功能区"主体功能定位，以环境保护和生态建设约束性指标为重点，按照"一带、两园、三产业"的发展布局，走开放型、创新型、高端化、信息化、绿色化发展之路，使全县生物资源得到合理利用。截至2017年年底，全县共建成1.88万亩青稞基地、2.48万亩绿色蔬菜基地、1.47万亩油料基地、5.61万亩豆类基地、6.89万亩药材基地、0.35万亩葡萄基地、4.08万亩马铃薯良种基地；养殖方面，生猪存栏21.23万头，出栏达16.40万头；牛（黄牛、奶牛、水牛、牦牛等）存栏6.79万头，出栏1.57万头，牦牛存栏数0.34万头，出栏数0.03万头。基地建设既促动了农民增收，又为龙头企业生产加工提供了优质原料。

截至2017年年底，维西县共培育州级以上农业产业化龙头企业17家，其中省级重点龙头企业2家，发展农村经济合作组织924户。2017年年底，全县生物产业实现总产值12.75亿元，实现增加值2.91亿元，其中生物农业实现产值6.90亿元,实现增加值2.51亿元;生物林业实现产值0.62亿元,实现增加值-1.21亿元;生物医药产值5.22亿元,实现增加值0.83亿元。

2. 维西县生物产业现状和分析

根据维西县地域特色以及县域内的产业分布状况,从维西县高原特色农业、饮品行业、畜牧业、中草药加工业四个方面进行简要综述。

(1) 维西县"十三五"规划纲要指出,发展高原特色农业,必须坚持"特色化、规模化、标准化、产业化"的发展思路,按照"四个特色区域"的农业布局规划,加快转变农业发展方式,加大新型经营主体培育力度,着力推进农产品电子商务。截至2017年年底,全县共建成1.88万亩青稞基地、2.48万亩绿色蔬菜基地、1.47万亩油料基地、5.61万亩豆类基地、4.08万亩马铃薯良种基地,积极发展青稞、白芸豆等优势品种,提高种植规模,培育发展攀天阁黑米等特色品种,加强杂粮基地建设,在攀天阁乡进行高海拔水稻种植,打造"普米族生态黑米"品牌。目前维西县创办了以维西哈达农庄资产经营有限责任公司、维西嘉祥生态农业科技有限公司等在内的众多重点企业,推动了维西县高原特色农业的发展。

建议:高原特色农业发展要坚持"十三五"规划所提出的持续发展优势产品,不断创造特色产业,形成以绿色蔬菜、豆类等优势产业为主,黑米等特色产业为辅的具有地域特色的农产品架构。

(2) 畜牧业方面,应该提高畜产品综合生产能力,优化产业结构,着力发展以牛、羊、猪等为主的草地畜牧业,加快发展以犏牦牛、庆福黑头山羊、乌骨羊、维西土鸡等为主的地方特色优势产品。截至2017年年底,全县生猪存栏达到21.23万头,出栏达16.40万头;牛(黄牛、奶牛、水牛、牦牛等)存栏6.79万头,出栏1.57万头。

建议:维西县要提高产业加工生产能力,拓展产业链条,创建具有地域特色的优势品牌,将维西县打造成迪庆州常绿型草地畜牧业的重要基地,同时推广中华蜂科学养殖,打响"维西百花蜜"地理标志产品品牌,打造高原绿色蜜产业。

(3) 药品工程方面,2017年年底全县共建成6.89万亩药材基地,实现医药产值共计5.22亿元,形成了以当归、秦艽、木香、白术等为主的中药材种植加工生产区域,具有代表性的龙头企业有维西伟宏农特资源开发有限责任公司,已获多项国家专利,产品销往北京、上海等地。

建议:按照"十三五"规划纲要所提出的,维西县以拖枝生物园区为重点,加大对中药材加工龙头企业的扶持力度,充分发挥龙头企业对中药材加工基地的带动作用,逐步形成以永春、保和镇为中心,产地初加工区为辅助的中药材加工格局。另外,还需要加大对当归、秦艽等优势产品的种植投入,坚持绿色、无污染的天然药物开发。

(4)饮品工程方面,全县形成了以核桃为主的特色经济林生产区域,为维西康邦美味绿色资源开发公司等核桃加工产业输送原材料,培育了一大批以维西尚良聚龙湖酒厂为代表的酒类生产龙头企业,产品已销往国内各大中城市,部分销往国外。

建议:政府应该在政策上给予一定的支持,发挥专项建设基金的带动作用,重视企业项目调度工作,加快推进项目建设,在冰酒小镇的建设过程中,加快推进投资项目在线审批监管平台建设,切实提高项目审核效率。而对于企业品牌推广及销路问题,除了从国家层面进行一定的保护外,更重要的是提升自身的品牌影响力,利用高原特色,生产异质化产品,打开国外市场,加大产品出口。

"十三五"规划还提出,应该按照"一心、三副、三带"的商贸物流业总体布局,加快商贸物流业基础设施建设步伐,着力发展以矿冶产品为重点的工业物流、以特色生态农产品为重点的农业物流、以特色冷鲜农副产品为重点的冷链物流,建设维西(永春)中药材市场和物流中心,重点发展农产品电子商务,把维西县建设成为川滇藏交汇区的商贸物流集散地、滇西北商贸物流"旱码头"和生物资源开发交易中心。

根据实地调研情况,维西县生物产业的大多数企业还处于原材料初加工阶段,产品附加值较低,产品品种结构比较单一,竞争力不足。而维西县的中草药产业在整个迪庆地区都是处于领先地位的,也是当地发展的重中之重,且维西县物流体系比较完善,可依托物流体系带动整个迪庆地区的产品输送与企业发展。

案例1:维西伟宏农特资源开发有限责任公司,成立于2015年2月,是一家集中药材种植加工、农特产品加工销售、食用菌种植销售、蜂蜜生产加工销售、家禽饲养、绿化苗木培育与销售及野生核桃油、漆油、菜籽油加工销售为一体的综合型经营企业。截至2016年年底,公司农产品加工厂占地面积6.6亩,安装农特产品烘干设备1套、核桃榨油机1台、核桃仁筛选机 2 台、冷藏设备 1 套、消毒清洗设备 1 套、真空包装机 3 台、中药材切片机 3 台、普通包装设备 1 套。截至目前企业累计加工销售核桃干果 1800 吨，核桃仁 500 吨，食用菌 3.5 吨，中药材 2520 吨，林木苗 1300 万株，累计实现销售收入 3200 多万元，带动当地农户增收农副产品、中药材、核桃等销售收入 1800 多万元。

案例 2：云南藏地天香酒业有限公司成立于 2011 年 1 月，是国内第一家大规模种植冰葡萄并从事冰酒生产加工的企业。公司秉持"专注、责任、创新"的企业理念，充分利用得天独厚的自然资源，建设集冰葡萄种植、冰酒酿造、销售，冰酒庄园休闲度假，自然景观与民族风情旅游观光为一体的冰酒文化旅游地，打造香格里拉冰酒原产地保护区。通过推行"卓越伙伴，发展共赢"的合作模式，制定了"产品引进—技术引进—自主生产"的三步走发展路线图，从 2005 年开始进行产业建设，截至 2017 年已建成种植基地 5000 亩，量产后年产冰酒 500 吨，产能规模达全球冰酒行业市场的三分之一，冰酒全产业链体系初步形成；企业采取"政府—企业—合作社—农户"模式，农户通过加入合作社获得分红报酬，基地也可通过合作社获取一笔股权量化资金，2017 年有效带动 1900 余人，覆盖 460 户家庭增收。

案例 3：云南香格里拉兰草药业有限公司本着发展地方经济，走"富民强企"合作共赢的发展道路，按照"公司+集体经济+基地+农户（合作社）"的合作发展模式，以中药材育苗、栽培、市场交易、深加工为建设内容，采用企业与农户签订保护价订单合同的方式种植中药材，有效降低药农产业风险，使农户利益受市场影响降至最低，同时最大限度保证公司获得优质原药。2017 年公司全年累计使用生物园区周边农民工 2 万余人次，人均薪酬 95 元/天，支付农民工工资 200 多万元、上缴税务 20 万元、实现利润 52 万元，并与种植户签订订单保护价合同 5000 份，其中精准扶贫建档立卡户 1300 户。不仅为当地农民工解决了就业问题，而且增加了当地的经济效益和社会效益。

四 德钦县生物产业概况

德钦县是滇川藏三省接合部的枢纽，是云南的"西北门户"和藏东南地区的战略要地，县境地处横断山脉腹地，境内森林面积大，自然资源丰富，有众多的珍禽异兽，植物资源种类繁多。动物中兽类有 18 科 47

种，鸟类有 14 目 37 科 215 种，有重点保护珍稀特有品种滇金丝猴。种子植物有 127 科 506 属 174 种，其中药用植物 143 科 718 种。自然资源十分丰富，为德钦县的生物产业提供了良好的发展条件。德钦县"十三五"规划纲要提出，生物产业坚持转型升级，按照"以特取胜"的发展思路，打造一批高水平农业龙头企业，壮大一批新型农业合作组织，建设一批特色农业产业带和农产品生产基地，带动"庄园经济""园区经济"健康发展。坚持生态环境优先和社会效益优先，走绿色、低碳、高效发展之路。支持鼓励发展轻型、特色、优势产业及小微企业，打造一批具有"德钦味道""德钦印象"的民间工艺品牌。以物流服务及电子商务为突破口，加快发展信息、金融、健康、养老等现代服务业。

德钦县以产业结构调整作为转型发展的主攻方向，着力构建以旅游文化为龙头，高原特色农业、现代服务业和绿色水电为支撑的产业发展新格局。截至 2017 年年底，德钦县共培育州级以上农业产业化龙头企业 5 家，其中省级重点龙头企业 1 家，发展农村经济合作组织 46 户。德钦县龙头企业数量较少，所带来的收益也相对较少，2017 年全县生物产业实现总产值 4.40 亿元，实现增加值 0.93 亿元。本书根据德钦县产业分布状况，从高原特色农业、饮品（酒业等）行业、畜牧业、中草药加工业四个方面进行简要综述。

（1）高原特色农业方面，德钦县因其独特的地理位置、丰富的物种资源，为德钦县高原特色农业的发展提供了良好的基础环境，但是也因为地理环境而导致基础设施薄弱、社会经济发展缓慢。德钦县植物种类繁多，具有得天独厚的资源优势与区位优势，能够做好做优葡萄、核桃、中草药、油橄榄等优势产业。高原特色农业是德钦县经济发展的重中之重，占德钦县生物产业产值的 75% 左右，截至 2017 年年底，德钦县青稞种植面积达 1.6 万亩，蔬菜基地 0.21 万亩，油料基地 0.29 万亩，中药材基地 1.96 万亩，葡萄基地 1.38 万亩，实现农业生产产值 3.43 亿元。

建议：德钦县应加快推进高原特色产业现代化建设，借助"品质+文化+互联网"发展模式，打造属于德钦县的高原特色农业品牌。

（2）畜牧业方面，德钦县受地理因素和自然条件的影响，畜牧业发展较为缓慢，截至 2017 年年底，全县年末生猪存栏 6.76 万头，出栏达 3.17 万头；牛（黄牛、奶牛、水牛、牦牛等）存栏 5.67 万头，出栏 0.73 万头，其中，牦牛存栏数 2.40 万头，出栏数 0.28 万头；家禽存栏 20.63

万羽，出栏达 16.37 万羽，生产禽蛋达 267 吨。同比其他县市，德钦县畜牧产业产量较低，企业规模不足。

建议：由于德钦县境内畜牧业发展迟缓，可以整合县内畜牧行业的所有产业，集中力量做大做强一家企业，形成产品优势，依托独特的品质特征或特殊的生产方式、人文因素来打造绿色、无污染的德钦县独特的地域标签。

（3）药品工程方面，德钦县药品加工企业规模较小，与其他县市相比，企业生产能力较弱，且大多是公司旗下的一个组成部分，没有专门进行中草药加工经营的企业，2017 年，生物医药实现产值仅有 0.39 亿元（仅占生物产业总产值的 9%），较 2016 年有所增长，增加值为 0.17 亿元。

建议：德钦县中草药种植规模较大，但是大多数中草药都是供给县外其他公司，因此，可以整合县内中草药加工领域的各个企业，分别由这些企业参股组合成一家规模较大、科技含量高的药品加工企业。另外，根据德钦县地域特征，建立品牌优势，打造一个绿色、无污染、高质量的中草药加工企业。

（4）饮品工程方面，全县主要以葡萄酒、核桃加工为主，培育了以云南香格里拉太阳魂酒庄产业有限公司梅里分公司等为代表的重点企业，从事葡萄酒等饮料产品加工，为德钦县生物产业的发展做出了重大贡献。

建议：可以借鉴其他企业的发展模式，采取个性化营销吸引高端消费人群，同时利用地域优势，生产包括绿色、无污染的高质量葡萄等在内的主要原料，生产异质化产品，德钦县独特的土壤、光热、水肥条件十分有利于油橄榄的生长，可以借助此地理优势加大油橄榄的种植。

根据实地调研情况，德钦县的生物产业产值主要集中在农牧方面，企业产品附加值较低，品种结构单一。中草药以及饮品加工行业未能形成规模，且大多还处于原材料初加工阶段，发展较为迟缓。

案例 1：德钦县旭美生物资源开发有限公司主要经营野生菌类收购、种植、加工、销售及出口，家禽饲养及销售，葡萄、核桃、蔬菜种植及销售。2016 年公司引进羊肚菌种植技术，并在佛山乡亚贡组、鲁瓦组、纳古等地海拔 2200—3200 米区域进行简易大棚套种，取得成功；2017 年在德钦县、玉龙县、剑川县、保山市、双江县等地种植羊肚菌 500 多亩。企业具有"康秀聚"梅里山珍品牌，该品牌主要生产销售脆笋松茸、纯松茸罐头、松茸切片以及冷冻松茸等系列产品。公司以"公司+基地+合作社"的思路，吸纳周边剩余社会劳动力，为他们提供就业岗位，从而使周边农户增加农业收入，同时依托德钦县得天独厚的林业和农业资源，致力于林农产品的深加工，开发林农产品的附加值，带动周边农民致富。

案例2：德钦县梅里酒业有限公司是德钦县唯一的一家民营科技创新型现代葡萄酒产业化生产企业。因资金问题被云南香格里拉太阳魂酒庄产业有限公司收购，资产已转移至云南香格里拉太阳魂酒庄产业有限公司梅里分公司。主要从事冰葡萄酒酿造、销售，高原酿酒葡萄种植研究与推广，以葡萄酒制造、批发、零售和咨询为主要经营方式。因独特的高海拔、低纬度的地理区位优势以及企业技术的创新，"梅里"商标已被授予为"云南省著名商标"，企业被授予"云南省科技型中小企业""云南省农业产业化升级重点龙头企业"称号。

五　迪庆州产业园区情况简介

1. 香格里拉工业园德钦葡萄产业片区简介

德钦葡萄特色产业片区位于迪庆州德钦县，于2013年3月成立，属于德钦县人民政府正科级派出机构，依托德钦独特的自然资源优势，建成世界上海拔最高的优质葡萄酒原料产区、酒庄和葡萄酒流水生产线，致力于把德钦的葡萄产区打造成为优质、稳产、高效、高端、生态、有机、富民强县的高原精品产业。规划"十二五"末基地建设达2万亩，总投资9980万元，该项目达到丰产期后年产优质酿酒葡萄30000吨，项目建设规模分别为奔子栏镇4189亩、羊拉乡400亩、燕门乡3599亩、云岭乡6870亩、升平镇800亩、佛山乡4142亩，涵盖了6个乡镇的23个村委会。

目前入园企业有3家：香格里拉（德钦）葡萄酒有限公司、酩悦轩尼诗香格里拉（德钦）酒业有限公司、德钦县梅里酒业有限公司。

2. 香格里拉工业园格咱有色金属产业片区简介

格咱有色金属片区位于迪庆州香格里拉县格咱乡，成立于2011年4月，以铜、铁、铅锌采、选、冶为支柱产业，该片区总控制面积（远期）为11.4平方千米，中期规划面积为8.2平方千米，近期规划面积为4平方千米。格咱片区矿冶产业历史悠久，经进一步勘探，格咱普朗铜矿将成为全国较大的铜矿之一。

目前入园企业20家：香格里拉市神川矿业开发有限公司、云南省香格里拉雪鸡坪铜矿、香格里拉市洪鑫矿业有限责任公司、香格里拉市华西矿业有限责任公司、云南迪庆有色金属有限责任公司、香格里拉市云矿红牛矿业有限公司、香格里拉市鼎立矿业有限责任公司、香格里拉市康特钼矿业有限责任公司、香格里拉市格咱雪域开发有限责任公司、香格里拉市格咱斯格锑矿开发有限公司、香格里拉市神龙矿业开发有限公司、迪庆州宝源矿业有限责任公司、云南沪商投资有限公司迪庆分公司、迪庆州兰宝灵矿业有限公司、香格里拉市雪龙矿业有限公司、香格里拉市卓玛有色矿产工贸有限责任公司、迪庆世纪金林实业投资有限公司、香格里拉必司达吉矿业有限公司、香格里拉市宝峰矿业有限责任公司、迪庆州开发投资矿业开发有限公司。

3. 香格里拉工业五凤山松茸加工片区简介

五凤山松茸加工片区位于香格里拉市城康珠大道10号，北起县法院，南至五凤山，东起山脚，西至康珠大道（环东路），拥有土地面积127040平方米，总规划面积为0.2平方千米。该片区以松茸及野生菌类出口加工为支柱产业，是迪庆传统出口创汇产业——松茸与野生菌出口加工产业的重要基地。

目前入园企业4家：中甸智园松茸加工、香格里拉市顺鑫生态产业开发有限公司、中甸野生食品进出口公司、香格里拉市圣宝食品公司。

4. 香格里拉工业园松园绿色产业片区

松园绿色产业片区位于迪庆香格里拉经济开发区，距离香格里拉、丽江、大理三个民用机场不超过180千米。成立于2001年9月，园区总规划面积71公顷，产业定位和发展重点是以饮品、药品、食品、观赏品为主的四大生物工程。

目前入园企业17家：香格里拉酒业股份有限公司、迪庆香格里拉舒达有机食品有限公司、云南迪庆洁利纸业有限责任公司、迪庆香格里拉经济开发区藏乡生物资源开发在限公司、迪庆开发区松园水泥制品有限责任公司、迪庆润达生物技术有限公司、迪庆香格里拉绿林尼西鸡开发公司、迪庆泰源生物科技有限公司、云南迪庆藏雄酒业有限公司、香格里拉藏雄青稞生物科技有限公司、迪庆健康产业发展公司、迪庆经济开发区雅格博角业有限公司、迪庆藏族自治州香格里拉凯特农业生物科技园有限投资公司、香格里拉青稞资源开发有限公司、香格里拉藏青稞酒业有限公司、迪庆三江生物开发有限公司、云南香格里拉长瓦格博坎用水有限公司。

5. 香格里拉工业园老虎箐工业片区

老虎箐工业片区位于迪庆香格里拉经济开发区，距离香格里拉、丽江、大理三个民用机场不超过180千米。成立于2001年9月，该片区远离城镇，交通、通信、能源、矿源条件好，是园区发展较为成熟的矿电结合产业片区，目前已征地500亩，规划再征地300亩，加上目前规划建设的老虎箐工业片区新仁综合工业区1.95平方千米，总规划面积为2.45平方千米。该片区以矿电结合产业为支柱产业，在优先做好环境保护的前提下，进行有色金属的精深加工，形成矿产品精深加工产业型经济。其开发必将在占用资源少、单位耗能低、产品附加值高、产业优势比较明显的项目和矿电结合方面对园区其他片区起到示范作用。

目前入园企业5家：迪庆经济开发区昆钢铁合金有限公司、云南迪庆鑫源实业有限公司、迪庆开发区源丰冶金有限公司、迪庆光华冶金炉料有限责任公司、云南迪庆泰安矿业有限公司。

迪庆州以其独特的地理环境发展高山特色农业，生物产业成为该地区发展的支柱产业。产业发展必须遵循科学的发展规律，因此，本书从产业发展的一般规律研究开始，再推演到具体的实践中。

第二节　迪庆州药材产业发展模式选择

在迪庆州生物产业所存在问题的基础上，本书主要从迪庆州酒业产业、中草药加工业、高原特色农业、园艺观赏业和畜牧业五个方面进行简要综述。

一　迪庆州中草药加工业情况

通过对迪庆州中草药加工企业的实地调研，发现迪庆州中草药加工企业产业化程度比较低、企业规模小、技术水平相对落后，多数产品只是进行初次加工，产品附加值低，迪庆州中草药加工业还处于初级发展阶段。

王湘琪从产业链的角度对迪庆州中草药产业进行了研究，提出对于处在初级阶段的中草药产业，应该在现有发展基础上，培育龙头企业，扩大生产规模，实现中草药产业化、标准化、集约化发展。同时，加大先进技术和杰出人才引进工作，加强产品、技术、方向、创新手段，提升服务，使中草药产业链往纵向和横向延伸。① 吕洁华基于中草药种植业 GAP 的标准，确定了中草药产业源头的 GAP 基地、生产品种、生产企业的选择，提出林下中草药 GAP 基地运营的"龙头企业+特色规模生产+农户"和"医药公司+种植基地+科研单位+农户"的组织模式。② 中草药加工企业应该选择常用、大宗且大多为国家基本药物及重大疾病所需的主要原料药材品种，因地制宜地种植、建设示范基地，以点带面，向示范点周围辐射，指导药农生产，提高药农栽培技术，优化农村经济结构，发挥区域经济优势。③ 而国外对于中草药的研究文献主要集中在中草药的应用以及质量研究方面，很少有关于中草药加工产业方面的文献。

二 维西伟宏农特资源开发有限责任公司

1. 公司基本情况

维西伟宏农特资源开发有限责任公司成立于 2015 年 2 月，是一家集中药材种植加工、农特产品加工销售、食用菌种植销售、蜂蜜生产加工销售、家禽饲养、绿化苗木培育与销售及野生核桃油、漆油、菜籽油加工销售为一体的综合型经营企业。依托当地丰富的资源优势，企业以"公司+专业合作社+基地+农户+订单"的产业化经营模式，大力开发县域生物资源，使公司在短短的两年时间里得到了迅速发展。2016 年年末企业总资产达 1823 万元，固定资产 927 万元，实现销售收入 1960 万元，上缴税金 43.2 万元，实现利润 149 万元。

（1）基础设施设备

截至 2016 年年底，公司农产品加工厂占地面积 6.6 亩，安装农特产品烘干设备 1 套、核桃榨油机 1 台、核桃仁筛选机 2 台、冷藏设备 1 套、消毒清洗设备 1 套、真空包装机 3 台、中药材切片机 3 台、普通包装设备一套。截至目前，企业累计加工销售核桃干果 1800 吨，核桃仁 500 吨，食用菌 3.5 吨，中药材 2520 吨，林木苗 1300 万株，累计实现销售收入 3200 多万元，带动当地农户增收农副产品、中药材、核桃等销售收入 1800 多万元。

---

① 王湘琪：《普洱市中草药产业链发展研究》，《中国热带农业》2016 年第 1 期。
② 吕洁华：《林下中草药产业链源头 GAP 基地建设研究》，《林业经济》2016 年第 3 期。
③ 柴瑶：《发展原料药资源保护与种植业促进广西中医院产业发展》，《广西中医药大学学报》2014 年第 3 期。

（2）种植基地

公司通过"土地入股、劳务挂钩、包干分红、集体经济"的方式，推行"公司+专业合作社+基地+农户+订单"的产业经营模式来带动当地农民。截至2016年年底，公司在康普乡普乐村民小组建有核桃苗育苗基地56亩，白汉顶村民小组建有花椒苗圃基地82亩，田头箐村民小组建有规范化中药材种植基地155亩，江边村民小组建设完成中药材良种种苗繁育89亩，与农户签订订单回收种植面积1169亩。

（3）产业扶贫

两年来企业项目的实施累计增加当地剩余劳动力就业1150人次，其中种植基地平均每年解决农村剩余劳动力就业350人次，人均年增收15000元，农产品加工厂年平均解决农村剩余劳动力就业220人次，人均年增收18000元；企业2015年招收合同工12人次，2016年招收合同工13人次（包括职工五险一金在内年增收55000元）。

企业种植生产基地直接带动项目区农户180户（其中62户属建档立卡户），户均年增收15000元。通过土地租赁、务工、中药材销售、订单等方式，间接带动地方农户2850户，户均年增收18000元左右。

2. 企业未来发展的计划

（1）发展目标

作为县级农业产业化重点龙头企业，担负着引领地区农业产业做大做强，带领群众增收致富的使命。因此在未来的发展中需达到的目标是：企业管理好、经营规模大、产业带动能力强、产品质量优、品牌效益好、消费者满意度高及社会效益、公司效益双提高，具体发展方向及目标如下：

扩大加工规模。目前企业已经积累了成熟的生产管理经验，公司产品知名度显著提高，市场空间越来越大，扩大生产规模时机已经成熟，公司将乘势而上，不断扩大生产规模，把满足市场供给放在头等重要位置来抓紧抓好。2018—2020年计划增加投资1800万元，改扩建完成加工厂房建设4300平方米，新增全自动化农特产品加工包装设备一套，核桃油生产线一条，核桃仁全自动加工设备一套，冷链物流体系一套，实现年加工生产能力达3000吨左右，新增职工40人次，争取2020年年末实现销售收入5000万元左右。

增强辐射带动能力。为满足公司加工需要和农特产品、中药材产业化经营需要，公司于2017年年初迅速调整经营思路，一边进行广泛宣传，发布公告，与农户签订种植订单，让项目区农民适时调整扩大种植面积；另一边与政府协调争取获得大力支持。计划在 2018—2020 年内推广中药材 5000 亩，苗木 1500 万株，养蜂 500 户，其间安排农村剩余劳动力就业 2400 人次，人均年增收达 15000 元；带项目区农户 500 户左右，户均年增收 25000 元，累计培训项目区农户 1200 人次，人均掌握中药材规范化种植技术 1—2 项。

提高品牌档次，增强持续发展能力。一是加大科技创新能力。在产品种类、包装等方面进行精心设计、调整，确保产品种类齐全，包装安全、新颖，满足不同层次、不同区域消费者的生活习惯和需要。二是广泛宣传，提高产品知名度。通过电视台、报纸、农产品推介洽谈会等各种途径进行广泛宣传，让风味独特、天然纯正的特色农产品真正进入世人视野，进入千家万户。三是建立畅通有序、覆盖全面的市场销售网络。实行"各大商场定点销售、网上邮购销售、送货上门"三结合的灵活销售方式，确保销售渠道畅通、快捷、及时，不断巩固扩大销售网络。以热情服务、优质产品让消费者购买放心，吃着舒心。同时，在北京、广州等地建立连锁店、直销点、专柜、代销点，实现销售渠道稳定畅通。最终实现产、供、销一条龙，贸、工、农一体化经营，真正把县域生物产业打造成支柱产业，努力为维西县特色农产品及中药材加工业的发展、壮大贡献一分力量。

（2）中药材推进规划

扶贫计划。计划带动康普乡全乡 3266 户、10935 人，在 2021 年达户均增收 30000 元。

扩大基地建设。公司目前拥有基地面积 382 亩，2019—2021 年规划种植扩大曲扒开育苗基地 400 亩，康普坝区育苗基地 200 亩，共计 600 亩。

通电、通水、通路建设。计划通电建设 10 千米，通水建设喷灌 6000 米，通路建设 15 千米。

种植规划、面积。公司计划与百姓签订提供优质中药材种苗、种植技术，保底价格回收的合同，让百姓放心长种。目前公司拥有订单合同种植面积云木香 3500 亩，云当归 1000 亩，桔梗 300 亩，秦艽 300 亩，坝区蔬菜 300 亩，2019—2021 年计划全乡种植云当归 4000 亩，云木香 6000 亩，桔梗 1000 亩，秦艽 2000 亩，总计到 2021 年全乡种植中药材 13000 亩左右，坝区蔬菜种植扩大至 1000 亩左右。

所需的投资：每亩中药材及蔬菜种植补助 1000 元，提供技术指导费用每亩 100 元。

3. 存在的问题

（1）企业持续增效难度加大。随着宏观调控效应的逐步显现，能源、原材料价格上涨压力加大，企业成本、费用上涨，利润空间缩小。

（2）资金紧张，小微企业融资渠道狭窄。目前伟宏农特资源开发有限责任公司的融资渠道只有通过银行申请贷款，而公司不具有银行贷款要求的房产、地产等抵押物，从银行获得贷款十分困难。

（3）招工困难。企业用工需求量不断增加，各类企业不同程度地出现了招工难的现象，致使公司人才资源短缺，导致企业科技创新程度低，产品优化速度相对较慢。

（4）产业结构不够优化、市场竞争力不足。产品生产推广还处于初期，产业技术含量还不高，缺乏创新人才，在自主创新、产学研合作等方面进展缓慢，产品质量达标困难，市场竞争能力和抗风险能力薄弱。

4. 发展建议

（1）企业针对资金缺口问题，应该采取在自己能够承受的合理范围内，适当扩大生产规模，不应该把希望寄托在政府身上。同时，政府应该加大金融服务设施建设，增加贷款银行种类，方便企业进行贷款，对企业给予部分政策扶持。

（2）企业应加大科技创新，引进先进生产技术来应对持续增效困难的局面。

（3）优化企业管理制度，建立科学的管理体系，同时加大高校招生力度，与高校签署协议，积极引进技术人才。

（4）政府应该加大交通设施建设，同时，可以通过州政府牵头，各县、镇政府实施建立物流统一化管理系统，方便各个企业产品的运输，从而降低产品的运输成本，也能够提供部分就业岗位，带动贫困户脱贫致富。

三 迪庆开发区三江生物开发有限公司

1. 公司基本情况

（1）基本设施设备

迪庆开发区三江生物开发有限公司成立于 2013 年 8 月，占地 18 亩，主要从事中药材购销以及中药饮片加工。公司初期投入资金4500万元，筹建中药饮片加工厂，严格按照中药饮片GMP要求设计建造，年设计生产能力3000吨。公司于2015年3月30日通过GMP认证，4月正式生产，同年11月13日取得《药品生产许可证》。截至2017年年底，公司定岗从业人员30余人，其中残疾人员4名，办公区员工文化程度均在大学专科以上，生产车间操作人员文化水平均在初中及以上，员工平均工资达到每月3500余元。

（2）销售情况

目前公司产品已销往四川、广西、宁夏、安徽、河北、山东等地，并已与昆明制药厂、云南金乌黑制药有限公司等多家单位签订合作协议，2017年公司年销售额达到1200多万元。

2. 产业扶贫工作

2015年至今已收购原料5500多吨，直接或间接带动农户达3000多户，2016年公司自筹资金3500万在原有生产线的基础之上进行扩建，占地面积18亩，建筑面积及原料预处理车间5000多平方米，累计可加工中药材5000吨，从根源上解决农户种植中药材的销路问题，带动更多种植中药的农户增收。

3. 企业未来的发展计划

公司目前已取得"一种中药材用振动筛药机""一种滚筒式水循环洗药机"等10项实用新型专利证书，通过与云南省农业科学院高山经济植物研究所合作，进行产品研发，优良品种选育。公司计划以附子产业发展为主要目标，着力打造和构建结构优化、管理模式科学的企业形象，同时改善迪庆州种植的中药品质，进一步开发利用中药资源，形成产业化开发，提高产品附加值，延伸中药产业链，推动市场销售，带动民族地区经济发展，建设具有质量保证、符合现代中药饮片发展需要的生产企业。

4. 存在问题

（1）贷款回收期长，造成流动资金不足。

（2）初期投入资金较大，企业回报率相对较低，回报周期长，存在风险比较大，造成再融资困难。

（3）人才缺乏，大大地削弱了企业自身持续发展的能力和市场竞争力。

（4）市场销路不存在问题，但是产品价格不具备优势。

5. 发展建议

（1）公司产品销路不存在问题，可以通过市场调研适当扩大生产规模，提高市场占有率。

（2）目前企业主要以附子产品加工为主，产品比较单一，可以根据市场需求逐步开展其他产品的加工，实现产品多样化，提高企业竞争力。

（3）产品价格不具备优势，主要是因为产品价格低廉，企业可以把产品进行分级销售，把优质产品单独挑选出来，打造一个高端品牌。

（4）针对人才缺乏问题，企业可以通过一些激励补贴政策来吸引高学历管理人才，引进先进思想，打开网上中药材高端产品销售渠道，为企业的未来打开新的局面。

四　云南香格里拉兰草药业有限公司

1. 公司基本情况

（1）基础设施设备

云南香格里拉兰草药业有限公司成立于2015年6月，占地35亩，是一家集中药材育苗、种植、科研、加工、仓储、销售为一体的现代农业企业。公司先后投入3000多万元，在维西县生物产业园内建成了12000平方米集收、购、初加工为一体的晾晒场，7500平方米正在建设的中药饮片厂，2500平方米正在建设的办公楼，14000平方米正在建设的香格里拉道地中药材交易市场及电子信息仓储物流中心。拥有中药材清洗、筛选、切片、烘烤设备60台（套），形成了年收购、加工、销售万吨中药材的生产能力。公司有专业技术人员13名，长期合同制员工80人。

（2）种植基地

公司本着发展地方经济，走"富民强企"合作共赢的发展道路，按照"公司+集体经济+基地+农户（合作社）"的合作发展模式，以中药材育苗、栽培、市场交易、深加工为建设内容，采用企业与农户签订保护价订单合同的方式种植中药材，有效降低药农产业风险，使农户利益受市场影响降至最低，同时最大限度地保证公司获得优质原药。目前，公司拥有500亩良种育苗基地，与种植户建立了桔梗、秦艽、云当归、云木香、附子、续断、党参等中药材品种的大田成品合同，种植15000亩以上。

(3) 产业扶贫

2017年公司全年累计使用生物园区周边农民工2万余人次,人均薪酬95元/天,支付农民工工资200多万元、上缴税务20万元、实现利润52万元。并与种植户签订订单保护价合同5000份,其中精准扶贫建档立卡户1300户。不仅为当地农民工解决了就业问题,而且增加了当地的经济效益和社会效益。

2. 2017年公司生产经营情况

(1) 企业产品

2017年兰草药业有限公司共种植15000亩中药材(见表2-1),主要种植桔梗、秦艽、云当归、云木香、附子、续断、党参等。公司自成立以来,紧紧依托相关科研及技术推广单位,以科技带动中药材产业的发展,重点开展了新技术示范推广、中药材初加工、市场开拓、种植技术咨询、技术指导及提供相关技术培训,并在全国各地建立了多元化的中药材产品营销渠道。其中根据中药饮片厂加工生产的要求,主要产品种类分为:净制类、切制类、炒制类、炙制类、蒸煮(炖)类5类饮片。

表2-1　　云南香格里拉兰草药业有限公司产品情况　　单位:亩

地名	中药药材种植品种	合计种植面积
永春乡	桔梗、秦艽、云当归、云木香、附子、续断、党参等	7000
攀天阁	桔梗、秦艽、云当归、云木香、附子、续断、党参等	3000
叶枝	桔梗、秦艽、云当归、云木香、附子、续断、党参等	1000
保和镇	桔梗、秦艽、云当归、云木香、附子、续断、党参等	1000
白济汛	桔梗、秦艽、云当归、云木香、附子、续断、党参等	3000
合计		15000

资料来源:云南香格里拉兰草药业有限公司。

(2) 加工规模

云南香格里拉兰草药业饮片厂建筑面积7500平方米,其中普通饮片车间1500平方米、毒麻饮片车间500平方米、口服饮片车间1000平方米、综合仓库2500平方米、质检及研发中心1000平方米、办公用房1000平方米。

到2019年1月项目建成后,可完成净制类、切制类、炒制类、炙制类、蒸煮(炖)类5类饮片生产。

项目生产规模：2019年预计生产3000吨普通中药饮片、500吨毒麻中药饮片、1000吨口服中药饮片。年消耗各种药材：普通饮片主要原料：木香、当归等年消耗3300吨；毒性饮片主要原料：附子等年消耗鲜品3000吨；口服饮片主要原料：当归、天麻，年消耗1100吨。

3. 企业未来发展计划

（1）发展目标

公司计划到2020年中药材良种育苗基地发展到1000亩，培育品种到10个，保障中药材种植面积50000亩，建成国家标准中药材有机种植基地50000余亩，参与农户达15000多户，其中扶持建档立卡户达到2300户，亩均增收4000余元，公司将每年最少向市场供应云木香、云当归、秦艽、桔梗、续断、附子等中药饮片4500吨、原药材3000吨，实现产值3亿元以上。

（2）发展方向

上规模、扩网络、保质量、立足资源优势，基地建设和道地品种成果全面促进中药材育、产、销、学、研的全产业链衔接，提供加工包装、质量检测、追溯赋码、仓储管理、绿色养护、仓储金融、电子商务、委托销售、物流配送等中药材物流一体化服务。

通过促进中药材研发提质增效，形成一批拥有自主知识产权的国际知名品牌。结合产学研各项发展，依托云南中医学院、云南省农业科学院药业植物研究所、云南大学资源环境与地球科学学院、迪庆州农业科学研究院，公司成立研发中心，共同研究中药材良种繁育、科技培训、科技成果转化。

（3）发展战略

以市场为导向、企业为主体，依托优势，合理布局，突出重点，按照"规模适度，水平较高，效益显著"的原则，充分发挥科技的支撑与引领作用，提升维西中药材产业的科技创新能力，推进中药材规范化与规模化种植，提升中药材加工水平，培育维西中药材支柱产业做精、做强，积极开拓国内外市场，打造云南高原维西特色中药材品牌。

扩大宣传，提高知名度。以"云药之乡"建设为重点，加大媒体对维西中药材品种的宣传力度；实施名企、名品推进工程，评选、宣传维西中药材优秀企业、优势品种；展示维西丰富的民族药资源，扩大维西中药材的应用范围，提升维西中药材在国内外的知名度和影响力。

4. 存在问题

（1）中药材产品季节性比较强，时间比较集中在每年的9月份到次年3月份，收购农户中药材时必须货款两清，流动资金需求比较大，流动资金不足。

（2）专业合作组织虽然多，但是运行规范的少，带动作用不明显，分散基地面积大，同时大多数人员对中药材生长、管理、采收、加工、保管、销售环节专业培训不足，缺乏经验，导致产品产量及质量不高、产品质量层次不一、市场竞争力不足。

（3）物流成本高。由于维西县地形复杂，交通设施建设规模比较小，公路建设数量少，导致产品输出相对比较困难，成本比较高，如2016年公司从维西寄2袋50公斤木香样品到安徽亳州，2袋运费160元；而从亳州寄到维西只要80元，成本降低了一半。

（4）农业保险不健全。在维西县保险公司保险的种植品种只有玉米、水稻、青稞、油菜，政府补助一部分保险费，农户种植农作物出现自然灾害时，保险公司真正履行农作物保险赔付的少之又少，而对于经济作物中药材没有保险品种。因此，应该健全农业保险辐射范围，落实到位，为地方产业发展保驾护航。

（5）融资渠道单一。在维西县当地只有农村信用社、农业银行、农业发展银行、邮政储蓄，融资相对比较困难。

（6）行政审批时间长、效率低。公司属于农业企业，进入维西县生物园区3年多来，项目建设土地一直未能落实，无法取得施工、开工、消防许可证，致使公司在建设中无法按正常进度施工建设，希望政府尽快帮助公司解决正在建设的中药饮片厂项目用地手续35亩。

5. 发展建议

（1）政府要把中药材产业作为促进农民增收致富的优势产业来抓，加强组织领导，强化政策措施。县政府应牵头建设中药材商会，把维西县境内所有中药材商家联合起来，设立董事会，政府监督，进行集中经营，从而扩大企业规模，降低生产成本。同时政府各级中药材生产管理部门要切实转变工作职能，强化服务意识，加强对中药材产业的宏观指导和监管。

（2）政府应该加强交通设施建设，以保证企业产品能够快速输送出去，降低产品的运输成本。

(3) 地方产业发展纳入年终目标考核任务，出台奖惩制度。

(4) 全县企业实行动态管理，对带动性强、实干的企业给予各项政策的倾斜帮扶，实行一企一策。

五　香格里拉市忠浩野生中药材种植有限责任公司

1. 公司基本情况

（1）基本设施设备

香格里拉市忠浩野生中药材种植有限责任公司于2011年注册成立，注册资金200万元，位于香格里拉市小中甸镇和平村降给村民小组，占地面积12亩，主要经营中药材种植与加工。至2017年公司总资产达2252万元，固定资产1356万元，各类中草药种植面积达2000余亩，公司现有职工37人，其中固定职工25人，季节性用工12人。

（2）种植基地

公司推行"公司+基地+农户"的发展模式，通过与农户之间签订合同的形式，实现了统一供苗、统一提供技术指导、统一种植、统一产品标准、统一收购销售的一体化发展，为群众种植中草药提供保障。至2017年6月，公司以高原高寒藏区特色中药材标准化、规范化为主线，完成建设公司自有基地921亩（见表2-2），并与农户合作推广种植各类中药材面积达2000多亩。

表2-2　香格里拉市忠浩野生中药材种植有限责任公司产品情况

单位：亩

地名	中药药材种植品种	合计种植面积
中药材种苗基地建设	滇重楼12.5、桃儿七2.5、附子10、雪上一枝蒿20、当归10、木香10、羌活5、秦艽15	85
高原高寒中药材示范基地	滇重楼50、秦艽300、桃儿七5、松贝母5、附子100、云木香200、珠子参5、当归171	836
合计		921

资料来源：香格里拉市忠浩野生中药材种植有限责任公司。

2. 产业扶贫工作

近年来，忠浩公司在州扶贫办等相关部门的关心下，举办迪庆高海拔高寒坝区中药材栽培技术培训8期680人次，改变了高原农牧区传统的种植观念，解决了高原农牧区群众在中药材生产过程中的技术问题。公司种植中草药涉及和辐射农户共计690户，实现年销售收入2188万元，其中带动农户年新增收入达699万元，公司联结农户户均年增收1万元以上，有效带动了周边农民增收致富，实现了公司与农户双赢的发展目标。

公司积极响应上级的号召，按照精准扶贫的政策要求，积极承担了小中甸镇和平村11个村民小组、共30户的脱贫帮扶和帮扶困难成员，至2017年年底已实现摘除"贫困帽"的目的。2017年公司共计发放各类中药材种苗360万株，折合人民币54万元，发放农牧民工工资112万元，发放土地租赁费32万元，向农牧户收购农资（有机肥料）500车，每车500元，折合人民币25万元。公司自成立以来，一直以带动农牧民增收致富为己任，通过有偿租地、招工、种苗扶持、向基地供应农资、提供技术服务等形式为建档立长户开展脱贫致富工作。

3. 企业未来的发展计划

（1）在今后的三年内企业计划将高寒中药材种苗繁育基地发展到150亩，示范基地发展到1200亩，并在全镇范围内推广种植总面积达到2800亩。

（2）加大固定资产投入力度，进一步提升公司服务能力，公司拟在小中甸镇和平村建设具有一定规模的高寒坝区特色中药材加工区，并引进先进太阳能烘烤技术及设备，解决高寒坝区药材加工烘干技术难题，提高公司的生产能力及产品品质。

（3）加强公司管理。首先，加强基地管理人员的能力，逐步推行基地建设和种苗生产的激励机制。其次，通过招录和培育优秀人才投入中药材产业发展中来。

（4）不断完善公司与农民的利益联接机制，提高带动能力建设，将深入研究与农民的利益联接机制，进一步完善运作模式。另外，进一步提高带动农民的能力，争取带动农户1000户，实现农户增收15000元以上。

4. 存在问题

（1）公司发展资金缺口较大。根据公司目前的发展状况，计划加强基础设施建设，包括加工厂房、设备、能源设施建设等，需要1500万资金注入；加强生产性投资，包括种植资源圃、科技示范园建设以及试验示范推广经费共计1200万元左右；加大科研及人才培养、信息技术、商务平台建设等，预计投入资金200万元；观光农业基础设施建设预计投入400万元，总计需投入资金3300万元，而公司计划自筹800万元，申请银行贷款1200万元，申请国家财政资金扶持1300万元，按照上述措施进行建设，将极大地提高企业硬件和软件能力，而公司在前期投入资金较大，多是法人自筹和贷款，目前资金缺口比较大。

（2）产品销售渠道问题。2014年，公司加入云南白药集团中药材种植基地协会，云南白药集团的相关领导也曾到忠浩中药材种植基地进行实地考察，但由于当时公司尚处在初期发展阶段，未达成一致意见，目前亟待上级党委、政府部门的引领和大力推荐，促成与云南白药集团的合作。

5. 发展建议

（1）企业针对资金缺口问题，应该采取在自己能够承受的合理范围内，适当地扩大生产规模，不应该把希望寄托在政府身上。同时，政府应该加大金融服务设施建设，增加银行的种类，方便企业进行贷款，对企业给予部分政策扶持。

（2）企业应该建立考核制度，实行地方产业发展纳入年终目标考核任务，出台奖惩制度。

（3）政府应该加大交通设施建设，同时，可以通过州政府牵头，各县、镇政府实施建立物流统一化管理系统，方便各个企业产品的运输，从而降低产品的运输成本，也能够提供部分就业岗位，带动贫困户脱贫致富。

第三节　迪庆州葡萄酒业的实践与发展

一　迪庆州酒业产业

迪庆州酒业经过十几年的发展，已经具备了一定的规模，但是产品营销和供应链模式仍有不足，可以借鉴国内外知名品牌发展理念，改善本企业的营销模式。济南今朝酒业有限公司能够实现逆势增长的原因主要在于人才和产品营销模式，通过高薪聘请领域内知名专家和职业经理人，开发中高端产品，打造一流品牌。同时，坚持直营与"1+1"模式并用，直营就是自己做终端，"1+1"模式就是厂商一体化，通过这两种模式优势互补，实现了企业的逆势增长。[1] Eleonora（2018）通过对意大利葡萄酒行

---

[1] 杨安表：《创新发展模式，实现逆势增长》，《食品安全导刊》2015年第2期。

业 357 家公司的调查数据进行结构方程模型的估算，发现企业只有在拥有组织能力之后才能将企业的可持续性实践和经济绩效联系起来。当企业具备与供应商合作、先进技术和产品创新三种组织能力时，合作伙伴和产品创新能力促进积极的社会环境实践的实施，社会环境实践和相关经济绩效之间才能发挥积极作用，通过与合作伙伴的沟通合作，以及对产品进行差异化和价值创新改进，葡萄酒公司在市场上才具有竞争优势。[1] Fernanda（2011）以阿根廷葡萄酒行业为研究对象，针对葡萄酒行业提出了供应链模型（WSC），认为只有将物流过程整合到供应链之中，使用互联网技术操作，才能在未来达到世界一流标准，还提出了在葡萄酒供应链上衡量物流绩效的关键性能指标（KPL），即供应、生产和装瓶、库存管理、仓储、运输和配送、客户反映六个指标，通过对这些指标的评估，得出物流对其业务的影响主要与时效性和资源利用性能有关。这个模型和框架的提出，能够帮助葡萄酒公司在供应链和资源优化上增加最终消费者的满意度，降低成本和产品交付时间。[2]

迪庆州葡萄酒产业拥有属于自己的独特酒文化，在进行产品宣传时，应该以迪庆州绿色、环保等先天性条件为依托，结合自身酒文化，深入开展文化营销模式，打造高端品牌系列。李奇认为，酒应该与相应的酒文化相结合，简化酒系列产品，去除低端品牌，规范包装便于消费者识别记忆，大力宣扬古法手工酿造，使自己的特色更具独特性、不可模仿性，更具有消费者目标指定性，而产品在定位高端品牌时，应采用先巩固核心品牌，再扩展延伸子品牌的单一品牌战略，通过高端品牌策略紧紧抓住高端用户，再逐步向中低端细分市场进行一定的品牌延伸。[3] 对于定位中低端品牌的企业，应该通过机械化、规模化、标准化的生产模式，降低生产成本，可以学习五粮液发展模式，先扩张，后收缩，重点打造大品牌的多品牌战略。

---

[1] Eleonora Annunziata, "The Role of Organizational Capabilities in Attaining Corporate Sustainability Practices and Economic Performance: Evidence from Italian Wine Industry", *Journal of Cleaner Production*, 2018, pp. 1300-1311.

[2] Fernanda A. Garcia, "A Framework for Measuring Logistics Performance in the Wine Industry", *International Journal of Production Economics*, 2011, pp. 284-298.

[3] 李奇：《两公司的定位与发展模式思考》，《酿酒》2013 年第 6 期。

二 香格里拉酒业股份有限公司

1. 企业介绍

香格里拉酒业股份有限公司于2000年1月27日创立，是国家商务部批准设立的外商投资股份制企业，注册资本5656万元。主要从事香格里拉葡萄酒、大藏秘青稞干酒等系列产品的研发、生产和销售以及相关原料基地的培育建设。企业通过加强与香格里拉市、德钦县政府、农牧民合作，加大投入品牌建设、加强科研攻关、提高产品品质等手段不断做强企业，是云南省首批农业产业化经营省级重点龙头企业。香格里拉酒业生产基地位于云南迪庆藏族自治州香格里拉经济开发区，并在香格里拉腹地拥有万亩青稞种植基地和13000亩优质酿酒葡萄基地。

2017年公司在职员工共308人，其中酿酒公司139人，销售公司169人。大学以上学历的有119名，占总员工38.6%。公司现有国家评酒委员5人，国家一级品酒师、一级酿酒师1人，国家二级品酒师4人，国家二级酿酒师4人，工程师4人及专兼职研发人员十余人。

2. 企业发展优势

第一，进行技术革新。技术革新主要采用与高校合作，聘请专业技术人才到基地，开展科研、培训，提升了葡萄种植水平。第二，规范化的企业管理模式。公司建立标准化栽培管理模式，推进有机、生态模式管理，促进产业升级，参与制定《生态原产地保护产品评审规范葡萄酒国家标准》。2016年3月，获得国家质检总局颁发的香格里拉高原葡萄酒生态原产地保护证书。公司于2016年获得云南省扶贫资金200万元。第三，市场前景较为广阔。目前，公司销售市场遍布华南、华北、华中、西南、华东等区域，有着较为完善的销售运营渠道，但国外市场暂时没能打开。国内销售中，以东南沿海的福建、浙江等区域为主，产品由于独特的高原差异化特点占据了一部分市场份额。另外，公司还依托华致、金六福等金东集团下属各兄弟企业的销售网络进行拓展销售。第四，公司销售和利润可观。近几年企业工业产值和销售额每年保持10%的增长。公司开发生产的高原和生态系列葡萄酒，已荣获国内国际葡萄酒质量大赛奖项50余项，企业实现2000万元以上的利润和1000万元以上的税收，为藏区的经济建设和社会稳定做出了突出贡献。

3. 产品特色

一方面，企业以研发、生产青稞干红葡萄酒为主，利用高原特有的由青稞酿制的发酵酒青稞酒，尤其是"大藏秘"青稞干酒系列产品，是高原藏区特有产品，拥有与其他地区品质不同的酒系列，突出其特色，并通过技术创新和设备进口，提高产品质量；另一方面，企业通过产品个性定制、整桶售卖，酒桶可回收再利用，满足大订单客户的个性需求，定位高端产品市场，提高产品异质性。

4. 产业扶贫措施和成效

自 2003 年起，公司采用"公司+专家+基地+农户"的模式在德钦县的"四乡两镇"22 个村民委员会推广种植优质酿酒葡萄，发展葡萄种植示范村组和大户，在土地资源利用有限的条件下，现已实际建成 13800 亩优质酿酒葡萄基地。从国外引进的 22 个酿酒葡萄品种在德钦县东水村和斯农村建立 300 亩品种筛选基地，筛选适宜德钦县种植的 5 个品种，并开展澜沧江和金沙江河谷两岸区域化试验。在人才培养方面，培训葡萄技术管理骨干、技术工人 1000 人次。与郑州果树研究所、西北农林科技大学葡萄酒学院合作，开展两期葡萄种植技术骨干培训班。总共组织开展葡萄种植技术相关培训 20 次，培训人次为 1350 人。

以公司种植为切入点，以自然村和大户为单元，对德钦 40 个左右葡萄种植自然村和大户建立技术经营型服务，将原政府农业部门的乡镇服务体系直接顺延到自然村和大户，每个自然村设立农民技术员和科技示范户，进行标准化种植技术的培训与示范推广、标准化农资的配送、生产过程的产前、产中和产后服务，弥补了政府农业部门脱贫服务体系的严重不足。

葡萄产业现已作为德钦县农业支柱产业，是农民增收的最好途径，每年可实现利税 2000 余万元，实现农户原料直接收益 3000 余万元，实现全县人均增收 400 余元，同时也带动了运输、服务、旅游等其他相关产业链的发展。并缓解了因农业产业结构调整、"退耕还林，退牧还草"后的农民收入下降问题。通过打造"订单农业"，以"公司+基地+农户"和"示范基地"的发展模式推广葡萄种植，带动全县 2700 多户农户、1 万余人种植了葡萄，并辐射带动了周边藏区西藏芒康、四川甘孜的酿酒葡萄产业发展近万亩。

5. 存在的困难和问题

香格里拉酒业股份有限公司在发展运营过程中，主要存在税收缴纳额度比例大、管理难度大、利润下滑以及人才短缺问题。具体来说，第一，2014年8月22日国家发改委发布《西部地区鼓励类产业目录》，其中新疆、宁夏、甘肃等将优质酿酒葡萄种植与酿造列入鼓励类目录，对葡萄酒的所得税按照15%征收，而云南省对葡萄酒的所得税仍按照25%征收，企业难以承受。第二，能种植优质葡萄的土地少，地块小且较分散，管理难度大，管理成本高。第三，在种植过程中，存在农民追求高产量与公司追求高质量之间的矛盾。部分农民追求高产量导致酒体颜色浅、酒体单薄，达不到高端葡萄酒的质量和要求。因此，在管理上，给企业提出了更高的要求。第四，近年来，企业工业产值和销售额有所增长，但盈利却有所下降。原因一方面是竞争异常激烈，国外葡萄酒对中国市场一直采取倾销政策，进口葡萄酒数量大幅增长，廉价进口酒和散酒越来越多；另一方面是葡萄种植成本高，干白在国内销售困难。第五，公司灌装厂搬到香格里拉经济开发区后，先后80多人离岗，人才流失严重。迪庆州公务员和事业单位的补贴民营企业的员工无法享受，当地的大学生100%考公务员，不愿意留在企业，外地的人才更是难招。

6. 发展建议

（1）针对葡萄种植成本过高的问题，企业目前采取的个性化营销模式值得推广，通过制定个性化Logo、整桶定制等方式吸引高端消费人群。除此之外，加强企业管理，制定和采用一系列控制措施和激励手段，严格把控源头产品质量，打造高端品质。

（2）针对人才流失问题，除了企业自身加大人力资源的搜寻以及奖励措施外，政府通过制定相关政策，引进人才，比如对大学生、研究生和获得国家职业资格的人才、国家评委等给予津贴。

（3）针对进口葡萄酒挤占国内市场的问题，除了从国家层面进行一定的保护外，更重要的是提升自身的品牌影响力，利用高原特色，生产异质化产品，打开国外市场，加大产品出口。

三 云南藏地天香酒业有限公司

1. 企业介绍

云南藏地天香酒业有限公司于2011年1月20日在维西县工商行政管

理局登记成立，是国内第一家大规模种植冰葡萄并从事冰酒生产加工的企业。公司秉持"专注、责任、创新"的企业理念，充分利用得天独厚的自然资源，建设集冰葡萄种植，冰酒酿造、销售，冰酒庄园休闲度假，自然景观与民族风情旅游观光为一体的冰酒文化旅游地，打造香格里拉冰酒原产地保护区。通过推行"卓越伙伴，发展共赢"的合作模式，制定了"产品引进—技术引进—自主生产"的三步走发展路线图，从 2005 年开始进行产业建设，目前建成种植基地 5000 亩，量产后年产冰酒 500 吨，产能规模达全球冰酒行业市场的三分之一，冰酒全产业链体系初步形成。

2. 企业发展优势

企业发展过程中，具有自然条件、文化和技术三项优势。第一，低纬度、高海拔，独特的地理位置和地理环境形成了生产冰酒所需的得天独厚的自然条件，目前香格里拉产区已探明可种植冰葡萄的土地资源 30000 亩，全部开发后年产冰酒 3000 吨，是德奥产区（2000 亩）和加拿大产区（7000 亩）之和的三倍。企业地处三江并流腹地，直径 100 千米内没有现代工业，完好地保留了地理、植物、动物、气温、大气环境的原生状态，是全球葡萄酒产区中自然环境保护最好的原生态地区。第二，香格里拉和三江并流两大世界文化遗产核心地带聚集了 20 多个民族和 6 种宗教，形成了独特的民族文化和宗教文化景观。第三，企业在技术层面，使用全程无添加、低温发酵冰酒酿造技术以及生物多样化葡萄种植技术。

3. 产品特色

企业的特色产品——帕巴拉冰酒，主打"原生态、无公害"概念，需要特殊的、无污染的地理环境才能制作，北纬 27 度、海拔 2450—2900 米、森林覆盖率 77.5%、日照时数 2104 小时、积温 3150℃、无霜期 197 天、降水量 700 毫升、-7℃采摘、13—15℃低温发酵，并保证无空气污染、无水体污染、无土壤污染、无化学肥料、无农药残留，这些条件决定了其产品的独特性，而香格里拉独特的高原气候及无污染的环境也为其产品的生产提供了条件。

4. 企业发展计划

企业在发展过程中，凭借产业优势、旅游资源优势和区位优势计划构建香格里拉冰酒小镇以及三个园区，分别为香格里拉国际冰酒产业园，包括 30000 亩种植基地及一个酒庄集群（10—15 个酒庄）；生态产业园，包括中药园、兰花园、蜂蜜园等；递延产业园，包括创作、包装、电商物流等。

公司计划投资10亿元，包括产业投资5.2亿元和基础设施建设4.8亿元；计划融资10亿元，包括项目资本金3亿元和银行贷款7亿元。投资收益包括冰酒销售收入以及旅游收入：预计年产冰酒1000吨，年销售收入5亿元，毛利率65%，净利率20%，年利润1亿元，旅游方面实现每年60万旅游人次，收入6亿元。

5. 产业扶贫措施和成效

企业主要采用三产融合、"政企农"三方联动的方式进行产业扶贫，三产融合即葡萄种植、生产加工、三产服务（农家住宿、农庄餐饮、农特产品）结合，农户通过"公司—基地—农户"模式，通过土地流转入股获得固定收益，通过田间管理和生产劳动获得劳动报酬。除此之外，还有"政府—企业—合作社—农户"模式，农户通过加入合作社获得分红报酬，基地也可通过合作社获取一笔股权量化资金。由此实现政府、企业、农户三方共赢。

通过上述措施，农户由传统玉米种植改种葡萄，仅亩产收入就增加4000余元，企业通过开展葡萄基地管理技术培训及其他培训改变农户传统种植观念，2017年有效带动1900余人，覆盖460户家庭增收，具体带动情况见表2-3。

表2-3　云南藏地天香酒业有限公司产业扶贫带动情况

	基地（亩）	覆盖农户（户）	覆盖人口（人）	人均收入（元）	户均收入（元）
2017年（量产）	2200	460	1900	5200	21500
2020年	10000	1600	6200	5700	22100
规划建设	30000	4500	16000	9300	33000

6. 存在的困难及解决建议

一方面，由于葡萄种植的特殊性，企业虽然暂无资金短缺压力，但由于葡萄3年无产出造成投资压力过大，是企业亟待解决的问题；另一方面，冰酒产量及质量虽达到世界水平，但品牌知名度不够，存在销售渠道拓宽难问题。

针对投资压力过大的问题，除企业加快内部资金流动速度外，政府应该在政策上给予一定的支持，发挥专项建设基金的带动作用，重视企业项目调度工作，加快推进项目建设，在冰酒小镇的建设过程中，加快推进投资项目在线审批监管平台建设，切实提高项目审核效率。针对企业品牌推广及销路问题，除了从国家层面进行一定的保护外，更重要的是，提升自身的品牌影响力，利用高原特色，生产异质化产品，通过外交手段进行直接推广，打开国外市场，加大产品出口。

四 云南藏雄酒业有限公司

1. 企业介绍

云南藏雄酒业有限公司成立于 2006 年 3 月 1 日，注册资本 1000 万元，企业注册地为云南省迪庆香格里拉经济开发区绿色产业园区。截至 2016 年 12 月公司总资产达到了 6998.5 万元，固定资产 5388.5 万元。经营范围主要包括青稞酒及以青稞酒为基酒的配置酒（藏雄酒、玛咖酒）的生产和销售。

2. 产品特色

企业主打产品为利用藏区特有的青稞制造的青稞系列食品，主要包括青稞酒、青稞醋以及"藏雄"品牌保健酒、玛咖酒等。

3. 企业发展情况及优势

第一，产品生产技艺较为成熟。公司在白酒酿造和生产中使用"云南小曲清香型白酒酿造工艺"技术，具有产品质量好、高效节能、自动化水平较高的优势。第二，项目扩建，提高产量。由于企业发展需要，于 2014 年 6 月开工建设的"藏雄青稞白酒生产线改扩建项目"，由于资金等各方面的原因未能投产，经过近一年的融资，引进云南翰缘投资有限公司作为公司的法人股东，建设内容包括：青稞基酒（白酒）酿造车间 9000 平方米，山体挖酒窖 5000 平方米，展示厅 2000 平方米，试验中心 1000 平方米，办公楼 4000 平方米，职工宿舍 3000 平方米，青稞酿造车间 2000 平方米。新建 1500 吨不锈钢储酒大罐，以保证酿酒纯化品质。该项目在 2018 年年产青稞白酒 1500 吨，年使用青稞 5000 吨左右，产值达到 7500 万元。第三，销售市场较为广阔。产品主要销售地有迪庆、丽江、楚雄、昭通、昆明等省内市场和上海、陕西等省外市场，经过政府相关部门的协调对接和公司近10年来在上海、江苏等华东市场的开拓,目前占有了一定的市场资源。第四,政府扶持力度较大,销售利润逐年增长。2012—2016年共获得政府扶持资金283万元,2017年年销售达2469万元,较2016年的2136.4万元,增长15.6%。

2017年年末公司从业员数为36人,其中有26人为农村从业人员,除少数几个技术型、管理岗位外,其余人员均为厂区周边的农村富余劳动力。人均月薪能够达到3000元左右,对于增加农村收入能够起到一定的作用。2018年"藏雄青稞白酒生产线改扩建项目"投产,可直接解决就业80人,带动农户约2000户。

4. 产业扶贫措施和成效

公司主打的"青稞"系列产品,作为藏区特有的粮食作物,对于扶贫有深度意义。依托迪庆州农科所打造的"公司+农户+基地"经营模式和对农户实行的订单农业,把现代的科学生产技术应用于工业化生产线中。通过项目的实施,有效地增加农民收入。通过大力发展青稞生产来培植财源,安置农村富余劳力,振兴农村经济,实现农村稳定和农民增收;同时通过发展青稞种植加工产业拉动藏民增收,使农民从单纯的粮食种植中解放出来,拓宽收入渠道。

5. 存在的困难及解决途径

同香格里拉酒业公司的发展一样,同样面临着流动资金压力大、技术型人才和管理型人才短缺的问题。除此之外,该公司还缺少青稞原材料。基于此,有如下建议:

(1) 积极争取财政政策和资金支持,拓宽融资途径,政府在政策上对中小企业融资予以扶助,在控制风险的情况下大胆尝试股权、债券融资以及民间借贷。除此之外,完善公司财务制度,做好内部控制。

(2) 依托区位的独特性,开发创新型、异质性产品,树立品牌意识,提高市场知名度。通过创新型产品的生产以及品牌的保证,提高市场占有率。

(3) 加大人力资源的搜寻以及奖励措施,政府通过制定相关政策,引进人才,比如对大学生、研究生和获得国家职业资格的人才、国家评委等给予津贴。

(4) 建立自己的青稞基地,加大对当地农户的种植技术培训。通过控制青稞种植的产量和质量,既可以为企业提供稳定优质的原料,又可以为当地提供就业岗位。

五　云南香格里拉太阳魂酒庄产业有限公司梅里分公司

1. 公司基本情况

德钦县梅里酒业有限公司成立于 2001 年 4 月 16 日,注册资本 1439 万元人民币,注册地为德钦县云岭乡斯农村委会布村 29 千米处,是德钦县唯一的一家民营科技创新型现代葡萄酒产业化生产企业。目前,因资金问题被云南香格里拉太阳魂酒庄产业有限公司收购,资产已转移至云南香格里拉太阳魂酒庄产业有限公司梅里分公司。云南香格里拉太阳魂酒庄产业有限公司是由云南城投健康产业投资有限公司、云南太阳魂酒业有限公司、德钦县梅里酒业有限公司以及四川得荣县太阳谷酒业有限公司四家股东通过资产重组、共同出资组建成立的国有控股公司。梅里分公司主要从事冰葡萄酒酿造、销售,高原酿酒葡萄种植研究与推广,以葡萄酒制造、批发、零售和咨询为主要经营方式。

2. 企业发展情况

公司在海拔 2300—3000 米处建立葡萄基地,并于 2005 年新建 450 亩有机酿酒葡萄示范园,前 1—5 年以培育健壮葡萄树木为主,期间不挂果生产。第 6 年投产,每亩挂果 500 公斤,培育干化型冰葡萄原料用以酿造梅里高山冰葡萄酒,于 2010 年 4 月获得葡萄栽培和酒类酿造两项专利,同年 12 月获得植物生产鲜葡萄和酿酒葡萄有机认证。目前,因独特的高海拔、低纬度的地理区位优势以及企业技术的创新,"梅里"商标已被授予为"云南省著名商标",企业被授予"云南省科技型中小企业"、云南省"农业产业化升级重点龙头企业"称号。在销售渠道上,除云南省内销售外,已扩展至北京、湖南、四川和福建、浙江等地。

第四节　迪庆州高原特色农业的发展

一　迪庆州高原特色农业

随着人们健康意识的逐步提升,消费者对绿色食品的需求与日俱增,迪庆州具有生产绿色食品的基础和条件。采用定性和定量相结合的方法,对比云南省高原特色农业和四川、重庆、贵州、广西、桥头堡开放重点的东南亚国家以及全国32个省份，进行综合评价比较，结果表明，云南省高原特色农业综合比较优势高于其他地区，具有多样性、生态安全性、时差互补性等优势。[1]

对于迪庆州的高原特色农业，应该从多角度出发来加强农业发展。云南省高原特色农业的发展，要按照高产、优质、高效、营养、生态、安全的要求，继续按照工业理念谋划农业发展的思路，在建基地、上规模、重质量、深加工、创名牌、拓市场、增效益上下功夫。但是因为迪庆州产业基础条件薄弱、生产者的素质和生态意识差、农产品种植技术缺乏等原因，导致迪庆州高原特色农业发展缓慢，产品竞争力低。通过分析云南省高原特色农业的发展现状，认为必须坚持基础设施投资，进行水利工程改造，做稳高原特色农业；产业化经营，做大高原特色农业；强化科技创新，做强高原特色农业；加大投资扶持力度，拓展资金投入渠道，做活高原特色农业；紧抓机遇，发展外向型农业，做大高原特色农业。[2] 云南省高原特色农业应该以优势特色产品为主导，通过采取突出特色优势产业、加快转变农业发展方式，加快现代农业产业体系建设和加快发展外向型农业等措施，推进高原特色现代化农业的发展。[3] 通过研究克罗地亚农业合作社的发展历程[4]，认为发展合作社能够在一定程度上弥补农业发展在空间上的差异性，为农民申请贷款提供了便利，同时促进了农民机械化生产，降低运营成本。

云南高原特色农业只有在农村人力资源得到充分开发的前提下，才能有较快的发展，企业通过提供资金给人力资源机构帮助其开发人力资源，而人力资源机构按照企业需求培养专业人才，从而实现双方共赢。[5] 通过对荷兰现代农业的研究发现，荷兰农业取得成功主要在于知识科技体系的建立、产业模式的创新、良好的合作机制、政府对农业发展的扶持及服务

---

[1] 董晓波：《云南高原特色农业比较优势研究》，《中国农学通报》2016年第32卷第12期。

[2] 曾小力：《云南省高原特色农业发展路径问题研究》，《云南农业大学学报》2013年第7卷第6期。

[3] 陈彬：《云南高原特色农业的发展》，《农业问题研究》2013年第4期。

[4] Dane & Petra, "Development and Contemporary Characteristics of Agricultural Cooperatives in the Area of Croatia", *Croatian Geographical Bulletin*, Vol. 78, No. 2, 2016, pp. 5-48.

[5] 苏来以：《云南省高原特色农业发展与农村人力资源开发分析》，《南方农业》2018年第12卷第9期。

等方面①，云南省应该学习荷兰农业成功的经验，结合本地特有的资源优势、区位优势及客观条件的限制，寻求符合本地实际的发展方法。

1. 迪庆州园艺观赏业

随着社会经济与生活水平质量的不断改善，人们对生活环境和审美的要求也越来越高，迪庆州拥有独特的自然条件，为发展园艺观赏业提供了前提，通过园艺产业的发展辐射带动迪庆州农民的经济发展。园艺产业兴旺是引领乡村振兴的重要抓手，园艺产品不但具有经济生态高效功能，还能满足人民日益增长的美好生活需要，通过科技支撑园艺产业兴旺，以有效供给满足市场需求，从提高园艺产业特色化区域布局、绿色化发展、机械化生产、加工化发展、信息化发展和品牌化建设六个方向着手，增强园艺产业市场竞争力②。而迪庆州园艺产业主要是借助季节性植物发展旅游产业，对于园艺尚未形成一定规模，产品开发力度不足。

2. 迪庆州畜牧业发展

迪庆州畜牧业发展相对比较缓慢，形成一定规模的养殖企业数量较少，大多数是由农民进行养殖，技术水平比较落后。应该加快传统畜牧业向现代畜牧业方式转变，坚持"引进和创新"并重原则，以科技促发展，以科技促转变，建立以区域化、规模化、标准化、产业化为基本特征的现代畜牧业生产体系。③ 随着我国科技的发展以及互联网技术的广泛运用，将科学的发展方法融入畜牧业发展的趋势不可阻挡，可以通过运用高科技手段且基于物联网技术将一系列养殖数据通过云平台进行大数据的互联互通，实现高效、绿色的可持续发展。④ 中国畜牧业发展的现代化需要物联网技术支撑，物联网技术也必须在领域的应用中寻找正能量，促进畜牧业物联网产业的发展，目前物联网技术的研究与产品的研发取得了一定的进展，但仍处在初级研发阶段。⑤。畜牧业在向集约化发展的过程中，由于

---

① 饶兴山：《荷兰现代农业对云南高原特色农业发展的启示》，《农业研究》2018年第2期。
② 邹学校：《科技支撑园艺产业兴旺引领乡村振兴》，《湖南日报》2018年4月14日第4版。
③ 王华：《以科技促进现代畜牧业发展》，《中国畜禽种业》2018年第3期。
④ 王树友：《可持续发展在畜牧业中的应用》，《科技与创新》2018年第9期。
⑤ 熊本海：《中国畜牧业物联网技术应用研究进展》，《农业工程学报》2015年第31卷第S1期。

畜牧业的扩张，容易造成环境的污染，通过对畜牧业进行脱钩分析①，发现经济因素是影响我国畜牧业低碳化发展的最主要因素，短期内效率因素是影响我国畜牧业低碳化发展的最主要因素，长期来看，劳动力因素是影响低碳化发展的最主要因素，因此应该强化低碳养殖技术和牲畜排泄物处理技术的研发与应用，提升从业人员的专业素质，促进畜牧业的规模化、集约化经营，提升饲料转化效率。

二 香格里拉藏龙生物开发股份有限公司

1. 公司简介

云南香格里拉藏龙生物开发股份有限公司成立于 2001 年，2017 年有职工 168 人，企业资产总额 13000 万元，主要是对迪庆州海拔 3000 米以上的动植物进行开发和利用。目前，公司生产产品有牦牛肉系列、藏香猪肉系列、藏香珍珠鸡肉系列、野生食用菌系列、食用野菜系列、青稞系列产品以及藏龙黄果、核桃油、青稞酒等 78 种 132 个单品，年产值达 6500 多万元。

2. 企业特色

企业生产的主要产品为牦牛肉、藏香猪肉、藏香鸡肉、牦牛乳制品、野生食用菌、野生菜等高原特色农产品。其运营模式采用以现代物流系统、冷链物流配送系统为纽带，餐饮连锁店、产品专卖连锁店的形式进行销售。

3. 企业发展优势

在企业的发展过程中，得到了各级党委、政府的大力支持，获得"国家级扶贫龙头企业""全国食品质量安全示范单位""云南省林业产业化重点龙头企业""云南省农业产业化重点龙头企业""招商引资先进企业""迪庆州农业产业化重点龙头企业"等称号。作为州市重点龙头企业，每年除了为当地的财政税收做出贡献外，也享受政府政策的支持，处在享受政策红利的时期，给企业的发展带来机遇。

在新技术的引进、产品研发和技术改进上，到 2015 年止，累计投入达 5000 多万元，建立具有创新能力、技术能力的产品研发与生产经营管

---

① 陈瑶：《中国畜牧业脱钩分析及影响因素研究》，《中国人口资源与环境》2014 年第 24 卷第 3 期。

理团队、资源基地管理系统、成本管理系统、生产质量管理系统、生产技术管理系统等,通过产品研发、加工、生产和市场营销管理机制,并以现代物流配送、冷链物流配送为核心,拓展国内市场。目前的销售规模以8个物流配送中心为核心,辐射到国内230个销售网点,建成7个餐饮连锁店,辐射到3个中心城市。在企业发展的同时带动了自治州广大农牧民增收,促进了社会和谐、经济发展。

4. 产业扶贫措施及成效

近年来实行了"公司+基地(生物种植科技有限公司)+专业合作社+重点农户"的模式进行产业扶贫,直接辐射到迪庆州的香格里拉市、德钦县、维西傈僳族自治县的16个乡镇,直接增加当地农牧民收入1.31亿元,直接带动农户3000多户,受益农牧民人数36000多人。具体产业扶贫如下:

从2004年起与香格里拉市的格咱乡、洛吉乡、小中甸、三坝乡、五境乡,维西傈僳族自治县的维登乡、攀天阁乡、塔城乡,德钦县的霞若乡等乡镇的240个农户签订了长期牦牛养殖合同;与300多个重点农户签订了野生菌、食用野菜的采集收购合同;与70多个重点农户签订了金树椒种植收购合同;与120个黄果种植户签订了收购合同;与800个核桃专业种植户签订了收购合同;与200多个山药种植户和350个南瓜种植户签订了收购合同;与5个藏红花种植户签订了收购合同;以及与遍及全州的80多个个体专业户建立了农特产品收购业务。随着牦牛收购价格的提高,从2003年至2012年,价格由每头800元提高至每头7000元,9年间收购价格上涨7.7倍,其间公司收购牦牛23500多头,直接支付给农牧民收购资金达9800多万元,收购野生菌菜1320吨,支付收购资金3300多万元。

5. 存在的困难和问题

公司目前存在的困难主要集中在资金运转和品牌推广问题上,具体来说主要是融资困难、产品销售费用不断增高、工业化生产条件和生产环境不够成熟、民族地区企业员工技能偏低、人力成本不断增高、生产加工原料产品价格不断增高、企业运营成本不断增加、原材料的供需矛盾不断突出,企业生产成本、运营成本、管理成本增加以及市场竞争力不足,产品同质化严重,品牌没能很好地推广到省外市场乃至国外市场,严重影响及制约了偏远民族地区企业的健康成长与快速发展。

6. 发展建议

第一，利用香格里拉优势特色资源，生产高品质、差异化产品，在原材料成本高于其他地区相似产品的情况下，精准定位消费群体，提高售价，走高端产品路线。第二，利用香格里拉高原气候差异，生产反季节产品，区别于低海拔地区的传统种植业，大力发展中药材养生产品，迎合现代都市亚健康群体的需求。第三，与当地旅游产业挂钩。区别于景区售卖的大量同质化产品，将特色高原农产品以专卖店形式在景区周边售卖，借以广告、展览会等形式，扩大自己的品牌影响力。第四，关注产品自身的品质和开发利用程度。加大原材料的开发利用，包括牦牛皮、中药材等，加大牦牛各部位的分类生产和分类定价。

三 德钦县雪域油橄榄资源开发有限责任公司

1. 基本概况

德钦县雪域油橄榄资源开发有限责任公司位于云南省迪庆藏族自治州德钦县拖顶乡拖顶村，占地面积23500平方米，生产车间4500平方米，意大利进口油橄榄生产设备、化妆品生产设备、洗涤用品生产设备各一套，职工宿舍2000平方米，自动恒温油橄榄育苗大棚1000平方米。公司于2012年11月20日在德钦县市场监督管理局注册成立，注册资本为1000万元人民币。公司始终为客户提供好的产品和技术支持、健全的售后服务，主要经营核桃、油橄榄的种植、收购、加工及销售；野生菌的收购、加工及销售；油橄榄化妆品、餐具洗涤用品、洗衣用品的加工及销售；具有货物进出口或技术进出口资质，公司有好的产品及专业的销售和技术团队，属于迪庆工程技术与规划管理行业。

公司目前有员工22名，其中大学学历6人，高中学历6人，高中以下学历10人；员工最高工资5000元，最低工资2200元，平均工资为3400元，公司员工收入都在贫困线以上，最低年收入已达28000元。每月进行员工技能培训工作，包括岗前培训和岗后培训。

2. 企业及技术水平

目前企业所依托的生产技术包括生产工艺是从意大利引进的，生产设备是从意大利进口的，均属于世界顶级设备和工艺技术，目前基地正在培育技术人员。公司通过技术攻关培养出了适合高原地区种植的橄榄种苗。

为寻找新的经济增长点，培育"公司+农户+互联网"的油橄榄产业发展模式，公司向金沙江沿岸奔子栏、达日等地藏族农牧民免费发放橄榄种苗，提供种植技术培训。公司还协助和参与州、县多个部门的精准扶贫点和可持续发展产业布局的考察论证，初步计划种植油橄榄30000亩，按照上述种植规模估算，项目丰产后，将年产橄榄4000吨，产值规模将达到1.5亿元以上。

3. 企业的优势和发展前景

德钦油橄榄产业优势是多方面的，而且发展前景巨大，一是迪藏高原的独特气候环境，只要企业努力，世界上最具特色的高海拔、天然有机、无污染的精品橄榄油将出自于德钦，这给未来品牌和市场带来无限的发展空间和机遇。二是油橄榄树种独特，在环境恶劣的情况下四季常青，可以想象十年二十年以后油橄榄的产业优势就不仅仅是油橄榄产出量，而且生态环境的变化使种植业变成了农庄旅游产业。迪庆州的油橄榄产业将成为世界上最高海拔的产品，这个最大的亮点将有助于形成广阔的国内外市场，对迪庆创建特优产品具有良好的作用。随着产业链的形成，油橄榄种植也将成为干热河谷地区的农民增收致富的主要支柱产业，将为迪庆干热河谷地区的各族居民实现脱贫致富和可持续发展提供一种切实可行的宝贵经验。

四　香格里拉经济开发区绿林尼西鸡开发有限公司

1. 公司基本情况

（1）基本设施设备

迪庆香格里拉经济开发区绿林尼西鸡开发有限公司成立于2007年，注册资金500万元，截至2017年年底公司占地150亩，固定资产800万元，属于民营独资企业。公司主要生产经营尼西鸡养殖、尼西鸡以及尼西鸡鸡蛋销售。公司建设有种鸡舍600平方米，脱温鸡室1栋（120平方米），育雏鸡舍3栋（1800平方米），孵化车间80平方米，种蛋储存恒温室60平方米，配备无害化处理设施、饲料加工设备及相应仓库、养殖设备以及鸡屠宰加工包装设备设施等。公司现有职工16人，其中管理人员2名，专业技术人员3名，养殖技术工人6名，销售员3名，勤杂人员2名。

(2) 公司技术及销售情况

绿林尼西鸡开发有限公司通过近十年的技术积累实现了孵化、脱温、育成、放养及 1 日龄到 120 日龄的前期免疫程序。公司技术相对比较成熟，2017 年养殖规模达 8 万只，生产销售商品鸡 6.4 万只，鸡蛋 240 吨，共获得销售收入 630 万元。公司在 2014 年与上海多利农庄和多利（成都）农业发展有限公司、上海光明集团、云南国资商城达成了长期的供货协议，产品主要销往昆明、成都、上海等地。另外，公司签订了香格里拉市所有学校的营养餐鸡蛋常年供货协议。

2. 产业扶贫工作

截至 2017 年年底，绿林尼西鸡开发有限公司在香格里拉尼西县、新仁村冷水沟组和龙洞片区、鲁礼型片区、维西县白济汛乡、塔城镇以及开发区区域内共带动贫困户 20 户，公司给签约农户无偿修建鸡舍 80 平方米左右，农户只需养殖、管理，发放若干 40 日龄左右的鸡苗，养殖过程中的疫病防治全部由公司承担，公司回收农户手中 80% 的尼西鸡，剩余的 20% 由南方电网进行回收。现在迪庆州已发展社员 120 户，农户养殖规模达 10 万只，带动周边农户户均每年增收 25000 元。目前公司已经建立养殖合作社，扶持 250 个农户，为其提供种苗，实行"公司+基地+农户"的运作模式，带动周边农户脱贫致富。

3. 企业未来发展计划

(1) 绿林尼西鸡开发有限公司计划未来以产业特色的优势精密结合旅游产业，打造以保种、繁育、孵化、育雏、规范化养殖、加工包装销售为一体的现代化尼西鸡养殖基地，采用"公司+基地+农户"的运作模式，实现尼西鸡的规模化养殖，从而带动州特色农业产业化发展，拓展农民增收渠道。

(2) 公司在 2018 年和 2019 年通过与云南农业大学的研究所合作，共同开发尼西纯种鸡，打造尼西鸡一流品牌。

4. 发展建议

(1) 通过实地考察发现，尼西鸡养殖基地规模较小，但是市场需求比较大，公司应该适当扩充规模，从而能够占有更大的市场份额。

(2) 一只尼西鸡平均每 7 天才能产出一枚鸡蛋，与普通鸡蛋相比，其产量更低，收集也更加困难，但是尼西鸡蛋营养价值极高，因此，可以通过生物研究所检测尼西鸡蛋里所含有的对人体有益的独有成分，作为数据事实支撑，打造特色高端品牌。

（3）针对尼西鸡以及鸡蛋的销售路线，分成不同的级别，其中可以尝试与迪庆州特色高端酒店合作，走高端销售路线。

五　德钦县旭美生物资源开发有限公司

1. 公司基本情况

德钦县旭美生物资源开发有限公司成立于2013年9月，公司主要经营野生菌类收购、种植、加工、销售及出口，家禽饲养及销售，葡萄、核桃、蔬菜种植及销售。2016年公司引进羊肚菌种植技术，并在佛山乡亚贡组、鲁瓦组、纳古等地海拔2200米到3200米处进行简易大棚套种，取得成功；2017年在德钦县、玉龙县、剑川县、保山市、双江县等种植羊肚菌500多亩。企业具有"康秀聚"梅里山珍品牌，该品牌主要生产销售脆笋松茸、纯松茸罐头、松茸切片以及冷冻松茸等系列产品。

2. 产业扶贫

公司以"公司+基地+合作社"的思路，吸纳周边剩余社会劳动力，为他们提供就业岗位，从而使得周边农户增加农业收入，脱离贫困。公司利用地理优势，依托德钦县得天独厚的林业和农业资源，致力于林农产品的深加工，开发林农产品的附加值，从而带动周边农民致富。

3. 企业的发展情况

企业在2018年增加投资600万元，用于完成食用菌扩大基地、市场开拓、产品研发、厂房绿化工程以及项目饮水工程等建设，使得公司在食用菌方面能够拥有更强的竞争力。

4. 存在问题

（1）交通便利设施不足。由于地理环境的影响，德钦县的交通设施条件较差，农业企业输送产品的成本较高，产品输出相对比较困难。

（2）企业人才匮乏。企业管理层人员教育水平较低，无法及时跟上时代的步伐。

（3）企业不具有规模优势，产品市场竞争力较低。

5. 发展建议

（1）政府应该加强交通设施建设，以保证企业产品能够快速输送出去，降低产品的运输成本。

（2）对于这类家族企业，应该适当放宽人才就业岗位，提供优惠措施，吸引外来高学历管理人员来为公司未来发展提出建议。

（3）可以尝试通过网络销售松茸系列产品，开发更多的销售渠道，利用价格优势来提高产品的竞争力。

第五节 迪庆州生物产业 SWOT 分析

SWOT 分析就是用系统分析的思想，把各种因素相互匹配起来加以分析，根据研究结果制定相应的发展战略、计划以及对策等。SWOT 可以分为两部分：内部条件和外部条件。这种方法可以找到有利的、值得发扬的因素，以及不利的、要避开的因素，发现存在的问题，找出解决办法，并明确以后的发展方向。结合迪庆州生物产业的基本情况、发展状况、产业模式的运作状况，对其生物产业的优势、劣势、机遇和挑战作系统分析，以便对生物产业的发展方向有更加清晰的了解，发现目前的薄弱环节，为将来的发展有明确的战略选择奠定基础。

一 迪庆州生物产业的 SWOT 分析

1. 迪庆州生物产业的优势（S-strengths）

第一，地理优势。迪庆州地处云南省的西北部，滇、藏、川三省区交界处，区位优势和地缘优势得天独厚；境内土壤类型多样，适合多种农作物生长，农业品种资源十分丰富；特殊的地形地貌，形成了独特的高原特色农业产地。雪山高原地势加上金沙江、澜沧江、怒江三江并流纵贯，为高原立体农业的发展提供了优越的地理条件。

第二，物种优势。迪庆州物种资源丰富，是中国重要的生态多样性宝库，被誉为"动植物王国"和"天然高山花园"，迪庆境内拥有以松茸为代表的野生食用菌 136 种，以虫草、当归等为代表的野生药用植物 867 种，产业具有向外扩展的巨大优势。有自有特殊优质畜类、禽类品种，如藏香猪、牦牛、尼西鸡等。

第三，气候优势突出。迪庆州内气候属温带—寒温带气候，年平均气温在 4.7—16.5℃，"一山分四季，十里不同天"的立体气候特征明显。江边温热，高山冷凉，可以利用立体气候优势，种植多种作物，养殖多种畜类、禽类，发展高原特色产业。

第四，生态优势。迪庆州是中国生态保护重点区域，森林覆盖率达73.9%，高于全国平均水平3.5倍。迪庆州境内大部分区域植被良好，污染较少，区域性原生态农特产品生产条件十分优越，可以根据境内产业打造绿色、环保、营养、安全等形象标签。

第五，水资源优势。迪庆州海拔高差很大，有常年积雪的梅里雪山、白茫雪山和哈巴雪山，也有金沙江、澜沧江、怒江三条大河的上游纵贯迪庆州，江边气候温热，高山冷凉，立体型气候明显，水资源丰富。

独特的地形、地理和气候条件，适合多种动植物的生长和繁殖，有利于农业生产多种经营，适宜不同品种的多样化发展。

第六，劳动力资源充足。迪庆州的生物产业发展主要以农牧业为基础，主要经济作物是葡萄和各种药用植物，还有高山草甸猪、牛、羊等多种畜类、禽类。由于迪庆州平均海拔为3380米，适宜种植的耕地少，人均耕地不多，因此劳动力资源充足。

第七，产品生态化和特色化。迪庆州有独特的生态环境和自然条件，种植、养殖产品多，质量优，如传统的牦牛、藏香猪、尼西鸡养殖，当归、秦艽、党参、黑米、青稞种植等，产品地方特色化、绿色生态化，有自己的竞争优势和特色。有不少农畜产品可以做到人无我有，人有我优，人优我特，使其在价格和收益上有比较优势。

2. 迪庆州生物产业的劣势（W-weakness）

第一，交通不便，运输成本高。迪庆州有地理环境多样性优势，但由于境内多高山，海拔落差较大，因此生产资料和产品运输进出不便。迪庆州的道路都是二级公路，路况不差，但是路面较窄，弯道多，产品的运输会受到一定的影响。高速路、铁路还在修建中，飞机航线少，物流成本较高。

第二，产业化程度较低。首先，迪庆州地方龙头企业少，产业规模小，产值比较低，2017年全州在2000万元以上的工业企业仅23户，生物产业上规模的企业更少；其次，迪庆州地方企业的品牌认可度比较低，在《中国500个最具价值品牌》排行榜中迪庆州占有率为零。作为迪庆州龙头企业的藏龙集团虽然在云南本土享有盛誉，但是在外省知名度不高，在省内市场有限。最后，迪庆州龙头企业与农户之间的利益关系不紧密，虽然迪庆州龙头企业与农户之间一直在协调发展，但是利益分配方面的长效机制尚未形成。

迪庆州很多种植养殖产业如牦牛、藏香猪、山羊的养殖及药材的种植等多处于由传统模式向集约化方式转变的过渡期，多为小规模经营，小规模的种植、畜养带来喂养技术和现代化管理水平不同步的问题，不利于取得规模效益。现代化的种植技术和灌溉技术并没有引进，种植养殖产业的发展距现代化种植养殖水平距离较大。农业现代化和产业化水平低。

第三，迪庆州生物产业科技含量低，产品附加值低。迪庆州生物产业产品加工技术水平不高，大多数企业对产品仅仅是初加工，产品附加值偏低，据调研所知，迪庆州的大多数中草药企业仍然以简单晾晒为主，极少数企业对产品进行初加工，做成中药饮片，但是中药饮片市场存在巨大刚需和政策鼓励，2017年4月国家卫计委发布《关于全面推开公立医院综合改革工作的通知》，对公立医院取消药品加工，但中药饮片除外，作为唯一被排除在该政策外的药品种类，将会引起医院的巨大关注，中药饮片的市场将会得到巨大改善，因此迪庆州中药材加工厂应提高中药材产品的加工技术，从而获得巨大收益。

第四，迪庆州生物产业融资困难。迪庆州生物产业布局比较分散，产业规模效益不突出，这就意味着企业初期需要投入的资金规模比较大，短期投资回报率偏低，迪庆州大部分农业企业标准化程度不高，企业集约化程度较低。从调研情况来看，融资困难依旧是制约迪庆州生物产业发展的瓶颈，主要表现在以下两个方面：一是企业信用难以达到金融机构信贷准入门槛，且企业缺乏有效的抵押物；二是迪庆州生物产业主要是农业产业，而农业生产周期较长、见效慢，多数金融机构都不太愿意将资金投入到农业产业上，从而导致企业难以获得贷款。

第五，人力资本缺乏。人才是制约迪庆州生物产业发展的一大因素，迪庆州生物产业企业管理人员总体上受教育水平不高，缺乏现代管理知识，缺乏先进技术支撑，企业员工素质不高，产业化发展推进有难度。根据在迪庆州的实地调研情况，尽管劳动力人口较多，但是年龄偏大，年轻人多外出务工。老年人口在劳动经验上有优势，但缺乏技术，思想保守，在体力、创造力上与年轻人相比是劣势，产业化发展推进有难度。

第六，缺乏知名品牌及品牌效应。迪庆州农业种植和养殖的品种繁多，以传统种类、地方品种为主，在数量和规模上很难做大。在产品的实际销售过程中，尽管一些产品注册了绿色无公害商标，但大多数产品不加分级就直接投入低端市场，没能达到优质优价。另外，在产品的包装和品牌宣传方面力度不够，市场半径范围较窄，消费者对产品的认知度不高，产品的市场占有率低，导致市场竞争力不强，品牌效应不明显。

第七，农业产业链短。迪庆州种植业和畜牧产业的发展缺乏现代化的生产设备和精细加工的生产工艺，农畜产品种植养殖环节、加工环节和销售环节连接不密切，产业链较短。主要以销售鲜蛋、活畜禽、粗加工和初等级种植养殖鲜活产品为主，农畜产品加工业规模小且数量不多，带动能力较弱，只能在小规模、低层次上生产经营。目前迪庆州缺乏畜产品深加工龙头企业，在肉类加工方面连分割肉、冷冻肉、熟肉制品等初级加工都难以做到，这在很大程度上降低了畜产品的附加值。销售多为活物，也限制了其产品市场半径的扩大，利润低，种植养殖户增收效益不明显。

3. 迪庆州生物产业的机遇（O-opportunities）

第一，重要的历史机遇期。我国正处在"扶贫攻坚"关键期，国家重点扶贫工作县——"三区三州"特殊贫困地区都有着以往任何时期都不可比拟的扶贫政策的扶持，从中央到地方都在举全力进行"精准扶贫"，从党中央、国务院到省、地方各级党委和政府不断出台政策和通知，想尽办法为全面脱贫而努力。为实现小康社会的奋斗目标，国家在扶贫这件大事上动员了最广泛的主体，投入了最多的扶贫资源，凝聚了最强的扶贫力量，全力以赴、认真对待。贫困地区的发展遇到了良机，利好政策不断推出。中央强调要开展产业合作，立足资源禀赋和产业基础，激发企业到贫困地区投资的积极性，支持建设一批贫困人口参与度高的特色产业基地，培育一批带动贫困户发展产业的合作组织和龙头企业等。

第二，"十三五"规划的发展机遇。"十三五"时期是全面建成小康社会的关键时期，也是促进现代产业转型升级、全面深化农村改革的重要时期。为实现缩小发展差距、降低基尼系数的重要目标，国家将扶贫开发纳入"十三五"规划，各部门应加大支持力度，推进当地脱贫事业的顺利进行。其间，一些新技术、新产品、新的商业投资模式不断涌现，互联网也开始加入农业的发展中，为当地传统农业的改造、产业扶贫、农业产业化的发展提供了新的空间。

第三，在互联网技术普遍应用时代背景下，市场的竞争更多的是信息的竞争。随着网络应用的普及，电商扶贫成为促进农业现代化、拓展农产品市场的重要手段。基于电子商务平台产业的发展，网上开拓市场，订单生产，拓宽销售渠道，一定程度上减少市场存在的风险。以乡村旅游、休闲农业和农村电商为代表的新兴农业迅速发展，解决了农产品销售困难的问题，同时为发挥我国农业社会化服务功能开辟了新的路径。生物产品能够以迪庆州立体气候为依托，借助互联网打造环保、绿色、营养的迪庆独有农产品品牌，整合种植、养殖、加工、流通、销售等产业链各环节，扩大经营规模，开辟网络市场。

第四，政策扶持和资金扶持力度空前。无论是中央政府还是地方政府，对扶贫工作都非常重视。对于迪庆州这样的民族地区的扶贫工作，给予了前所未有的资金扶持，并得到了省政府的高度重视，成为省委重点扶贫地区，扶贫资金的无偿支持使迪庆州的生物产业项目得到快速发展。

第五，外部人力资源的支持机遇。从中央到省、市、州、县对精准扶贫工作高度重视，各级政府都相继制定了目标和战略。迪庆州的每个乡都有扶贫工作队，由省、州、县抽调技术和管理干部，驻村帮扶，千方百计想办法解决困难，从智力和技术上提供扶贫工作支持。每一个贫困户都有了"挂包帮"措施和指定的干部，一户一策或多策地进行真扶贫。

第六，随着中国人均收入的不断提高，全社会健康、绿色的消费理念逐渐形成，人们开始追求高质量、高保障的生活水平，绿色食品获得广阔的市场空间，迪庆州要充分利用环境生态、无污染优势，打造符合现代消费理念的优质品牌。

4. 迪庆州生物产业的挑战（T-threats）

第一，政策风险。国家推行的扶贫政策是针对全国宏观的和普遍性的，对具体某县某乡的实际情况会有不接地气的反应，地方政府在制定扶贫政策时可能会顺应国家政策而忽略各地方实际差异，在产业扶贫项目选择上缺乏足够市场调查与预期分析，导致有投资没效益，使政策效果打折扣，还会出现政策不明确、导致实施被动等局面。

另外，国家的食品安全标准逐步提高，出台了《食品安全法》（2015年10月）等规定和通知，消费者食品安全意识也在提高，消费理念不断更新，对农畜牧产品的要求也越来越高。迪庆州的一部分高原特色产业项目，都处在建立初期，还未完善，也不成熟，种植、养殖产业中的散养和小规模种植、养殖所占比例较大，产业规模小，产品规范性和统一性不够。很多的种植、养殖园区的管理者、参与者以及环境和条件参差不齐，标准化种植、养殖水平有待提高，质量标准和食品安全意识不够，科学规范的种植、养殖经验缺乏，产品质量和食品安全标准得不到保障。绿色食品安全和环境生态保持问题将是今后发展的关键，农畜产品的销售和市场开发，食品质量是很关键的一环。

第二，市场风险。在市场经济条件下，产品价格受供求关系影响，波动较大，再加上农畜产品受周期性影响，更容易有价格风险。农业产业项目建设、产品开发企业若不进行广泛深入的市场调查，不对市场变化趋势进行认真分析与研判预测，不去投资开发前沿产品，要做到可持续发展很难。高原特色农畜产品生产具有周期性，生产原料价格的提高会影响种植、养殖户的积极性，产品生产的季节性和动植物疫病等也会在不同程度上造成供给的不稳定，增大种植、养殖户的风险。在中药材产业发展方面缺乏大型龙头企业的支撑，尤其是在产品的培育、生产和销售环节都是由单个企业在管理，负责与市场的对接，但由于企业小，资金、人才、信息、技术等各种实力都较弱，导致在将产品推向国内和国际市场的过程中缺乏竞争力，再加上各小企业之间也存在同质产品内部市场分割和竞争的现象，市场风险是必然要面对的。

生物产业上规模的企业更少，如牦牛、藏香猪、山羊的养殖，药材的种植等种养殖产业多处于由传统模式向集约化方式转变的过渡期，多为小规模经营，现代化的种植技术和灌溉技术并没有引进，种养殖产业的发展距离现代化种养殖水平距离较大。缺乏现代化的生产设备和精细加工的生产工艺，农畜产品种养殖环节、加工环节和销售环节链接不密切，产业链较短，应对市场变化以及价格变化能力较弱。

第三，资金风险。产业开发需要大量的资金投入，政府投入在其中占主体和主导作用，还涉及企业投资和自筹等多种形式。不同渠道的资金都存在投入不足或不及时的风险。比如政府扶持资金可能存在不同层级的预算差异，造成资金投入不及时的状况，还存在由于审批程序复杂及平均主义、官僚主义等投入不到位或延误等。对于社会和自筹投入资金，投入不足或延误的风险更大。

迪庆州生物产业融资困难、人力资本缺乏。迪庆州生物业布局比较分散，产业规模效益不突出，企业初期需要投入的资金规模比较大，短期投资回报率偏低。大部分农业企业标准化、集约化程度不高。一是企业信用难以达到金融机构信贷准入门槛，企业缺乏有效的抵押物；二是迪庆州生物产业主要是农业产业，企业难以获得贷款。迪庆州生物产业企业管理人员总体受教育水平不高，现代管理知识不足，缺乏先进技术支撑，企业员工素质不高，产业化发展推进有难度。

第四，自然风险。高原特色产业的基础是农业生产，对自然的不可抗力因素带来的风险是最难克服的，会受到旱、涝、大风、冰雹、霜冻、大雪、地震等各种不可预测的自然灾害的影响，还会有因技术不到位而遭受的自然损失等。

第五，发展风险。迪庆州生物产业大部分是由家族开办的小规模加工厂，只是对传统技术的简单叠加，产业化水平偏低，而引进先进深加工技术成本比较高，企业无力购买高端的技术设备，且由于传统发展思路的限制，管理机制不健全，聘请专业技术人员和管理人员相对困难，产品缺乏创新，从而导致加工产品品质不高、产品附加值低。在对外开放水平不断扩大的背景下，产品在全国和国际市场缺乏竞争力，尤其缺乏市场定价权和议价权。由于迪庆州的生物产业传统生产方式比较普遍，产业工人文化素质偏低，生物技术推广服务不能满足需求，科技成果转化率低，目前世界上先进的生物技术、自动化技术、提纯技术、现代加工工艺等尚未得到广泛普及，极大地限制了生物产业的发展。

另外，还缺乏知名品牌及品牌效应。迪庆州农业种植和养殖的品种繁多，以传统种类、地方品种为主，在数量和规模上很难做大。在产品的实际销售过程中，尽管一些产品注册了绿色无公害商标，但大多数产品不加分级就直接投入低端市场，没能达到优质优价。另外在产品的包装和品牌宣传方面力度不够，市场范围较小，消费者对产品的认知度不高，产品的市场占有率低，导致市场竞争力不强，品牌效应不明显。

产业发展的基本条件包括原料、资金、技术、市场、劳动力五项，在这五项中，迪庆州最突出的优势便是原材料优势。迪庆州开展的产业扶贫工作主要围绕种植、养殖，因地制宜、因时制宜地选择主导特色农产品，就地吸收，转化劳动力，做到了充分发挥当地的优势。目前适逢举全国全省之力扶贫的机遇，大量资源、资金精准调配到贫困地区，为高原特色产业化发展奠定了基础，一定程度上实现了产前、产中、产后诸环节联结的农工商一体化的经营，使小且分散经营转变为一定程度的集约经营，有了一定规模效益。劳动力富余的优势和能力、技术不足的劣势可以在发展过程中逐渐调整，通过政府专项培训和企业培训，以及能人传授帮扶和有组织地学习提高。劳动力素质低会使发展后期的产业转型及升级存在一定困难，影响产业发展的长效性。根据舒尔茨的人力资本理论，经济发展取决于对物质资本和人力资本两方面的投资，如果没有一定的物质资本，人力资本就不能发挥最大效能，人才是提高物质资本边际生产率的关键，因此，科技和管理人才以及熟练劳动力的短缺是阻碍产业发展的一个重要因素。由于交通不便，产品向外运输和做大市场有一定困难。县、市、州甚至省对农村电商扶贫的力度应该加大。另外，如何做好市场分析、保证资金链的连续及防范市场风险是关系到扶贫成效和产业可持续发展的关键举措。

二　香格里拉市生物产业的 SWOT 分析

1. 香格里拉市生物产业的优势

第一，资源优势。香格里拉市物种资源丰富，有"世界花园之母""天然动物园"之称，花卉种类繁多，具有天然的牧场优势，很适合种植、养殖业的发展。

第二，地理优势。香格里拉市地处迪庆州的东部，滇、川、藏大三角的交汇地带，地势西北高、东南低，垂直立体气候特征明显，可以依据气候特征种植不同种类的经济作物，发展高原特色农业。

第三，生态优势。香格里拉市是中国生态保护重点区域，森林覆盖率达 74.99%。境内植被良好，区域性原生态农产品生产条件十分优越，可以根据境内产业打造绿色、环保、营养、安全等形象标签。

2. 香格里拉市生物产业的劣势

第一，香格里拉市地理优势有利也有弊，交通基础设施比较薄弱，大部分高原地区自然条件恶劣，农作物生产难度比较大。

第二，产业化程度较低。产业发展比较单一，园艺花卉产品季节性比较明显，产业规模较小，且大多数企业科技含量低、产品附加值不高，香格里拉工业园区产业集聚与辐射效应不明显，现代物流、电子商务等新型行业尚处于起步阶段。

3. 香格里拉市生物产业的机遇

第一，香格里拉市要充分利用环保、无污染优势，打造符合现代消费理念的优质品牌。同时通过互联网技术，借助乡村旅游、休闲农业和植物园建设等领域的发展，带动生物产业产品的销售。

第二，随着"一带一路"倡议、长江经济带、藏区区域发展与精准扶贫战略以及"大香格里拉生态旅游区"等政策的不断推进，为香格里拉市的经济社会发展带来了新的机遇。香格里拉市要做好交通基础设施的建设，为企业产品输送与游客往来提供便利。

4. 香格里拉市生物产业的挑战

第一，香格里拉市处于生态保护区，面临着自我发展能力弱、产业支撑经济增长后劲不足的挑战，科技发展对生物产业的支撑引领作用不强，面临生态环境脆弱和实现绿色发展之间的挑战。

第二，香格里拉市大多数企业产业化水平偏低，科学技术与产业结合能力较弱，产品缺乏创新，而且多数企业管理者文化素质偏低，这些都是限制香格里拉市生物产业发展的重要因素。

三 维西县生物产业的 SWOT 分析

1. 维西县生物产业的优势

第一，地理优势。维西县地处云南省西北隅，以其地理位置极具特殊性，是由滇入藏并进而通往南亚各国的桥梁和藏区与祖国内地联系的枢纽；境内土壤类型多样，农产品资源丰富，特殊的地形地貌形成了独特的高原特色农业。

第二，物种优势。维西县物种资源丰富，是中国重要的生态多样性宝库，有"药材之乡"和"天然杜鹃花园"之称，维西县境内野生中药材共 867 种，其中珍贵中药材达十余种，具有巨大的产品优势。

第三，气候优势。维西县内气候属亚热带—温带季风高原山地气候，太阳辐射高度角较大，紫外线强，冬长无夏，春秋相连，仅有冷暖、干湿和大小雨季之分，是典型的立体气候，可以利用该气候优势，种植多种作物，发展高原特色农业。

第四，生态优势。维西县是中国生态保护重点区域，森林覆盖率达 74.83%，高于全国平均水平 3.5 倍。维西县境内大部分区域植被良好，污染较少，区域性原生态农产品生产条件十分优越，可以根据境内产业打造绿色、环保、营养、安全等形象标签。

2. 维西县生物产业的劣势

第一，维西县地理优势既有好的一面，也有不好的一面，维西县农业发展基础比较薄弱，大部分高原地区自然条件恶劣，农作物生产难度比较大，公路、铁路等基础设施发展缓慢。

第二，维西县产业化程度较低。受自然条件恶劣、交通基础薄弱等制约因素的限制，维西县的经济发展水平远低于云南省的平均水平。农业产业化水平低，市场竞争力不足，创新能力弱，产品科技含量低，管理与技术性人才匮乏，劳动者素质相对偏低等瓶颈制约着维西县经济发展。

第三，维西县生物产业融资困难。维西县生物产业规模效益不突出，大多数企业标准化程度较低，企业短期投资回报率比较低，多数金融机构不太愿意投资到农业生产方面，导致企业贷款比较困难。

3. 维西县生物产业的机遇

第一，随着消费理念的转变，人们开始逐渐追求高质量、高保障的生活水平，绿色食品获得广阔的市场空间。维西县要充分利用环保、无污染优势，打造符合现代消费理念的优质品牌。同时通过互联网技术，借助乡村旅游、休闲农业和农村电商等新兴行业的发展，解决农产品销售困难的问题。

第二，随着"一带一路"倡议、长江经济带、藏区区域发展与精准脱贫战略以及滇西北城市群建设的不断推进，为维西县经济社会发展带来了新的机遇。维西县要加快交通基础设施的建设，发挥维西县的区位优势，从而更好地融入国家优惠政策之中。

4. 维西县生物产业的挑战

第一，维西县处于生态保护区，要做到环境保护与经济发展同步进行，不能舍本逐末，因此处理好开发与环境保护两者的关系，将生态保护转变为发展的重要支撑是维西县社会经济前进的重中之重。

第二，维西县生物产业大部分是由家族开办的小规模加工厂，只是对传统技术的简单叠加，产业化水平偏低，管理机制不健全，产品缺乏创新，而且农民文化素质偏低，生物技术推广服务不能满足需求，科技成果转化率低，这些都是限制维西县企业发展的重要因素。

四 德钦县生物产业的 SWOT 分析

1. 德钦县生物产业的优势

第一，资源优势。德钦县生物资源丰富，经济作物品种多，有利于生物产业的发展。

第二，地理优势。德钦县地处迪庆州的东部，滇、川、藏三省接合部的枢纽位置，地势北高南低，纬度影响不甚明显，随着海拔升高，气温降低，降水增大，可以依据气候特征种植不同种类的经济作物，发展高原特色农业。

第三，生态优势。德钦县生态保护良好，区域性原生态农产品生产条件十分优越，可以根据境内产业打造绿色、环保、营养等形象标签。

2. 德钦县生物产业的劣势

第一，德钦县大部分地区自然条件恶劣，部分农作物生产难度较大且交通基础设施比较薄弱，产品输送成本较高。

第二，产业化程度较低。德钦县产业发展受地理因素和自然条件的影响，产业主要集中在农牧方面，其他各领域发展较为迟缓，产业结构比较单一，且大多数企业科技含量低，产品附加值不高。

3. 德钦县生物产业的机遇

第一，国家加强生态文明建设的重大决策，为德钦县生态发展战略提供先决条件，为绿色经济的发展带来新的机遇。德钦县要充分利用环保、无污染优势，打造符合现代消费理念的优质品牌。借助互联网技术，带动生物产业产品的销售。

第二，"一带一路"倡议、长江经济带、藏区区域发展与精准脱贫战略等政策的不断推进，有利于推动德钦县开展更大范围的区域合作，统筹资源要素，促进区域经济的协调发展。

4. 德钦县生物产业的挑战

第一，德钦县面临着其他县市相同的区域特征，即自我发展能力弱、产业支撑经济增长后劲不足，还面临着经济发展与资源环境约束之间的矛盾。

第二，随着德钦县经济的不断发展，必然会导致利益分布不均、各民族发展水平不均衡等问题，一些因利益矛盾而引发的不稳定因素将会增加，不可预见的问题相对增加，社会治理改革对党和政府提出了更高的要求。

2019年，迪庆州政府制定的生物产业的任务是加快发展特色农业。优化产业发展布局，建设好河谷地区、山区和高原坝区三个产业带；围绕青稞、葡萄、中药材、野生菌、蔬菜、特色畜禽、木本油料七大优势产业，培育壮大高原特色产业基地，切实提高农业产业化发展集中度；着力培育和引进农业产业化龙头企业，推进农特产品精深加工，研发推出一批青稞、葡萄、野生菌等系列特色产品，做大做强香格里拉红酒、香格里拉冰酒、香格里拉青稞啤酒、香格里拉青稞白酒、香格里拉松茸等知名产品，着力打造香格里拉绿色生物品牌；支持中药材产业化发展，扶持中药、藏药"准字号""消字号"的研发和生产；加大农产品冷链物流建设力度，引导和培育冷藏运输业，逐步实现县级冷库全覆盖；推进"互联网+农业"，引导休闲农业、观光农业、农村电商等新业态发展，着力提高农业发展质量和经营效益，推动高原特色农业高质量发展。

推进美丽乡村建设。开展农村环境综合整治行动，实施垃圾、厕所、污水等综合治理。推进村庄绿化、亮化、美化，打造一批美丽村落、美丽庭院、美丽田园。

五　迪庆生物产业发展的策略思考

迪庆州高原优势产业发展战略要与国家和省发展规划高度一致，把国家"三区三州"产业发展政策和云南省高原特色产业发展规划融会贯通，吃透政策，紧跟规划。要成立专业部门作产业规划、项目包装，如国家在安排中医药转移支付资金时，加大对"三区三州"区域的力度和倾斜，维西县既是国家级贫困县又是中药材种植最优区域，需要整合产业资源和技术、人才等，争取发展资金。还要密切关注云南省农业科技创新相关政策、云南数字农业项目建设、数字乡村项目建设、"互联网+"现代农业行动等新的省级行动计划。

无论是生物产业还是旅游产业都应该遵循"生态优先，绿色发展"战略，保住"绿水青山"才有可持续的"金山银山"，鉴于国家自然保护区和世界自然遗产生态红线的划定，以及迪庆州生态脆弱的事实限制了开发，迪庆州应该实事求是地提出"生态保护投资需求"，以及"生态补偿权利和义务"详解方案。最大限度地争取国家层面和省级层面的生态补偿支持。

1. 编制生物产业发展规划，成立促进生物产业发展协调决策机构。

坚持以开放创新的思路大力发展生物产业，科学制定生物产业发展规划。制定生物产业相关配套规章和制度，通过生物产业培育和发展推动实现经济跨越式发展。政府应成立促进生物产业发展协调决策机构，成立州生物产业发展专家咨询委员会，就生物产业发展有关重大问题提出专项咨询意见，为决策提供参考。

2. 设立生物产业发展专项资金，加强软、硬件建设。

通过设立生物产业发展专项资金，加大力度提升生物产业科技创新的硬件设备和软件服务水平。建设生物产业园区、生物产业示范基地、种苗基地、生物产业技术中心等，同时，依托科研机构和培训项目，培育或引进一批以生物科研人才、企业家人才、管理人才、专业技术人才为骨干的生物产业多层次人才队伍。

加紧交通设施建设，以保证企业产品能够快速输送出去，降低产品的运输成本。积极构建物流网络体系，创建农业物联网示范基地，将迪庆州物流企业或某企业的物流部门进行整合，同时开发更多的销售渠道，运用价格优势来提高产品的竞争力。

3. 增强生物产业的生态有机生产意识，坚持绿色生态优势，创"绿色迪庆"地标品牌，多品种一品牌。创新思路，开拓商机。

政府重视，政策引导，制定产业发展专项规划，重点是创"绿色迪庆"地标品牌。发挥品种多，产量小，高品质，地域特色强的优势。强化迪庆州的生态环境，地理气候条件优势，有规划、有步骤、有目标地推进地方品牌建设。利用品牌效应，联合州内各优质产品联合做强、做大市场。如在高原特色产品的中药材产业发展方面，需要把握市场导向，提高种植的生态化，提高其自主应对、灵活应对的能力，针对自身优势，积极开拓市场，转换思路，重点不在药材市场竞争（种植面积少，生产周期长，产量上价格上处于劣势），而是利用党参、当归的食药共用功能（迪庆党参、迪庆当归"种植时间长，品质高，口感好，有效成分含量高），进军绿色高端食材市场。积极发挥生态安全性、时差互补性等优势。借助迪庆州绿色无污染的形象标志，打造一批具有迪庆州高原特色的绿色高端品牌。

4. 完善数字化信息化平台建设，培育政府补贴和购买性质的公益性网络平台，创新高原特色产品销售渠道、促进"互联网+订单农业的发展。

由州政府主导和政策性补贴构建公益性网络平台，以优惠政策和福利引进网络信息技术专业团队管理平台，以龙头企业、产业公司、合作社等为主要的参与者，建立专业的生物产业数据库。有利于生产者与消费者之间实现直接交易，降低成本，并保证生产与消费信息的可信度和真实性，提高消费者对生产者诚信度和农产品安全绿色的信心；利于避开弱势，充分发挥优势。确保农产品质量的安全性、原产地的可追溯性和生产经营管理的精细化、标准化，对创"绿色迪庆"品牌有着积极的现实意义。如以产业类型为团体，建立不同的微信公众号和微信客户群等，可个性化订单生产，可查看生产过程、生产场所，了解产品生产的各个环节，提高消费者对生产者诚信度和农产品安全绿色的信心，打开更广阔的市场。还应按照省级标准规范、规划、建立物联网，打破部门之间、地区之间的壁垒，带动生物产业未来增长提质增效，提升迪庆品牌影响力以及发展地方经济的能力。

5. 拓宽产业发展的融资渠道，加大产业扶贫工程扶持力度。

扶持一项产业需要注入大量的资金和资源，不仅在项目启动初期，在产业初具规模，产业运行过程中，以及后期发展壮大都需要有资金链推进，以保证产业的顺利运行和发展。政府产合理、妥善使用每一笔发展款项，将其集中用在有前途、发展潜力大的产业上。还要结合当地实际，加大融资力度，开辟更多融资渠道，提高资金资源的利用效率，使有限的资金尽可能发挥最大效益。

第三章

迪庆州旅游产业发展研究

迪庆州以其独特的地理环境和丰富的雪山、高山草甸、高原湖泊，成为享誉国内外的旅游胜地。然而，迪庆州又因其山高路远，交通状况发展滞后，影响了旅游产业的发展。这个短板一方面阻碍了全州旅游产业的迅速发展，另一方面却又保留了州内旅游资源的原生态风貌。现在，正赶上云南省"大滇西旅游环线"建设的好时机。滇西地区地质地貌特点显著，自然景观密布，生物物种丰富，民族文化特色鲜明，旅游产业发展潜力巨大，经过多年发展，目前已经形成了包括众多经典旅游线路和知名景区景点的重要旅游目的地。再加上近几年迪庆州的交通状况将得到很大提升，如丽（江）香（格里拉）铁路正在建设中，由丽江到香格里拉的动车将于 2020 年年底通车，丽江到香格里拉的时长将只需要 1 小时。还有丽江到香格里拉的高速公路 2020 年也可以通车。

迪庆州的自然风光秀美独特，位于举世闻名的"三江并流"自然遗产核心区，普达措国家公园是"三江并流"风景区的重要组成部分；拥有云南之巅卡瓦格博，可以欣赏到绚丽的星空，是最美的观星之地；三条大江之间的虎跳峡、巴拉格宗大峡谷和澜沧江大峡谷是户外徒步爱好者开启软式探险的乐园。民族文化别具特色，是历史上西南"茶马古道"的要冲；藏传佛教、基督教、天主教、东巴教、道教和原始本教等在此和睦相处，形成了神秘和谐的宗教文化；藏、傈僳和纳西等 9 个世居民族在这块土地上亲善相依，创造了丰富多彩的民族文化，风格各异的民族歌舞、各具魅力的传统艺术、盛大隆重的民族节庆、淳朴的民风民俗，形成了多宗教并存、多民族共融的文化特色，具有良好的民族文化旅游发展前景。

第一节 迪庆州旅游产业现状

一 迪庆州近年旅游产业发展状况

自 2015 年以来，迪庆州旅游总收入实现三级增长，三年来旅游收入分别达到 1603391.31 万元、1634880.6 万元、2719225.2 万元，2015—2017 年迪庆州旅游收入增长近 70%，旅游产业取得了较大的发展。2017 年迪庆州旅游外汇收入达 40384.57 万美元，相较于 2016 年，增长了 1030.21 万美元；全州共接待境内外游客 2676.89 万人次，相较于 2015 年，旅游人数增长约 52.3 个百分点。游客在迪庆州逗留时长也由 2016 年的 2.14 天增加为 2017 年的 2.2 天，旅游产业直接带动 2.6 万名劳动力就业。2017 年成功举办香格里拉国际观鸟节，为冬季旅游注入新活力。迪庆州积极开拓旅游航空市场，新开通航线 2 条，旅客吞吐量达 57 万人次。2017 年，共接待国内外游客 2676.89 万人次，比上年增长 35.49%。其中：接待海外旅游者 94 万人次，同比增长 10.11%；接待国内旅游者 2582.89 万人次，同比增长 36.64%。全年完成旅游产业总收入 2988590.36 万元，同比增长 59.16%，创旅游外汇收入 40384.57 万美元。[1]

2018 年积极推进"一部手机游云南"工作，实现与全省同步上线。加强旅游市场整治工作，旅游市场监管力度不断加大，预计接待游客 2410 万人次。新开通成都到迪庆到拉萨航线，迪庆机场旅客吞吐量预计达到 60 万人次。[2]

从统计数据看，迪庆州旅游产业的收益和游客人数都呈现出逐年增长的态势，说明旅游产业发展稳中有进。

截至 2019 年迪庆州境内共有 3A 级及以上景区 8 家（见表 3-1），其中 3A 级景区 2 家，4A 级景区 5 家，5A 级景区 1 家。7 家 3A 级及以上景区主要集中于香格里拉市，2019 年香格里拉市有 3A 级景区 2 家，4A 级景区 4 家，5A 级景区 1 家，其他两个下辖县中，仅德钦县拥有 1 家 4A 级景区——梅里雪山景区。目前，迪庆州主要的 A 级景区均由迪

---

[1] 齐建新：《2017 年迪庆州人民政府工作报告》2017 年 12 月 24 日。
[2] 齐建新：《2018 年迪庆州人民政府工作报告》2018 年 12 月 25 日。

庆州旅游集团公司和云南省城市建设投资集团有限公司合资运营，云南省城市建设投资集团有限公司占有51%的份额，具有绝对的话语权。除了自然旅游景区外，迪庆州目前乡村旅游发展亦取得了较大的发展，其中香格里拉市霞思村、罗文乡村旅游，维西县塔城镇哈达村等特色村镇在乡村旅游发展、扶贫开发等方面较为突出。根据《藏区旅游扶贫规划》，迪庆州共遴选出62个特色村庄发展旅游特色村，其中示范带动项目16个、扶持发展项目29个、鼓励建设项目17个。旅游特色小镇12个：建塘旅游中心集镇、红坡温泉小镇、云南·中国冰酒小镇、德钦梅里雪山小镇、虎跳峡集散服务旅游特色小镇、小中甸生态休闲旅游小镇、金江创意农业旅游特色小镇、东旺原乡藏文化体验旅游特色小镇、奔子栏锅庄神韵旅游特色小镇、茨中松赞福音度假旅游特色小镇、叶枝人文古韵旅游特色小镇、塔城休闲度假旅游特色小镇。

表3-1　　　　　2019年迪庆州3A级及以上景区名单

所在县市	景区名称	等级
香格里拉市	迪庆普达措国家公园	5A
	迪庆蓝月山谷景区	4A
	香格里拉松赞林景区	4A
	香格里拉大峡谷·巴拉格宗景区	4A
	迪庆虎跳峡景区	4A
	迪庆霞给藏族文化旅游生态村	3A
	迪庆纳帕海景区	3A
	迪庆梅里雪山景区	4A

根据州统计局提供的数据，迪庆州旅游产业的发展主要以香格里拉市为主，德钦县和维西县旅游产业发展较为落后，其中2017年德钦县和维西县旅游产业收入分别占州旅游产业总收入的15%和10%，占据较小的份额。全州2017年拥有46家旅行社，德钦和维西两县有5家，其他41家均集中于香格里拉市。从饭店数量上比较，两县同样处于劣势地位，据州旅发委统计，全州2017年拥有星级饭店92家，全部集中于香格里拉市，星级饭店数的严重偏差，从一定程度上反映了政府对全州旅游开发支持的不平衡，大部分旅游支持均集中于香格里拉市，德钦

与维西较少涉及。

二 香格里拉市旅游发展现状

香格里拉市是迪庆州州政府所在地，旅游产业是香格里拉市的重点发展产业，是人文景观和自然景观的富集区，不仅拥有数量丰富的动植物资源，而且宗教社会文化等精神层面的香格里拉旅游资源和产品具有较高的游览价值，对游客有很强的吸引力。交通便利，国家旅游局将其列入中国中西部地区六大旅游资源开发项目之一和8条国家级旅游精品线路之一。

境内拥有普达措国家公园、巴拉格宗大峡谷、白水台、蓝月山谷等优质旅游资源（见表3-2），有利于旅游产业的发展。根据迪庆州统计局提供的数据，2017年，香格里拉市旅游产业总收入达2039418.91万元，旅游外汇收入为40384.57万美元，接待国内游客达1937.17万人次，国外入境游客70.5万人次。相比2016年，香格里拉市旅游产业有了很大进展，旅游总收入涨幅达66.3%，接待国内外游客数量有较大增长。截至2018年6月，市域范围内拥有农家乐64家，特色民居客栈134家，藏民家访24家。

"香格里拉"源于藏语"香巴拉"，含义为"心中的日月"。1933年英国作家詹姆斯·希尔顿在其小说《消失的地平线》中描绘的神秘宁静、远离战争、祥和富足的理想乐园，就是"香格里拉"，小说出版后引起轰动，在全球范围内引发了寻找世外桃源"香格里拉"的热潮。通过多方论证，1997年9月云南省政府向世界郑重宣布，人们寻觅已久的人间仙境香格里拉就在云南迪庆藏族自治州，消息的发出吸引了国内外大量寻梦游客的到来，开启了迪庆州的旅游发展之幕。

其境内除了有良好的森林覆盖和众多的珍稀植物雪莲、报春、百合、冬虫夏草、贝母、珠子参等外，还有丰富的野生动物资源，包括金丝猴、小熊猫、野熊、黑麝、金钱豹、白鹇墨兰等，大部分都是国家级的珍稀保护动物。人文建筑有松赞林寺、东林寺、佛塔等；还有康巴艺术节、藏历新年等活动，旅游资源品质较高且丰富多样（见表3-2）。

表 3-2 香格里拉市境内旅游资源名录

重要性等级	资源单元名称	备注
五级资源	由巴拉格宗大峡谷、碧壤峡谷、木鲁峡谷构成的香格里拉大峡谷，包括属都湖、碧塔海、弥里塘、岗擦坝的普达措国家公园、虎跳峡、松赞林寺	
四级资源	纳帕海、哈巴雪山、千湖山、天宝雪山、白水台、蓝月山谷、石卡雪山、独克宗古城、碧沽天池、色列湖、天生桥温泉、阳塘措、尼汝原始森林、七彩瀑布、霞给温泉、丁汝湖、中心镇公堂、霞给村、金沙江	优良级旅游资源
三级资源	长江第一湾、五凤山、十二栏杆、纳帕草甸、碧塔草甸、色列草甸、五花草甸、洛吉岩画、香格里拉印经院、娜姆措生态园、亚拉青波牧场、依拉草原、云登寺、阳塘草原、小中甸花海、衮钦寺遗址、南宝牧场、迪吉草场、下掉阁牧场、尼汝村、五境水帘洞、赤土仙人洞、高山植物园、热王腊雪山、大雪山、小雪山、迪隆雪山、大宝寺、帕木乃仙人洞、尼西村、汤堆村、尼西石棺墓、浪都俄底湖、格咱藏族文化村、尼汝河、冈曲河、东旺河、硕都岗河、色仓大裂隙	
二级资源	龟山公园、吐蕃神川铁桥、车轴苗族村、丁郎措、尼汝河峡谷、哈巴龙潭、鸡公石、大佛寺、扎西德吉林寺、百鸡寺、承恩寺、纳格拉寺、子母刷内西族民俗村、谷都纳西族民俗村、瓦刷纳西族民俗村、哈巴龙汪庄回族村、崩家顶藏族民俗村、木高傈僳族民俗村、落水溶洞、阿明灵洞、木天王遗址、司康寺遗址、红军长征博物馆、县革命烈士陵园、仓觉村、宗古古城堡遗址、巴卡活佛私邸、吉仁仙人洞	普通级旅游资源
一级资源	青龙潭、黑龙潭、铁桥东城遗址、长江漂流纪念馆、上长坪、二家人、珍珠滩、星宿海、天坑、云霄楼、石头湖、龙吟湖、则茸桥、则茸石洞、赤土村、比让马场、左立林地、高山杜鹃、天池、镜池、三角台、帕尼措、归玛村、比浪村、腊浪村、觉占村、达拉村、纳帕村、布公村、下学谷村、百花坪、牦牛湖、祈雨湖、雪茶滩、姐妹湖、索沽满湖、印湖、双子湖、葫芦湖、错庄牧场、谷布牧场、索沙牧场、拉姆堆噶湿地、上江碑刻、干岩房战斗遗址、贺龙旧居、土旺红军渡口	

资料来源：引自《香格里拉市旅游发展规划（修编）（2015—2030）》。

注：根据中华人民共和国国家质量监督检验检疫总局发布的《旅游资源分类、调查与评价》（GB/T 1972—2003）相关旅游资源评价赋分标准（附表1），将得分值≥90分划为五级旅游资源；得分75—89分划为四级旅游资源；得分60—74分划为三级旅游资源；得分45—59分划为二级旅游资源；得分30—44分划为一级旅游资源。

香格里拉市虽拥有较为丰富的旅游资源，但目前其旅游资源运营处于较差的状态，普达措国家公园、白水台等由云南省城市建设投资集团有限公司运营，巴拉格宗大峡谷及石卡雪山由云南省文投集团运营，这些旅游景区是香格里拉景区的重点部分，也是香格里拉重要的旅游收入增长点。由于景区实际控制权不属于香格里拉市，市政府无法对旅游景区进行合理的管理，造成各个景区发展呈现各自为政的局面，且州政府对于旅游资源的管理权较为集中，市旅游发展委员会难以实现其管理职能，难以得到州政府财政拨款及旅游发展收入。

目前香格里拉市旅游扶贫主要采取旅游带动的方式，具体包括两种模式，一种是村民以集体形式与企业合作参与乡村旅游的开发建设，以带动贫困人口改善生活质量等；另一种即位于景区附近的村落，依托景区游客资源，以村集体等为单位，参与与景区相关的物品售卖，以增加收入。第一种方式为香格里拉市旅游扶贫的主要模式，其中以鼐思村、罗文村较为突出，以"合作社+公司+农户"的紧密合作模式，制定乡村旅游扶贫项目实施方案。其中罗文村主要的扶贫思路为：一是借助现有自然资源，在保护生态爱护环境的基础上，以独具特色的乡村民族文化为灵魂进行开发，以此提高乡村旅游的品位和丰富性；二是以农民为经营主体，充分体现"住农家屋、吃农家饭、干农家活、享农家乐"的民俗特色；三是乡村旅游的目标人群市场为城市居民，满足都市人享受田园风光、回归淳朴民俗的愿望，就是参观、学习、体验和感受乡村的文化、生活与环境。企业根据罗文村相关资源优势，建立特色观光体验园区，提供发展乡村旅游必要的基础设施等。鼐思村则依托其周围独特的湖泊景区，结合藏族独特的生活文化习俗，开发以"特色观光+乡村体验"为一体的乡村旅游模式，其村民以集体的形式，以自身所拥有的资产为资本，入股由企业主导的乡村旅游建设，村民在乡村旅游发展中担任相关的职位，以增加贫困人口收入，其他村民家庭也增加了收入，企业则为发展乡村旅游提供必要的基础设施建设：帮助改善村民家庭环境、硬化道路，等等。

香格里拉市乡村旅游规划发展相对较为明确，但目前政府对于各乡村旅游缺少统一的规划，各乡村旅游规划存在大同小异的状况。政府应结合各村落的特点，依托省道，打造乡村旅游特色线路，将不同旅游景色、不同民族文化、不同体验区融入乡村旅游线路中，避免不必要的无效开发、重复建设等问题。

三　德钦县旅游发展现状

德钦县位于滇、川、藏接合部，地处"三江并流"世界自然遗产腹心区，是国家重点风景名胜区和香格里拉最深处。境内有巍巍雪山、冰川平湖、激流险峡，以梅里雪山为中心的风景名胜独具一格，以澜沧江峡谷低纬度、低海拔、高温性的现代明永冰川为特色；有云南最高峰卡瓦格博、太子雪山、面茨姆峰、雨崩神瀑、奔子栏等地理地貌，有国家级自然保护区——白茫雪山保护区。根据德钦县旅游资源调查表明，德钦县旅游资源较为丰富，包括了国家标准中的 8 个大类、27 个亚类、68 个基本类型，资源单体 146 个，人文旅游资源单体 92 个，自然旅游资源单体 54 个，人文旅游资源单体比自然旅游资源单体多 38 个，表明德钦县人文旅游资源较为丰富，为发展乡村旅游提供了良好的旅游内容。

境内人文古迹主要有藏传佛教红坡寺、德钦林寺、奔子栏镇书松村的东竹林寺、云岭乡红坡村道的羊八景寺等 16 个寺庙，还有保存完好的天主教茨中教堂。

2017 年，德钦县旅游总收入为 407883.78 万元，旅游总人次为 401.53 万人次，主要以国内游客为主，国内游客占 96.5%，达 387.43 万人次，国外游客仅占 3.5%，为 14.1 万人次，总接待游客数量相对 2016 年增加 170.36 万人次，增长率为 73.7%。全县 2017 年完成旅游固定资产投资 3.2 亿元。截至 2018 年 6 月，德钦县云岭乡已开办客栈、农家乐及藏家乐等 8 家，奔子栏的民俗特色旅游接待点有 5 家，农家乐 3 家，升平镇有精品酒店 2 家。

德钦县目前 3A 级及以上景区仅梅里雪山一家，为 4A 级景区，目前由云南省城市建设投资集团有限公司运营，据县旅游局透露，云南省城市建设投资集团有限公司已停止对梅里雪山进行投资开发。目前德钦县旅游宣传活动主要由县旅游局主导、策划，2017 年德钦县旅游局完成藏区十大神山穿越之旅梅里雪山发车仪式；组织、参与 2017 年上海嘉定区举办的"上海汽车文化节"旅游宣传推介活动；完成梅里雪山景区飞来寺观景台 LED 显示屏建设项目并投入使用；在中共德钦县委、德钦县人民政府、德钦县宣传部领导下，配合德钦县文化广电局，组织开展了集旅游、文化、健身活动于一体的越野跑极限耐力赛——2017 梅里 100 千米极限耐力赛；参加四川省第八届乡村文化旅游节（秋季）暨乡城县首届白色灌礼节；参加上海嘉定区合作交流办邀请的上海勒芒 WEC 世界耐力锦标赛并商讨 2018 年 F1 中国大奖赛上海站系列旅游宣传推广节活动的相关事宜；赴维西县参加 2017 年维西县丰收文化节暨乡村旅游现场推进会。

德钦县旅游产业的开发除了现有自然景区等旅游景点外，乡村文化旅游已成为德钦县旅游产业发展、脱贫攻坚的主要发展方向。根据德钦县旅游发展总体规划，德钦县乡村旅游发展主要以依托各类旅游资源、打造旅游精品线路为主，积极发展生态、民族、歌舞、神山等文化氛围浓郁的特色旅游，发展农家客栈、农家乐，大力扶持明永冰川、雨崩重点旅游村寨的旅游开发，规范旅游马队服务；发展智慧旅游，力求具有地方特色的"旅游+"模式。截至2016年年底，梅里雪山国家公园开发经营有限公司每年向景区核心社区反哺资金533.3万元，其中：斯农村明永村民小组每年补助341.7万元，每户6.7万元，共计51户；西当村雨崩村民小组每年补助57.6万元，每户1.2万元，共计48户；升平镇巨水村贡水村民小组每年补助3.8万元，每户2000元，共计19户；升平镇巨水村飞来寺小组每户1.8万元，共计48户，共补助86.4万元；升平镇巨水村雾浓顶村民小组每年补助9.2万元，每户4000元，共计23户；西当村西当村民小组每年补助31万元，共计85户；西当村尼农村民小组每年补助3.6万元，共计21户。梅里雪山社区反哺资金涉及3个乡镇4个村民委员会，产业带动覆盖6个乡镇。全县依靠旅游产业带动就业岗位3000多个。

四 维西傈僳族自治县旅游发展现状

维西傈僳族自治县（以下简称"维西县"）县境地处世界自然遗产"三江并流"腹地，县境地貌复杂多样，有高山、河谷、山间小盆地和高山褶断等。全县平均海拔为2340米，县城保和镇海拔2320米，为迪庆州最低海拔县城。

维西县素有"兰花之乡，金丝猴家园""横断山脉中的绿宝石"的美誉。全县有三大景区：澜沧江景区、塔城景区、保和镇景区。澜沧江景区以峡谷、雪山、高原湖泊、傈僳族"阿尺目刮"而著称；塔城景区有热巴、藏族村寨、滇金丝猴、萨马贡自然保护区等旅游资源；保和镇的民乐、杜鹃花、对脚舞等独具特色。与州内的香格里拉市和德钦县相比，维西县气候相对温和，平均海拔低，一年四季均适合观光旅游，除几大景区外，一些小型景点也吸引了大量游人，境内的各个景点均有独特的景观，景点相对密集，游客可以在区域各处饱览不同的风情。

维西县旅游产业国内旅游总收入连续三年实现增长，相较2016年，2017年国内旅游总收入增长173029.7万元。2017年维西县接待游客总人次为267.69万人次，其中接待国内旅游人次为258.29万人次，国际旅游人次为9.4万人次，游客来源主要以国内游客为主，国际游客占比较小，仅为3.51%。县境内A级景区较为贫乏，尚无3A级及以上景区分布，现阶段维西县旅游产业发展相对于香格里拉市和德钦县，暂无明显优势。维西县境内与旅游产业配套的旅行社仅有3家，饭店数量同样分布较少，据州旅游发展委员会2016年统计，全县境内2016年拥有156家饭店，无星级饭店分布。

维西县政府对自然景区的管理与德钦县相似，不同点在于，维西县自然景点数量较少。据县旅游局相关人员介绍，目前旅游局对境内景点的开发管理能力极其有限，境内仅有的较为有名的景区——滇金丝猴国家公园由迪庆旅游集团运营，旅游局仅提供境内与旅游产业发展相配套的道路、安全等固定资产投资等。

除了自然景观外，维西县有着悠久的历史和突出的文化多样性特征。除汉族外，全县共有少数民族20个。各民族风格各异的民间歌舞、独具魅力的传统艺术、盛大隆重的民族节庆、古朴醇厚的民风民俗异彩纷呈，成为我国民族文化百花园中的奇葩。多彩的民族文化也为维西县乡村旅游的发展奠定了坚实的基础，促进了乡村旅游扶贫。

维西县乡村旅游的发展与其他两县相同，县政府相关部门对乡村旅游的开发缺少统一的规划，仅仅是根据乡村旅游开发本村所具有的特色，逐一进行开发，并没有形成各村落协调互补，没有形成民族文化旅游特色链。但维西县同乐大村、南级洛等村在乡村旅游扶贫方面成效较为突出。

同乐大村位于维西县西北部叶枝镇境内，紧邻德维二级公路，是叶枝镇同乐大村最具民族特色的傈僳族山寨。截至2017年年底，同乐大村共有贫困户106户，共435人，其中16户已脱贫（享受政策），同乐大村共有建档立卡户32户。这些贫困户致贫原因可分为四类：（1）基础设施落后，交通"瓶颈、条件"制约明显；（2）资金、劳力、技术"三缺"；（3）产业发展基础差，增收途径少；（4）教育、卫生、文化、科技、信息等公共服务发展滞后。

同乐大村坐落于河谷之中，村寨呈阶梯状分布，大村分为两片用地，一片为传统村落居住区，村民居住、生活在这一区域，建筑以传统木楞房为特色，沿山坡错落排布。在居住区对面是傈僳族传统的庄房，形成了独特的傈僳族庄房风貌区。村落周边具有农田景观及自然生态林地景观，同乐河从河谷之中穿过，形成了山、水、林、田、村的同乐景观风貌格局。

同乐大村目前乡村旅游的开发主要以同乐村为中心，村内设有阿尺目刮传统展示馆、篮球场、音节文字体验馆、服饰制作及支部活动厅。村内自发形成阿尺目刮等传统歌舞表演队，歌舞队员平时处于正常生活状态，每逢有游客要求，队员会自发组织表演阿尺目刮等传统舞蹈，并分发30—50元不等的演出费用。按照维西县对同乐大村旅游产业的发展规划，同乐大村的发展主要以政府为主导、企业投资为助力，社区参与为扶贫方式的发展模式，村政府等积极鼓励引导村民以集体主导方式参与旅游产业的发展，通过合作社引导集体和村民参与旅游发展，为村民提供就业岗位，支持村民以各种方式融入旅游生产环节，帮助村民增加收入，并促进旅游产业的良性循环。

第二节　迪庆旅游重点景区发展模式与评价

一　普达措国家公园

1. 基本概况

普达措国家公园位于云南省迪庆藏族自治州香格里拉市境内，属于滇西北"三江并流"世界自然遗产的中心地带，主要由碧塔海自然保护区和属都湖景区两部分构成，以碧塔海、属都湖和洛茸藏族文化自然村为主要组成部分。园区总规划面积达到767.4平方千米，已规划完成总面积约300平方千米，并且已于2006年8月1日对外开放。

普达措国家公园借鉴生态旅游功能分区的五区模型（重点资源保护区、低利用荒野区、分散游憩区、密集游憩区、服务社区），在考察国外国家公园分区制度并结合国家公园规划理念以及普达措国家公园存在的问题后，将功能分区分为特别保护区、自然生境区、户外游憩区、文化保护区、公共服务区、引导控制区六大区域。

作为普达措国家公园前身的碧塔海、属都湖两个景区的生态旅游开发活动可以追溯至20世纪80年代初，从1984年到2004年，其旅游管理制度经历了社区共管、自主开发、国企垄断经营和民企租赁经营四个阶段的变迁。2006年，云南省迪庆藏族自治州通过地方立法成立香格里拉普达措国家公园，并宣告原已于1988年由国务院批准划入"三江并流国家重点风景名胜区"的有关地域为中国大陆地区的第一个"国家公园"。但是地方立法机关没有权限批准国家公园，因此，该公园并未得到官方承认，2007 年 6 月，我国大陆首个被定名为国家公园的保护区普达措国家公园正式成立，同时是大陆第一个由林业主管部门审批的国家公园。2009 年迪庆州人大发布《迪庆藏族自治州香格里拉普达措国家公园管理条例（草案）》，普达措国家公园管理制度开始相对稳定。

2. 旅游资源和发展优势

普达措国家公园由自然生态景观资源和人文生态景观资源组成。自然景观资源包括地质地貌景观资源、珍稀动植物和观赏植物资源，以弥里塘、地基塘、吉利谷为主的森林草甸生态旅游资源，以碧塔海、属都湖为主的湖泊湿地生态旅游资源，以属都岗河为主的河谷溪流旅游资源五大部分；人文景观主要是以落茸村为代表的藏族传统文化，包括宗教、农牧、民俗风情、房屋建筑等。

普达措国家公园主要由国际重要湿地碧塔海自然保护区和"三江并流"世界自然遗产红山片区之属都湖景区两部分构成[①]，包含地质地貌、湖泊湿地、森林草甸、河谷溪流、珍稀动植物和观赏植物资源等多种景观资源，碧塔海和属都湖的湖盆水面与其周围的湖滨、湖岸及汇水面山的寒温性针叶林构成了封闭或半封闭的典型高原湖泊湿地生态系统。普达措国家公园受燕山运动、新构造运动、第四纪冰川活动等地质活动的影响，在公园内留下了大量典型的地质地貌遗迹，如青藏高原古夷平面、第四纪冰川、现代冰缘地貌等，并且这些地质活动使得普达措国家公园中气候的垂直带变化明显，由此形成了原始的高山—亚高山寒温性针叶林生态系统、高山—亚高山草甸生态系统和高山湖泊—沼泽生态系统等主要景观，旅游资源类型十分丰富。

3. 生态旅游开发成就和经验

（1）改善规划管理，提高参与度

2015 年年底，结合自然保护区管理体制改革，省编委发文对试点区已有的香格里拉普达措国家公园管理局和碧塔海省级自然保护区管护局进行整合，实行"两块牌子一套班子"的管理体制。《香格里拉普达措国家公园体制试点区试点实施方案》为实现"统一规划、统一保护、统一管

---

① 谭小爱、王平、陈慧：《普达措国家公园自然旅游资源评价》，《林业调查规划》2016 年第 41 卷第 3 期。

理"，解决各类保护地交叉重叠、多头管理的碎片化问题奠定了基础。统一规划的实现可借鉴美国国家公园 NPS 对自然资源清查，确定动植物资源的类别、分布与状况，并在此基础上完成总体规划编制，为后续的监察建立基线信息。

普达措国家公园对游客管理工作的测算主要集中在环境承受的基础上，对游客体验指标考虑较少。在游客较多时，游客实时管理信息不畅，导致游客滞留停车场等候大巴时间较长，耽误游览时间。应结合公园运作实际情况建立全面的环境检测和游客体验指标，做好生态环境日常检测工作，鼓励游客提前预订，在非高峰时期进行游览，确保公园管理方能及时了解人数和游客趋势，一旦游客超过承载量，可以适时采取限流进行调节。

普达措国家公园配备了基本的基础设施、公共服务设施及相关配套设施，但还需应对日益增长的市场需求，要不断优化基础设施建设、完善生态旅游的配套系统，特别是环境的监测系统设施。在这些基础设施建设仍需大量资金投入的现实情况下，应坚持政府主导，在体现国家公益属性的同时，采取政府与企业合作，企业参与到生态旅游的建设中来。还需不断扩大民间融资渠道，倡导社会、组织和个人进行捐赠，积极吸纳民间投资。建立第三方评估机制，对评估中发现的问题和工作推进中的重点难点及时反馈给管理部门进行改进，同时应加强与大学和科研机构的合作，目前中科院昆明动物研究所及植物研究所、清华大学、北京林业大学、云南大学、西南林业大学等科研机构，均以试点区为载体开展了大量研究工作，不仅促进了科学研究的发展，同时也能为国家公园的管理提供科学依据。还可参考国外相关经验，增加国家公园科学研究项目的数量和范围，使之更加接近公众，为科学研究人员、公园管理者和公众提供一个共享的知识论坛平台，不仅有助于国家公园的建设管理，也能够扩大社会影响力，提高公众参与度。

公园可以借鉴美国的志愿者制度，广泛吸收社会有志之士加入，减轻国家公园的财政压力，为我国国家公园事业的建设添砖加瓦。

（2）设计特色生态旅游项目，发展环境教育功能

依据普达措国家公园的自然资源特征和国家公园的规划理念，目前已开发的生态旅游活动类型有游览车观光、骑马、划船等，游客亲身体验的活动并不多，尚不能满足游客多样化的游览需要。旅游产品的丰富性和组

合性尚处于低层次阶段。

普达措国家公园的解说系统主要以导游讲解和自导式解说标牌为主，导游只在旅游大巴上讲解，且大多数导游都是本地人，缺乏良好的训练，游客时常反映的问题有导游普通话不标准、讲解不够生动丰富等。自导式解说标牌则形式较单调，内容主要是以方向指示性标牌为主，缺乏公园资源介绍、环境介绍和历史背景讲解等相关标示，影响了游客游览的体验。

针对存在的问题，需采取以下措施：重视人才引进和从业人员培训。一方面是吸纳具有不同专业背景的高素质人才参与到国家公园的建设中来，加强与不同学科的国内外专家的交流与合作，为公园建设提供科学理论和决策支撑，实现可持续发展。另一方面是通过定期培训学习、到国外进行访问考察等，全面提升公园从业人员素质。特别是导游员，除掌握专业的导游知识和技能，在导览途中做好向导和景物解说外，还应承担起环境保护教育的职能，通过对游客的讲解和提示行为规范，降低和减少对环境的破坏。

公园解说应依据普达措国家公园的功能分区和受众群体，制定详细的解说和教育计划，并与专业机构合作制定适宜的解说系统，精心策划和设计解说标识。

可建立立体化的环境教育系统：①核心保护区主要受众群体为专业科研人员，教育解说应为专业的理论知识和方法、各种待探讨的复杂生物现象和问题。②专业生态旅游区，主要为生态审美和体验，受众主要为户外运动、软式探险和徒步穿越者，环境教育应主要为高原湖泊湿地资源、地质地貌景观、珍稀动植物等相关生态科学知识，同时介绍一些相应的环保知识，对具有一定危险性的旅游活动进行指导，提示游客行为规范和注意事项。③大众生态旅游区，环境教育解说应注重科普教育，介绍高原湿地生态旅游产品、民风民俗等内容，寓教于乐。在标示牌的设计上可以采用图形文字相结合的形式，内容更加多样化，让游客能更容易地明白标牌传递的信息，自觉参与到环境保护中来。

完善游客中心和公园博物馆的建设，针对自导式游览，向游客提供各类解说材料，如游客手册、导览图等书面材料和其他语音材料，不仅丰富游客体验，也能够在环境保护和安全事项方面作出提示，有助于国家公园的管理和维护。

（3）建立第三方的公园监管体系，加强公园游客安全和应急管理建立第三方公园监管体系，即非政府的组织监管体系，包括科研机构的技术指导、网络媒体的监督宣传、民间组织及个人的监督等，对普达措国家公园进行实时的监督和监测，及时给出建议和反馈意见。

在普达措国家公园内，为了保持自然原貌，放养了很多牦牛、马等，在游客增多时，应提示游客保持距离，避免人和动物发生冲突；同时园区道路采用了统一的木质栈道，雨天栈道比较湿滑，应对护栏、扶手等安全设施定期检修，及时消除安全隐患。

对河谷探险、徒步等具有一定危险性的旅游活动要加强指导，强调注意事项和禁止行为，同时也要进行风险和安全应急措施教育，培训园区专业的救援队伍，建立一套完善的游客救援和安全事故处理系统，从园区工作人员到旅游者都具备风险安全意识，拥有一定的应急和自救能力。

（4）规范特许经营机制

2017年9月颁布的《建立国家公园体制总体方案》强调了特许经营在国家公园管理中的重要地位，提出"鼓励当地居民或其举办的企业参与国家公园内特许经营项目"，以期通过建立特许经营制度来实现对国家公园资源的合理利用，促进周边社区经济发展，为生态保护募集资金。借鉴美国国家公园特许经营制度的经验，可通过已建立的国家公园管理局对国家公园范围内的特许经营进行统一项目规划、招标分配及运营监管，根据国家公园的资源类型与保护目标对特许经营项目数量、类型、活动范围、经营时间等做出明确规定。完善招标机制，支持更多资金雄厚的企业参与国家公园的资源开发与利用，增强市场竞争性，提高资源开发效率。建立有效监管机制，主要集中在三方面：一是经营活动是否对环境造成了破坏，二是是否存在违规经营的行为，三是经营活动是否严格遵照合同。通过签订合同明确经营企业与管理部门的权责划分，设置严格的资源开发与环保保护限制，明晰监管范围，通过引入第三方部门以提高监管能力，吸引公众积极参与以提高监管有效性。

资源开发的主要经济效益体现在经营收入方面，通过让特许方获得合理利润，进一步有效开发资源，也使管理部门通过税收和征收特许经营费为公园保护筹集资金。因此，应充分考虑特许经营者的利润和公园管理的成本，设置合理的特许经营费用征收标准。

4. 发展问题

景区开发过程中主要出现的问题有：（1）管理机构冗杂、职责混乱，出现无人管理和多头管理现象；（2）长期规划缺失，存在盲目开发和急功近利现象，产品开发普遍缺乏文化内涵、开发层次低；（3）景区主打生态特色，但未能利用自身优势建立品牌形象，宣传推广方式单一，同质化竞争激烈；（4）景区建设投入资金严重匮乏，公路、停车场、厕所等设施建设落后；（5）旅游从业人员专业素养较低，景区人才匮乏问题突出，服务质量低下；（6）景区利益相关者分配机制失衡，地区居民参与程度低；（7）受生态红线影响，景区开发受国家政策影响严重。

国家公园的保护与开发是个复杂性和综合性非常强的问题，不单涉及规划理念、管理方式、人员设置、经营制度等多个方面，还和每个国家公园的发展历史及本国的经济、政治制度等多方面因素相关。

5. 普达措国家公园发展路径选择

（1）改革经营管理机制、明确主体间权责关系

为改善机构冗杂、职责混乱现状，加快森林旅游发展，普达措国家公园应该探索推行所有权和经营权分离、资源保护权与开发权统一的旅游景区经营管理机制。转变政府角色，从旅游发展的主导者转换为引导者，重点关注景区的发展规划、资源环境保护、市场执法和监督管理等。同时成立专门的旅游管理部门，对景区旅游发展实行统一管理，高度重视旅游发展规划，坚持规划先行、统筹考虑、科学谋划，与政府合作共同推动规划的形成、审批和落实。

（2）拓展融资渠道、完善设施建设

普达措国家公园可采用公私合营（PPP）模式，鼓励民间资本以多样化的形式依法投资经营和管理景区，创新融资理念，拓宽森林旅游发展资金渠道，缓解景区建设资金不足问题。同时 PPP 模式在原有的政府、景区基础上引入社会企业参与森林旅游发展，对普达措景区开发主体间形成明确的权责关系，为经营管理机制改革起到积极的推动作用。在获得建设资金之后，景区则可利用资金重点改善当地旅游设施建设，开设旅游专线、扩建生态停车场、建设主题栈道、优化路标指引系统、增加生态垃圾桶和生态厕所数量、建立游客服务中心、完善旅游导游和讲解系统、做好景区养护工作，为森林旅游发展提供重要保障。

（3）融合相关产业、开发特色旅游产品

普达措国家公园应该因地制宜划分核心区、过渡区、开发区，受生态红线限制，应该将生态红线以内的区域划分为核心区，采用严格的保护措

施，而对于过渡区则可以采用旅游观光等部分对生态破坏较弱的项目，在开发区可以重点发展森林运动探险、房车露营、健康疗养、科学教育和家庭亲子等旅游形式，定期举办自行车比赛、登山比赛、雨林露营和森林婚礼等活动。同时可以以"旅游+休闲农业"的形式在旅游景区外部发展休闲农庄和农产品产业园，整合已有热带农业观光项目，分区建设种植区、观赏采摘区、展示区、特色餐饮区和休闲服务区，与普达措国家公园景区内部建设形成良性的产业互动和融合发展。

（4）打造品牌特色、进行网络精准宣传

积极贯彻品牌化战略，打造独属普达措的特色品牌，与互联网公司进行合作，通过大数据对景区品牌形象信息进行分析，从理念、行为和视觉识别出发，有针对性地对景区进行改造，统一标识和产品包装、塑造景区整体视觉形象。另外运用网络数据分析旅游者的年龄、性别、偏好和消费需求等信息，选择视频、微电影等形式在自媒体、视频和社交等平台上对特定目标客户群体进行精准营销；建立和完善自身官网和微信公众号，提高宣传力度，融入旅游电商服务，开展旅游信息发布、产品在线预订等服务，完成后台数据收集，建立起景区旅游数据库。

（5）加强社区参与、借鉴特许经营模式

鼓励当地居民积极参与到公园规划编制、环境评估、公园资源和环境保护等问题的决策之中，借鉴美国特许经营模式，结合我国实际情况，改革现有的经营模式。另外，在景区外部重点加强特色餐饮、酒店民宿、导游接待、旅游商品和娱乐休闲等服务，建立起完善的旅游接待系统。

（6）利用科技创新、实现深度体验

发展生态旅游强调对生态系统的保护，普达措国家公园应协调好科技和旅游发展的关系，利用科技创新成果持续提高生态旅游发展质量。一方面利用科技工具对旅游规划和实施过程进行科学评估和监管；另一方面利用先进科技，如 GPS、红外线感应等技术，对当地的生态环境和灾情进行监测、预警。科技创新可用于旅游效果提升，针对普达措国家公园的生态红线问题，生态脆弱难以对外开放的区域，景区可通过运用 VR、MR 和 3D 建模等高新技术，建立虚拟体验科技馆，全方位地向游客展示神秘的森林内部景观，实现生态旅游的深度体验。

二 梅里雪山国家公园

1. 公园简介

梅里雪山国家公园地处青藏高原南缘怒山山脉中段，滇、川、藏三省（区）接合部，"三江并流"世界自然遗产核心地带，横断山脉纵谷区，位于迪庆州德钦县境西部，东至国道214线和德维公路，西至梅里雪山山脊线省界，南以燕门乡与云岭乡界为界，北以外转经路线说拉垭口以北第一道山脊线为界（见图3-1）。就范围来说，梅里雪山国家级风景名胜区、三江并流世界自然遗产、梅里雪山国家公园相互重叠，而国家公园的规划面积为959.86平方千米，占德钦县总面积的12.5%左右。公园现有四个对外开放的展示区，分别是明永冰川景区、雨崩自然圣境景区、澜沧江大峡谷和滇藏文化带（含金沙江大湾、雾浓顶、飞来寺）。梅里雪山平均海拔在6000米以上，称为"太子十三峰"，主峰卡瓦格博峰海拔高达6740米，是云南的第一高峰，至今仍是人类未能征服的"处女峰"，也是唯一一座因文化保护而禁止攀登的高峰（见表3-3）。规划范围内有德钦县升平镇、云岭乡、佛山乡共16个村，现有农户2600户约13000多人。

表3-3　　　　　　　　　　梅里雪山基本信息

中文名	梅里雪山	地理位置	东经98.6°，北纬28.4°
英文名称	Meri Snow Mountain	最高海拔	6740M
别名	雪山太子	年降水量	600mm
所属地区	云南省迪庆藏族自治州	主峰	卡瓦格博峰
著名景点	太子十三峰、梅里雪山	冰川	明永、斯农、纽巴、浓松

图3-1　梅里雪山位置示意图

2. 梅里雪山国家公园的组成部分

梅里雪山国家公园位于闻名世界的"三江并流"世界自然遗产的核心腹地，是国家级风景名胜区"三江并流"风景名胜区的重要组成部分。规划后的公园有严格保护区（Ⅰ区）、生态保育区（Ⅱ区）、游憩展示区（Ⅲ区）和一般管制区（Ⅳ区）4 个基本管理分区。

严格保护区（Ⅰ区）包括海拔 4500 米以上的雪山、高山流石滩、高山灌丛和高山草甸等几乎没有受到人类活动干扰过的地表特征和生态系统及冰川保护区域，是梅里雪山珍稀濒危动植物的集中地，自然资源典型性样本存在区域。严格禁止人类活动对梅里雪山Ⅰ区内的冰川、雪山景观的影响，保护其高山生态系统的完整性和生物多样性是该区的首要任务。

生态保育区（Ⅱ区）是能够很好代表区域资源特征并保持荒野状态的广大地区，目前该区域存在比较严重的放牧和采集活动，是梅里雪山国家公园自然资源管理和保护的重点区域。减小当地社区对梅里雪山功能Ⅱ区自然资源的消耗，控制人为活动强度是该区管理的主要任务，该区域允许开展严格管理下的小规模荒野体验和生态旅游活动。

游憩展示区（Ⅲ区）包括澜沧江东岸的大部分地区，是梅里雪山国家公园旅游观光、公众教育、户外游憩的重点区域。

一般管制区（Ⅳ区）分为两个区，分别是公园服务区和传统利用区，是当地社区生产生活及游客服务设施集中建设的区域。

3. 梅里雪山发展面临的问题

（1）管理体制不明确，责权利不清

梅里雪山属于"三江并流"世界自然遗产地梅里雪山景区，属建设部门管理。但由于种种原因，景区管理处于维持状态。各职能部门及县政府等职责义务、权力和利益分配不明晰，造成管理困难。国家公园现有管理局、县政府、州旅游投资公司和州旅游局四个管理主体，再加上其他部门，协调困难，工作效率较低。梅里雪山国家公园现有的管理局和旅游投资公司是两个法人，隶属于不同的行政部门，互相推诿现象突出，重开发、轻保护，重经营、轻管理。

（2）国家公园管理能力欠缺，管理经费缺乏

管理局目前内设 5 个机构，人员编制仅为 15 人，而公园的管理规划面积为 959.86 平方千米，两相比较可见人员的缺乏。由于缺乏相应的能力建设，国家公园管理局和实际管理的旅游业分公司对国家公园的认识和

管理知识及技能不足，员工普遍存在对国家公园认识不清，目标不明确，管理技能缺乏的状况。国家公园的规划、总体目标和管理目标难以落实。管理人员工资已纳入财政支出，但梅里雪山国家公园没有稳定的财政拨款和试点经费，运营依靠少量的门票收入和其他来源。建设投资通过旅游投资公司的融资和贷款。维护和社区经费严重不足，国家公园面临巨大的经济压力，国家公园的宗旨和管理目标的实现面临巨大挑战。

（3）社区关系和工作退步

经营公司归管理局管理时，管理局从促进保护与社区发展角度出发为社区做了实事，并能对社区活动进行管理和监督。所有管理经营划归公司管理后，与社区的关系倒退，社区认为现为公司管理，公司是营利单位，所有的活动和管理应公司出钱。如过去划分的卫生责任区，原为管理局组织划分到社区管理。现改为公司经营，社区认为是公司的责任，需公司出钱清理责任区。[①]

（4）社区旅游缺乏深层次的开发

基础设施薄弱，开发水平低，所提供的旅游产品单一，服务质量不够高。参与旅游的方式比较单一，只有牵马和开客栈，村民除去为旅游者提供住宿、牵马服务的收入，旅游商品销售收入只占到不足5%，如果考虑到旅游商品的成本，旅游商品净收入几乎为零。[②] 而客栈都是家庭式的作坊，只提供简单的食宿，无法满足高端游客的需求。社区旅游发展过程中缺少有效的指导和管理，客栈经营者缺少现代科学管理知识，经营管理水平有限。所以在日常的经营管理中存在经营管理不善、服务质量不高等问题，不能适应当地旅游产业快速发展的步伐。

（5）缺乏特色旅游商品

由于村民普遍缺乏旅游商品开发的意识，加上雨崩村内住户较少，除去为游客提供牵马服务的村民外，能参与当地旅游特色产品开发的人员可谓是少之又少，再加上村民的保护意识限制了周边劳动力富集的村民来参与本村的乡村旅游产业，因而导致在景区内除了一些日用小商品外，自己几乎不生产具有自身特色的高附加值旅游产品或者土特产。

---

① 李若卉：《自然保护化民族社区参与式发展研究——以普达措、梅里雪山国家公园为例》，硕士学位论文，昆明理工大学，2016年。

② 杨桂华：《梅里雪山雨崩村生态旅游商品开发研究》，《云南地理环境研究》2010年第5期。

（6）无序经营呈蔓延之势

旅游区与社区居民的结合非常紧密，而政府介入社区旅游的管理相对较晚。因当地社区居民利益没有得到妥善及时的解决，促使各家自发而无序地迅速参加到旅游住宿与饮食服务中来，民居旅馆的布局和准入没有得到限制和规划，造成政府管理成本增加以及社区旅游的混乱无序状态。例如雨崩村的家庭旅馆已经很多，但很多居民还打算扩建、改建房屋来做家庭接待；新建的家庭旅馆在房屋的外观和形式上和当地原有的房屋不协调，还出现一些房屋乱搭乱建的现象。典型无序管理的后果之一是，由于房屋间距离太近，且房子大多为土木结构，2018年11月29日雨崩上村民房和客栈失火，烧毁5栋客栈、1栋民房。

（7）对外宣传的文化内涵不够

在对外的文化宣传方面，梅里雪山国家公园还是主要停留在宗教层面，对民族村落和民居缺乏深层次的、异质性的开发，仍以物质景观的展示为主，对精神文化的内涵揭示不够；而对于民俗文化的开发甚至还没有展开。在民族社区内部的文化传承方面，传统文化受到外来文化的冲击，社区居民，特别是年轻一代对民族传统文化的认知、兴趣有所减弱，不利于民族文化的传承。

（8）生态保护与资源利用的矛盾突出

一是国家公园和周边社区发展的矛盾。梅里雪山国家公园规划面积较大，林农交错，难免将一些集体林和村庄划入国家公园。近年来，这些区域的群众发展经济、脱贫致富的愿望越来越迫切，资源保护与周边社区发展存在矛盾。二是没有协调生态效益和经济效益的互补性。发展旅游是协调生态效益和经济效益的有效途径之一，然而，由于直接经营者不同程度地忽视甚至排挤保护者和当地社区的利益，在一定程度上挫伤了当地居民保护的积极性，生态保护和经济效益的互补性无法实现。三是国家公园保护和开发的矛盾。随着交通等通达条件的不断改善，大量游客涌入国家公园，给当地的生态环境和重点保护物种带来不利的影响。

4. 梅里雪山发展的路径选择

（1）明确划分保护地管理权属

借国家提出"建立国家公园体制"的契机，重整自然保护地体系，厘清各政府部门的管理权限。建立以地理单元为单位的完整生态系统保护区，理顺管理关系，重构科学的保护区体系，最终建立完善的梅里雪山公园自然保护管理体制。建立专门的国家公园管理机构，可以借鉴美国等国家公园的管理经验，建立独立专门的国家公园管理机构，不委托地方进行管理。由中央行政部门或其派出机构直接管理，充分体现资源保护的重要性和社会公益性。

（2）设立以社区为主体的基层管理组织

建议根据参与式自然保护地社区共管机制，建立以社区为主体的基层管理组织。在保护地上级主管部门与地方政府部门充分沟通的基础上，由保护地所属的政府部门牵头，保护地管理涉及的相关部门的主要负责人和民族社区的代表参加，建立保护地共管领导小组。该领导小组主要负责协调政府各部门与各相关利益群体的合作，指导社区监管活动。由保护地管理机构牵头，村级共管委员会协助，各相关利益群体代表参加，对参与式共管工作做出监测评估。确定社区可能存在的问题，了解自然保护区所做的相关工作的现状，从而确定需要优先解决的问题和方案。让社区参与到梅里雪山国家公园的运营和建设当中，让他们也成为景区的主人，这样将在很大程度地缓解景区管理部门与当地社区居民的紧张关系。

（3）加强基础设施建设，保障景区内安全，打造优质服务

一是要加强旅游区外连环线通畅能力建设，积极促进德钦县与毗邻的贡山、察隅、左贡、芒康、得荣，以及与迪庆州一起做好理塘、乡城、稻城、宁蒗、丽江、剑川等县公路的干线支线和旅游环线等级。用生态理念建设好公路，配套建设观景休息场所和设施，实现车在景中走、人在画中游的旅游交通线。二是要加强旅游区内环线通畅能力建设，提高明永冰川栈道，卡瓦格博神山内外转山人马驿道、车道，雨崩、雾浓顶等重要景点景区道路通畅率，同时全县还要积极争取德钦民用机场和滇藏铁路项目投建工作，满足全域旅游和德钦的发展，进一步带动梅里雪山景区的发展。进一步加强梅里雪山国家公园景区各站点安全检查，重点检查景区公路、游览栈道、防护栏等旅游设施，对损毁设施及时组织抢修，清除景区公路落石、滑坡等安全隐患，确保不发生安全责任事故。坚决贯彻落实"安全第一，预防为主"的方针，深入、全面地做好假日旅游安全工作，确保各项旅游工作顺利进行。

（4）大力开发生态旅游产品，扩宽增收渠道

当前景区旅游商品销售收入只占总收入的不足5%，由此可见旅游商品的发展存在巨大的上升空间，因此合理开发旅游产品是实现当地居民增

收的重要措施。在商品开发选择上,其牦牛肉和琵琶肉可以通过在阴凉通风处自然风干,然后按照不同部位进行分解销售,形成雨崩村的食用产品;可以将广泛流传在藏族民间的一种祭祀神佛圣物玛尼石雕刻成各种样式供游客挑选和购买;同时也可以按照梅里雪山的样式来制作迷你模型,这样游客将其购买回家后可以作为纪念品进行珍藏。当然在开发旅游产品的同时一定要与生态旅游发展目标相适应,旅游商品开发的整个过程中应当选择性地利用资源,在增加当地社区经济收入的同时注重保护旅游资源和环境,谋求可持续的经济、社会、环境三大效益的协调发展。

(5) 提高当地食宿业进入门槛,规范市场秩序

政府部门要适当介入社区旅游的管理。对民居旅馆进行合理化的布局规划,抬高民居旅馆进入的门槛,规范家庭旅馆房屋外观和形式,严厉打压房屋乱搭乱建现象。对规范性和整洁性好的旅馆给予一定程度的奖励补贴,对规范性和整洁性欠佳的旅馆进行一定程度罚款的惩罚。

(6) 加强对景区的生态保护管理,提升服务质量

比如鼓励社区参与公园的巡护工作,对区域内重要资源展开持续和系统的跟踪调查和监测,增加巡护站点,对靠近冰川、高山草甸等生态极为敏感、脆弱的景点实行轮牧制度,限时轮流进行开放。在旅游高峰期可以适当限制游客容量,并且尽可能通过当地人组织的骆马队进行运输游客,既增加当地居民的收入,又防止因公路修通后大量游客涌入而造成的生态环境破坏问题。[①] 服务上,由于游客的总体数量并不多,应当鼓励和提倡为游客提供更好的、质量更高的服务。例如设立科普教育中心,为无法到达现场的游客提供解说和服务,满足游客好奇心。当地应积极倡导生态旅游,加强对旅游者的宣传和教育,加强标识和引导系统的设置,规范游客行为,从而达到保护景区生态环境的目的。

(7) 大力宣传营销,塑造良好形象

广泛宣传世界最美的金字塔雪山——卡瓦格博,应邀请各方面专家学者为卡瓦格博文化服务。挖掘世界上"最神奇壮美圣洁的雪山""摄影者的天堂""全世界唯一未被人类登顶的雪山""动植物基因库"等自然文化内涵。宣传卡瓦格博"雪山世界的童话""返璞归真的精神家园""净化灵魂的乐土"等质朴人文内涵,打造"与雪山对话、与雪山交流、享

---

① 易小力:《香格里拉核心区梅里雪山的旅游开发与管理模式研究》,《北方民族大学学报》2009年第4期。

受恬淡、平静、坦荡、和谐智慧人生"的精神乐园。借鉴美国黄石公园的活动方法，将其运用到保护地民族社区传统文化的宣传中。黄石公园"现场研讨会"的内容主要从公园内的自然资源出发，扩展到各专门领域。梅里雪山可以在此基础上增加当地民族文化专题，定期开展活动，活动的主持人和讲解者、表演者都由当地民族社区居民担当，当地少数民族居民是最了解本民族文化的群体，由他们进行宣讲可以最大限度地使活动回归当地民族的原生态，保证了活动的质量和内容的真实性，增加了保护区的吸引力，让游客不仅可以欣赏到美丽的自然风光，还可以参与到民族文化活动中，切身体验当地少数民族风情，提升游览的趣味性、体验性和参与性。同时还可解决一部分社区居民的就业问题，让他们在活动的参与中获得收入，使本土文化成为经济创收的一部分。这样，让当地居民意识到本民族文化的重要性，促使在面对现代外来文化冲击时，少数民族社区群体自发地保护本民族文化。

(8) 对各个保护区进行分类管理

严格保护区和生态保育区这两个分区构成公园保护的主体区域，目前公园核心景观和资源得到了有效保护，设定的保护目标基本实现。公园积极与相关科研院所合作，对区域内重要资源展开持续和系统的跟踪调查和监测，建立区域内敏感资源即时挑战评估和快速应急机制，增加巡护站点，鼓励社区参与公园的巡护工作，对靠近冰川、高山草甸等生态极为敏感、脆弱的景点实行轮牧制度，限时轮流开放，这些措施无疑将有助于两区管理成效的进一步提升。

公园游憩展示区管理效果还有进一步的提升空间。提升该区域的管理成效可从以下三方面入手。第一，高峰时段应严格控制公园的游客容量。每年旅游旺季时期（5—10月）、黄金周长假可以考虑通过门票预约等制度，严格控制公园游客数量，以提升游客的满意度。第二，提升公园科普教育功能。设立科普教育中心，为无法到达现场的游客提供解说和服务，满足游客好奇心。第三，积极倡导生态旅游，加强对旅游者的宣传和教育，加强标识和引导系统的设置，规范游客行为。

在一般管制区内，公园资源保护与社区发展的矛盾冲突仍是一个急需解决的棘手问题。短期内，从维护社区居民利益的角度出发，调整国家公园利益分配机制，更好地提供社区参与旅游的机会，增加其收入，将是缓解上述矛盾的有效途径。长期看，只有全面提升当地社区群众科学文化水平，积极宣传区域建立国家公园的重要性与意义，建立、健全社区参与公园规划、管理的机制，打通利益相关各方有效沟通渠道，达成多方共识，才有可能从根本上解决该问题。

三 地方管理公园——白水台

1. 简介

白水台位于香格里拉市城东南的三坝乡白地村，在哈巴雪山山麓，距县城101千米，海拔2380米（见图3-2）。面积约3平方千米，它是我国最大的华泉台地。白水台不仅是一个风景秀丽的地方，还是纳西族东巴教的发源地中心，宗教活动和民族节日的活动之处。

表3-4 白水台景区信息

中文名称	白水台	门票价格	30元
适宜游玩季节	农历二月初八，有祭祀活动	开放时间	8：00—16：00
建议游览时长	3—4小时	所属地区	云南省迪庆藏族自治州
地理位置	香格里拉市三坝乡白地村	景点级别	AAA级

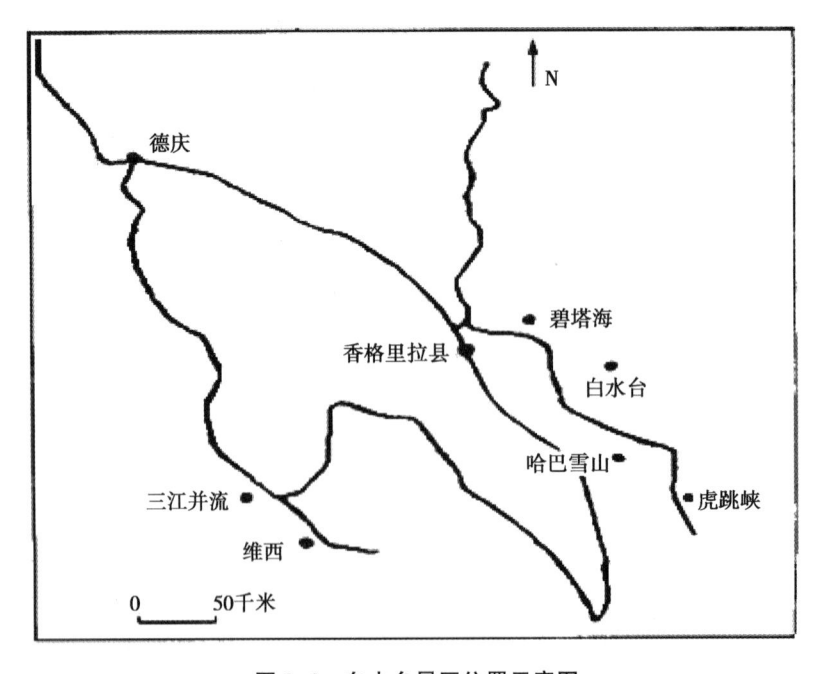

图3-2 白水台景区位置示意图

2. 形成原因

白水台是由于碳酸钙溶解于泉水而形成的自然奇观。含碳酸氢钙的泉水慢慢下流，碳酸盐逐渐沉淀，长年累月就形成台幔，好似层层梯田，被称为"仙人遗田"，碳酸氢钙是一种不稳定的化合物，一旦遇到稍高的温度，迅速发生可逆反应，释放二氧化碳和氢氧化合物，还原成碳酸钙沉积下来。根据这个原理，含有碳酸氢钙的泉水一经流出地表，由于有阳光照射，地表温度升高，碳酸氢钙迅速发生可逆反应，二氧化碳随水蒸发，还原物碳酸钙就呈白色微粒沉积下来，久而久之，层层加厚。

3. 景观类型及分布

白水台尽管在纬度上处于亚热带，但由于位于藏南山地、云贵高原和四川盆地之间的横断山脉，整个景区的海拔高度与地势高差较大，气候具有明显的分带性与多变形，造就了白水台景区内植被具有鲜明的垂直分布现象和"一季四时景，四季景交替"的立体生态景观。根据白水台景区的功能和景观特点，其景观大致可分为以下几类：

（1）钙华景观区。该区景观主要包括藻滩、泉华瀑和泉华彩池。

（2）白水台上游与十三角山体所组成的原始森林区。目前此区森林覆盖率高达84%，因而具有较高的观赏价值和巨大的开发潜力。

（3）白水河源头的白水雪山和白水瀑布区，白水河的源头白水雪山终年积雪，白雪皑皑，树横云低，到处冰天雪地，一片银装素裹，其融化的雪水在流经途中形成一挂高约40米、宽约20米的瀑布，远望如一道白练飞泻而下，近观则雾珠袭人，声荡心扉。

4. 景区建设工作介绍

作为迪庆州龙头项目的虎跳峡国家公园的子项目，白水台片区分三个时期建设，近期（2015—2020年）、中期（2021—2025年）、远期（2026—2030年），每个阶段的建设方向均有所侧重（见表3-5）。白水台为新创建的国家4A级景区，景区建设准备在2019年完成，在近期的规划中，2017年下半年完成前期准备工作；2018年景区全面实施提升改造；2019年基本完成工作；2020年巩固提高。

表 3-5　　　　　　　　白水台片区项目内容建设规划

项目	项目内容	近期	中期	远期
白水台片区	纳西古韵旅游小镇	√	√	
	东巴文化生态博物馆	√		
	香格里拉橄榄庄园	√	√	
	白地村特色旅游民村	√	√	
	渣日桃园—虎跳峡水上观光区	√		
	阿明零洞东巴教发源地	√		
	自驾车营地	√		
	白水台基础设施改造	√		
	白水台景观恢复	√		
	十三角原始森林探秘	√	√	
	白水河生态游览	√		

5. 东巴文化的发源地

香格里拉市是藏族聚居区，但靠近丽江打鼓一带，却以纳西族为多，而且是纳西族"东巴文化"的发源地。东巴教是纳西族古老的宗教，"东巴"可译为"山乡诵经者"，他们中有的是本民族中的"智者"。相传，在公元 11 世纪中叶，就有丁巴什罗在白地附近传播东巴教。他与门徒第一次用象形文字撰写东巴经，开辟了东巴教发展的新局面，被后世奉为东巴教的祖师。至今东巴经内还有关于他的身世和传说的记载。东巴经过千百年的丰富和发展，成了纳西族古代文化的宝库。丁巴什罗曾经修行和传教过的白地岩洞，被奉为"灵洞"，丁巴什罗主要生活的地方白地，被视为"圣地"。每年仲春，农历二月初八，附近居民常来供祭，远处如木里、宁蒗、丽江等地的东巴也来朝拜，人们"不计百里而来，进酒献茶，不约千人而聚"，"没到过白地，不算大东巴"，年复一年，相沿成俗，二月初八遂成三坝春游盛会。

6. 白水台景区存在的问题

(1) 有效资金投入不足，基础设施建设水平差

白水台景区的主要收入就是门票收入，一些基础设施不完善，周边没有配套的酒店和餐厅，无法满足游客最基本的衣食住行需求。景区甚至没有大门，因此可能会出现游客逃票的现象，不利于景区的规范管理。景区没有专门的导游，作为东巴文化的发源地，如果没有导游的介绍，无法让游客更加深入地认识东巴文化，不利于东巴文化的宣传与发展。在景区外

有一个人工复制的白水台，此复制品与这个景区格格不入，给游客的第一感觉普遍不好，有种"好钢没用在刀刃上"的感觉。再加上景区附近最近几年森林砍伐严重，森林的水文效应严重削弱，导致白水台的水源大量减少，已有一部分台面出现了干涸的现象，如果没有继续流动的水源，白水台就将停止沉积，出现风化现象，景区将会逐渐萎缩直至消失。

（2）景区管理较差，导致景区内破坏严重

尽管白水台景区具有得天独厚的条件以及丰富的生态旅游资源，但是其整体的开发利用仍处于初级阶段，因此不但造成整个景区旅游资源的严重浪费，而且还使其资源不能得到合理的开发利用。白水台作为东巴文化的发祥地和我国最大的淡水泉华台地，每年都吸引大批游人和科学工作者前来参观、考察，但由于缺乏科学的指导，游人在参观泉华台地的过程中任意踩踏正在沉淀的钙华颗粒，使其遭到严重破坏。同时由于景区工作人员对马匹管理不力，致使马匹随意冲入泉华台地，并产生大量的粪便，不但污染环境，而且任其进入钙华池内造成对钙华景观的破坏，加之近年来泉水流量的减少导致钙华体上开始生长褐色的微藻，严重损害其观赏价值，因而整个钙华景区正面临着逐渐减少或消失的危险。

（3）景区环境污染严重，严重降低游客旅游的满意度

首先，垃圾污染严重，在景区门口、景区内、景区外的公路边垃圾随处可见，对环境造成极大的污染，对视觉也产生不利影响，在景区人行道和马道上有较多的马粪以及烧烤剩下的垃圾。这些垃圾有一部分是旅游者的不自觉行为产生的，而更多的则是由当地居民产生的。其次，是空气污染，不仅仅是汽车的尾气对空气造成较大污染，还有景区内众多的烧烤（主要为烧玉米和烧土豆）、烧香以及东巴和管理人员在白水台上煮饭，弄得景区烟雾缭绕。最后，对水体的污染，饭店、商店排出的污水、粪便等废物注入白水河及其支流中，造成白地村赖以生活和生产的水源污染，引起居民们的不满。对环境的污染不仅对当地居民产生不良影响，对旅游者同样也造成视觉污染和其他负面影响，影响着游客旅游的满意度。

（4）文化旅游意识淡薄，没能与东巴文化相结合

文化在旅游产业发展中的重要性已经得到普遍认同，它可以凸显一个城市、景区和度假区的个性，提升其品位和内涵，丰富游客体验，促进游客消费。作为东巴文化的发源地，白水台却没有将景区与东巴文化相结合，除了景区前有关于东巴文化的宣传外，景区内没有任何关于东巴文化

的宣传栏，游客进入景区仅仅停留在欣赏风景的层面。

(5) 管理部门条块分割严重

目前白水台在旅游管理上存在条块分割的问题，主要有三个部门对其进行管理，其一为门票办公室，负责卖门票，上缴门票收入到县财政；其二为县旅游局，负责对白水台的宏观管理，如根据国家的有关法规、政策来对其加以规范和管理；其三为乡旅游管理委员会（简称旅委会），负责白水台的开发和日常管理以及对旅游产业的管理。由于三者之间有着各自不同的利益和职责，存在相互牵制和约束的问题，旅游局通常被架在"空中"。

(6) 当地居民对景区的规划与管理参与度不高

目前旅游决策主要是由县旅游局和乡政府制定，致使做出的许多决策与居民的意见有较大差异而引起矛盾和冲突。虽然现在旅游产业还不发达，但还有相当一部分旅游企业是由外地人建立的，白地村特别是古都舍的居民对旅游产业的参与性都不高，基本上是通过出租地皮或店面来参与旅游产业的，直接参与的家数少之又少。此外，本地居民通常以摆小摊或为旅游者牵马等方式来参与旅游活动，参与程度都不高。

7. 白水台发展建议

(1) 增加周边配套设施，满足游客消费需求

以市场为导向，根据旅游市场来调整旅游商品的价格和旅游供给，调整吃、住、行、游、购、娱的结构。在景区周边建设一定数目的酒店和餐厅，并且酒店与餐厅要充满东巴元素，这样既能让游客品尝到当地特色的美食，享受优质的住宿条件，还有利于使东巴文化深入人心。着力景观修复和基础设施提升，积极争取并推动虎跳峡—白水台—香格里拉道路交通状况的优化，利用丽江—虎跳峡—白水台—香格里拉东线的交通区位优势，充分发挥旅游公共服务功能，加强白水台与周边景区之间的联系，增强区域合作，相互宣传，将会十分有利于游客的引入，增加游客停留时间。

(2) 要加强对景区风景的管理

加强对白水台的保护，扩大保护范围，限制旅游者不规范行为。虽然白水台已经做了一定的保护工作，但还存在较多的问题。比如，保护范围较小，没有建立完备的标识牌，致使旅游者游览时在白水台上踩踏，给白水台景观带来损坏和破坏。因此必须加强对白水台的保护工作，扩大保护

范围，设立隔离栅栏和明晰的标识牌，禁止旅游者和当地居民在潭里洗刷，既使管理者和经营者对此重视，又对旅游者的行为具有约束作用，这样才可为白水台的可持续发展提供前提和基础。同时可以在景区内设立一些对白水台形成原因的知识科普专栏，让游客知其然，并知其所以然，充分领略白水台的独特之处，感受大自然无限的魅力。

（3）加强对旅游者的宣传和教育，提高旅游者的环境保护意识

旅游者的一举一动对旅游目的地周围的环境会产生直接或间接的影响，要对旅游者加强宣传和教育，增强他们的环保意识，使其在旅游过程中注意自己的一举一动、一言一行，减少对环境的破坏。首先，可以在旅游者须知、标识牌中加入适当内容以警示旅游者的行动；其次，可在发行的各种旅游地图、旅游知识小册子等上面对旅游者进行环境意识宣传和教育；再次，还可以通过导游的言行来对旅游者进行环境意识宣传和教育；最后，还可以通过旅游管理人员对违反景区管理规定的旅游者进行宣传和教育。

（4）不断开发旅游产品，加强对东巴文化的宣传与保护

挖掘旅游资源内涵，开发具有特色和吸引力的旅游产品，不断完善旅游产品结构。白地村有着较为丰富的旅游资源，除了白水台之外，还有较为丰富的民族文化资源和历史文化资源，应挖掘这些旅游资源的内涵，在保护的前提下，适度设计、包装符合旅游者要求的、具有特色和吸引力的旅游产品，不但能促使文化旅游资源得到更好的保护和管理，而且还可调整和完善旅游产品结构。在旅游产品宣传方面可发行一些介绍本地旅游知识的小册子，加强对白水台和白地村的宣传；还可以与全县旅游促销紧密结合，把白水台作为全县一个旅游王牌景点加以宣传，吸引更多的旅游者，为旅游效应的发展提供前提。加强对本地居民的宣传和教育，提高抵制外来文化侵蚀的能力和加强环境意识。同时鼓励当地人加大学习东巴文化的力度，这可以通过多种方式来进行，首先，在学校对学生加强民族文化和环境意识的教育，使青少年从小就增强民族自豪感和环境意识；其次，在村里通过宣传栏、广播、会议等方式对居民加强民族文化和环境意识的教育；最后，通过开展各种民族文化活动，如纳西民族节日（如"二月八"）、东巴文化等，来弘扬民族文化，增强民族自豪感和民族文化优越感，提高抵制外来文化侵蚀的能力。

（5）引进高效率的旅游管理模式和先进的旅游管理技术

在白水台建立一个自主经营、自负盈亏的现代企业，实行政企分离，

旅游局等国家行政机关只负责对其进行相关的行业管理，没有经营管理权，产权清晰、责权明确，使企业在激励机制的作用下对白水台实行各方面有效的管理，不断地对旅游效应进行有效的调适，使其趋于效益最大化；或者将白水台景区一定时期内的使用权和经营权拍卖给个人或者公司，让其统一管理、自负盈亏，但要受到有关部门的监督和管理。此外，建立旅游信息管理系统，建立旅游需求和供给的信息库，以市场为导向，对旅游者需求和当地旅游供给加以调控，使白水台的旅游产业和旅游效应良性发展。

(6) 提高社区居民对旅游活动的参与性

首先，提高社区居民对旅游决策的参与，特别是对于与当地社会发展有很大关系的旅游决策，更要让社区居民参与进来，因此应采取各种形式，如当地居民直接经营旅游企业、当地旅游企业雇用更多的当地劳动力等，提高居民对旅游活动的参与度，给予当地居民相应的报酬，使旅游活动的开展更有利于当地社区的发展。其次，应当禁止社区居民乱砍滥伐、肆意捕猎，使居民懂得可持续发展的重大意义，增强他们的环保意识。

(7) 建设白水台纳西生态文化村

可以在景区附近建设白水台纳西生态文化村，重视发展文化旅游，在游客游览完景区风光后，可以将游客带进生态村中，身临其境地感受纳西文化。建设纳西生态文化村对于发掘古老东巴传统文化，拯救濒临灭绝的东巴文化，宣传东巴文化的历史起源、发展、演变，增强各民族之间的大团结有重要作用。同时，对丰富香格里拉文化内涵，扩大香格里拉文化影响力有积极的促进作用。可以将白水台附近的村庄按照东巴祖先生活演变的不同时期和纳西族生活的原样修建东巴民居，陈列古时的生产生活用品，展示各东巴支系生活的演变及现状，向世人展示这一古老民族的历史起源、演变及现代生活方式，建成融百姓生活、民间舞蹈、民族建设、生活用品展示、东巴经师生活、东巴经师祭祀活动为一体的多功能民族村，让广大游客在游览白水台景区时能充分领略纳西族这一云南独有民族的生活全貌，真正感受回归自然，避开现代喧嚣的城市，人与自然和谐相处的美好。

(8) 设立游客反馈信箱，及时收集和采纳游客意见

可在售票处设立游客反馈信箱，在游客进行购票时就可以提醒游客在游览完景区后将反馈信息投入信箱内，并免费赠送一些精美特色香巴拉小

礼品作为回报，一方面可以增加游客的意见反馈量，另一方面赠送的小礼物也可以起到宣传白水台的作用。工作人员需要对游客信息进行及时整理和分析，并积极做出调整和改变，从而达到尽可能满足游客所需的目的。

第三节　乡村旅游、农家乐和民宿发展模式与评价

一　迪庆民族文化旅游产业的发展情况

迪庆藏族自治州拥有悠久的历史、多彩的民族文化和得天独厚的自然景观。相比于自然景点开发而言，迪庆的民族文化旅游产业起步较晚。充分认识自身的主要优势和劣势是迪庆发展民族文化旅游产业、培育新的经济增长点的必然需求。

1. 培育阶段（1995—2001 年）[①]

迪庆旅游产业发展的初期阶段主要以自然观光为主，旅游项目少、基础设施差，虽然有丰富的民族文化资源和丰厚悠久的历史文化底蕴，但文化资源的开发与旅游市场并未接轨。在迪庆旅游产业的发展中面临着游客以自然观光为主，旅游项目单调、游客滞留时间短的问题，如何充分利用好迪庆的民族文化资源，解决旅游以自然观光为主、内容单调的问题，政府经过调研，开始思索实现民族文化资源的开发与旅游市场接轨问题。通过调研，政府积极引导香格里拉城郊的藏民开发藏民家访项目，将游客带入普通的藏民家庭体验藏民的生活，了解藏族的文化和独特的风情，这样不仅使藏民家访农民增加了收入，也在一定程度上带动了旅游扶贫、农业产业结构调整的步伐，藏民家访开始作为民族文化与旅游结合的旅游项目在一些藏民家发展起来，这一项目成为迪庆民族文化旅游市场最早的开拓者。

随着迪庆州旅游支柱产业的进一步确立和基础设施的进一步完善，旅游产业逐渐成为迪庆新的经济增长点，促进了迪庆工商业、农牧业、文化娱乐业、电信通信业、交通运输业、饭店餐饮业的快速发展。1996—2001 年，迪庆接待国内外游客的数量年均增长 38.27%，旅游总收入年均增长

[①] 金莲芳：《云南藏区文化旅游业发展问题探索——以迪庆藏族自治州为例》，《经济研究导刊》2014 年第 6 期。

44.03%，对迪庆经济的拉动力不断增强。1999年，旅游产业形成的增加值占了全州生产总值的11%，2001年到迪庆旅游的中外游客人数已接近百万人次，全州旅游总收入超过6亿元。藏民家访在五年间发展到20家，成为旅游产业与迪庆藏民族文化结合的主要民族文化旅游模式。同时随着旅游市场的扩大，迪庆传统的民间手工艺品如尼西土陶、木制品、手工纺织品等渐受游客的青睐，但未形成规模产业。迪庆民族文化旅游起步阶段的发展特点是：以藏民家访为主要产业代表，旅游文化产业开始起步，经济效益明显。民族文化旅游产品单一，相关企业少，经营方式粗放，对整个迪庆旅游的产业化发展影响不大。

2. 快速发展阶段（2002年至今）

2001年，迪庆确立经济社会发展的总体思路"生态立州、文化兴州、产业强州"，随着迪庆旅游基础设施的不断改善，旅游宣传促销工作的推动，紧紧围绕迪庆旅游资源优势，突出香格里拉品牌、三江并流等品牌优势，迪庆的旅游产业步入快速发展的阶段，从1997年到2017年，迪庆州接待海内外旅游者从2.88万人次增加到1000万人次，与此同时，经过长期培育的迪庆民族文化旅游产业也步入了成长的阶段，民族文化旅游企业增加，民族文化旅游产品趋于多样化。借助于旅游产业的推动，迪庆民族歌舞演艺、民族民间手工艺品及以藏餐为主的民族餐饮、民族节庆等作为新兴的文化业态发展起来。如迪庆的传统民族工艺品制造业也渐渐发展，其中木制品、陶制品、金属制品、毛织物品、棉织物品等初步形成产业化，尼西土陶、卡卓刀等藏民族传统手工艺产品深受游客欢迎，逐步形成知名品牌，由家庭作坊生产的方式转向公司化经营，发展前景良好。州委、政府以招商引资的方式建成了坛城文化广场、香格里拉文博中心、独克宗古城、霞给生态温泉村等民族文化旅游产业项目。藏民家访经过十几年市场的洗礼，成为香格里拉民族文化与旅游结合的品牌，在香格里拉和德钦发展到了30家，但节目也日渐趋于娱乐化、庸俗化，有伪民俗的趋向，以民族歌舞演艺、图书、音像制品为主的文化产品初具规模，以藏族文化为特色的餐饮业已成为餐饮服务行业的翘楚。

3. 迪庆发展民族文化旅游的优势条件

（1）民族文化旅游资源品位高，开发潜力大

迪庆是以藏族文化为主体的包括傈僳、纳西、白、彝、普米、回、苗等多民族民间传统文化在内的集自然遗产、物质文化遗产和非物质文化遗

产于一体的整体性多样文化生态保护区。保护面积辖迪庆藏族自治州全境，世居于这里的藏、傈僳、纳西、白、彝民族团结和谐、共同创造了丰富多彩的民族传统文化，特别是世代相传的非物质文化遗产，如舞蹈、音乐、戏剧、石雕、木雕、造纸、制陶、节庆习俗等，这些非物质文化遗产与当地自然环境、古村镇、古建筑相依相存，形成了具有鲜明地域特色的较为完整的文化生态区域。在迪庆境内，文化生态所具有的民族文化旅游资源禀赋独特，散发着独特的魅力和吸引力。民族文化旅游资源的品位高，分布广，开发潜力大，并且涵盖迪庆全境。

（2）自然生态和民族文化生态浑然一体，可以推出融自然景观和人文景观为一体的旅游产品

迪庆特殊的自然地理特征和复杂的生态环境孕育了藏、傈僳、纳西等民族不同的经济形态和不同的生活方式、行为、习俗、风情，构成了迪庆多样和丰富的民俗风情文化，可以推出融世界自然遗产和人文景观为一体的旅游产品，以藏族为主的各民族民俗风情和文化，将借助民族文化旅游产业的深度开发展现在世人面前，提升香格里拉旅游产业的整体品质。以文化生态保护带动民族文化旅游产业、以民族文化旅游产业的发展回馈文化生态保护将是迪庆民族文化旅游产业实现可持续发展的重要途径。

（3）地域的关联度和组合性强

迪庆发展民族文化旅游和全域旅游涵盖迪庆全境。包括香格里拉市、德钦县和维西县，位于迪庆旅游核心区域段，一是地域组合度好，特别是全州主要文化生态带都处于金沙江、澜沧江流域的高山、盆地和峡谷，山水相连，地理位置相对集中，属于迪庆州旅游核心区。二是属于统一行政区域，区域开发优势明显，藏族、傈僳族、纳西族等民族特色鲜明，民族文化资源丰富且又具有差异性，可以在迪庆全景体验不同民族的自然生态文化。

（4）政策倾向度

2010年11月15日，文化部正式批准设立国家级迪庆民族文化生态保护实验区。迪庆旅游提出以一个中心（以香格里拉市建塘镇为中心，建设好松赞林寺、独克宗古城、纳帕海、石卡雪山等景区景点）、五大精品（以国家公园的理念建设好普达措国家公园、虎跳峡—白水台—普达措—独克宗古城—梅里雪山—塔城景区—长江第一湾环线）、一线（围绕国道214线，搞好国道周边的景点景区建设）为重点，强化基础，提升

品牌，打造精品，创新机制，提高效益，把和谐发展贯穿于产业建设的全过程，全面推进旅游产业"二次创业"，将迪庆建设成为"生态最好、环境最优、和谐发展、永久品牌"的世界级精品生态旅游区和中国藏区最具特色的国际旅游胜地，因此围绕"香格里拉"生态旅游品牌和"三江并流"世界自然遗产品牌及茶马古道品牌，将民族文化注入旅游产业的发展，提升品牌的文化内涵，促进民族文化旅游产业的发展，打造精品，实现民族文化旅游产业的提质增效，发展全域成为迪庆旅游产业发展的共识。

4. 存在的主要问题

从迪庆近二十年民族文化旅游发展情况来看，有些民族文化企业与旅游产业结合度较高的项目效益比较好，如藏民家访、卡卓刀、尼西土陶等。但总的来说，迪庆旅游产业总体发展还处于民族文化与旅游的融合度不高，旅游企业与民族文化企业各自为政的状态。再加上迪庆州基础设施落后、投资渠道单一等问题，让迪庆的民族文化旅游发展变得举步维艰。

（1）缺乏民族文化旅游产业项目合作平台

迪庆州的旅游项目和民族文化项目都由于体制问题各自规划，旅游规划缺乏民族文化项目，民族文化项目缺乏旅游市场平台的问题突出。首先，旅游管理部门、旅游投资公司、旅行社没有理顺各自的职责，没有民族文化旅游产业项目合作的平台。其次，文化资源家底不清，虽然说民族文化资源丰富，哪些产品适合进入市场，哪些适合保护起来，缺乏对其的研究和应用。还有市场运作不力，产生不出效益。旅游行为和产品中的民族文化含量低，留不住游客，阻碍了旅游产业质量与效益的提升以及制约了旅游产业的可持续发展。

（2）没有形成适应市场需求的民族文化旅游产业

迪庆旅游局限于一般团队游，线路目前还是以自然观光为主，内容单一，没有形成适应市场需要、参与性强、体验感强的民族文化旅游产业体系。在全州还没有一条旅游环线。迪庆旅游产业作为支柱产业和龙头产业，它的发展主要依托的是具有突出的地域特色和个性的民族文化以及与之和谐一体的自然风光，但民族文化旅游产业发展不够恰恰就是迪庆旅游产业的软肋，缺乏民族文化旅游与自然风光的有效结合，让来迪庆旅游的游客眼中只有风光，没有体验到民族文化就匆匆而去。

(3) 没有形成自身突出的特色民族文化

迪庆是以藏族文化为主体的包括傈僳、纳西、白、彝、普米、回、苗等多民族民间传统文化在内的集自然遗产、物质文化遗产和非物质文化遗产于一体的整体性多样文化生态保护区。虽然说民族文化资源丰富，哪些产品适合进入市场，哪些适合保护起来，缺乏对其的研究和应用。

(4) 基础设施相对落后

一方面，交通设施落后，通达条件差。由于受到经济条件的限制，迪庆州辖内交通、运输等基础建设相对滞后，截至目前，铁路刚开始筹建，境内公路 6740 千米，其中二级公路不到 200 千米；汽车运输方面，迪庆与大部分地区都没有直通车，有些可以直通的地区车次也很少，游客经常一票难求，多次转车，耗时费力。[①] 另一方面，接待设施落后，餐饮食宿的数量和质量都达不到标准，满足不了游客的需求。基础设施的落后严重减少了人们认识了解民族文化的机会。

(5) 投资渠道单一，资金短缺

民族文化旅游产业是一个高投资、高产出、高创收、高效益的产业，迪庆民族文化旅游产业投资体制僵化，旅游资源的开发大多是依靠政府的财政投入，民间投资少，金融行业也没有相应的支持。融资渠道单一会导致资金的投入不足，而资金的缺乏直接导致许多项目无法顺利进行或进行的效率低下，不利于民族文化产业与旅游产业的深入融合和发展。

(6) 开发力度不够

政府对民族文化资源的挖掘不深入，需要对民族产品进行文化分析，旅游产品的文化内涵和文化包装不够，文化消费热点小而少。迪庆虽然拥有香格里拉、三江并流世界遗产、茶马古道等世界级品牌，但围绕三大品牌的特定区域结合迪庆自然人文特征的独具个性的民族文化品牌的策划与创意明显不足，未形成民族文化旅游产品整体开发、整体宣传和整体销售。

二　霭思村旅游发展分析

1. 景区简介

霭思景区位于香格里拉市南部的小中甸镇联合村委会霭思村民小组，

---

① 吴倩：《对迪庆州文化旅游业的发展分析》，《商场现代化》2016 年第 17 期。

景区所在地位于北纬27°20′—27°23′，地处高寒坝区，地势北高南低，周围群山环列，硕多岗河从北向南流经全境，国道214线贯穿全境，驻地海拔3207米，最高海拔4985米，平均海拔3228米，年最高气温26.5℃，最低气温-19.4℃，年平均气温5.8℃。年降水量849.8毫米，无霜期120天，霡思气候严寒，属半牧半农地区，农作物仅一熟，主产青稞、洋芋。霡思景区总面积1.386平方千米，景区所在地小中甸是进入香格里拉的南大门，坐落在玉措湖的北岸，这里依山傍水，景色绮丽，植被丰富，生态环境良好，拥有一种古典高原水乡的山明水秀。同时所处的国道214线是香格里拉精品旅游黄金线，沿途的森林资源和草场资源丰富，现由玉措湖高原水乡美景、木天王遗址、高原田园风光、未嫁新娘、湖畔帐篷餐厅、帐篷营地、格桑花海、毒花海等旅游项目组成。

2. 项目发展历程

2014年7月，香格里拉阿佳拉旅游集团对当地进行旅游开发。由公司带来游客参观藏式民居，村民小组负责游客分配，农户负责游客接待，同时开发藏民族文化，让更多来到香格里拉的游客能更深地认识和了解博大精深的藏文化。依托"阳塘措"旅游资源，积极探索乡村生态旅游产业发展。该项目每年给村民带来近80万元的收益，解决当地剩余劳动力50多人。

截至2015年年底，项目区农户35户，总人口192人，大牲畜存栏125头，小牲畜存栏338头，出栏122头。霡思村距离214国道较近，依托小中甸镇丰富的自然资源以及浓郁的藏民族传统文化优势，成为小中甸镇民俗文化示范村，这些得天独厚的优势为霡思发展美丽乡村项目建设打下了良好的基础。

2016年10月，镇党委、政府向上级有关部门积极争取，取得迪昆扶贫项目资金550万元，并以村集体经济入股的方式投入50万元，对霡思村的乡村旅游开发进行系统规划。经过项目招标，霡思村与香格里拉市阿佳拉旅游资源开发有限责任公司合作，组建香格里拉市霡思碧水蓝天旅游开发有限责任公司，双方共同打造霡思村旅游景区，建设民宿产业群、乡村民族文化主题度假项目、木天王城堡遗址等5个旅游项目，并制定了"政府主导，公司管理，村组收益"的管理体制（见表3-6）。

2017年4月，为更好地开发乡村旅游，带动当地农民脱贫致富，镇党委、政府要求阿佳拉公司与霡思村民小组深度合作，以公司占60%股份、村民小组占40%股份的合作社模式开发乡村旅游。目前，该公司与萧思村民小组已经共同注册成立萧思·碧水蓝天乡村旅游合作社。萧思村"两委"也把村集体资金50万元以原始股的形式投放到萧思乡村旅游开发之中。景点建成后，按每天接待300人次，每年接待10万人次计算，年毛收入可达3000万元。通过开发民族餐饮、民族歌舞、民族建筑、服饰文化等旅游项目，按人均纯利润50元计算，年收入可达500万元左右，可解决当地农民劳动力就业达300人左右。萧思村民通过合作社每年收入可达到200万元左右，即按全村人口193人计算，每人每年收入可达1万元左右。

表3-6　　　　　　　　　　萧思村项目介绍表

项目内容	乡村旅游发展
实施地点	小中甸镇联合村萧思村民小组
项目主管单位	小中甸镇人民政府
项目建设单位	香格里拉市阿佳拉旅游开发有限责任公司

3. 项目发展效益

萧思村项目的建设充分利用了其得天独厚的绿色生态旅游资源、原生态旅游资源和丰富多彩的文化旅游资源，将有力改变生产力的落后、农业结构单一、农村资源开发利用率低、乡镇企业发展缓慢等生产现状，推动农村经济发展，同时在很大程度提升了当地的社会效益、生态效益和经济效益。

（1）社会效益

a. 推动农业转型，促进农村经济发展。通过开展本项目，开发了旅游资源，调整了农业结构，农民不再只靠传统的种植和畜牧业为生，可以依靠提供旅游服务的第三产业来提高收入，转变了农业经营方式，由传统的种养农业向高原特色农业转变、由粗放型农业经济向绿色环保旅游产业转变。通过有序开发萧思村民小组的自然资源，使本地自然资源在开发中得到保护，在保护中进行开发，从而形成生态良性循环，改善项目区的生活环境和生态环境，彰显经济繁荣与生态平衡协调发展的绚丽景观。

b. 创造就业机会，增加经济收入。乡村旅游是一项投入少、收益高的农村新型产业，有利于挖掘乡村农业增收潜力，当地居民可以自愿参与到景区管理队伍中,有利于非农业增收渠道的拓展。通过开展本项目,使农民走向致富道路。

c. 加速农村现代化建设。发展乡村旅游给农民带来了经济效益的同时,也促进了农村基础设施的建设,在很大程度上推动了农村现代化进程。通过本项目的实施,加大了乡村基础设施建设投资的力度,使乡村的道路、通信、供电、供水、垃圾处理等基础设施发生了明显的改善。

d. 提高农民素质,促进观念更新。为搞好乡村旅游,提高接待水平,村民们积极参加各种培训、外出学习参观、参加技能比赛,使乡村旅游从业人员的整体素质得以提高。随着大批旅游者的涌入,不仅为农村带来了经济效益,而且还带来了各种各样的信息,从科学技术、价值观念、思维方式、经营管理方法直到生活习惯,这些对农村地区,特别是对偏远地区人们观念的转变、促进当地对外开放和经济发展都有着重要作用。

e. 本项目符合迪庆州生态文明与经济发展相同步,同时也符合迪庆州提倡的"生态立州、文化兴州、产业强州、和谐安州"的要求。

(2) 生态效益

乡村旅游可以很好地促进农村生态环境的保护和建设。保护和改善乡村生态环境是乡村旅游的内在要求;同时,乡村旅游发展增强了农村经济实力,当地政府和农民有能力对旅游环境资源进行投资,提高资源环境质量。

a. 促进乡村自然生态环境保护和建设。通过本项目的建设,农民们充分认识到自然生态环境不能被破坏、不能被挪作他用;县政府通过制定法律法规,推行绿色生产、保护农田、保护野生动物、关闭土法冶炼工厂和采矿厂等,有效地保护富有价值的乡村旅游资源。

b. 促进村容改善。一是乡村人居环境明显改善,发展乡村旅游就有了动力、能力和积极性去翻修或新建住房;二是交通越来越畅通,乡村旅游地基本实现了村村通公路,且基本改道拉直;三是绿化走进乡村人家,开发乡村旅游后,人们在村落道路两旁植树,在自家庭院种花种草,美化家园,努力营造出更加清新、优美的村容村貌,绿化在乡村越发受到青睐。

(3) 经济效益

a. 增加经济收入、创造就业机会。开展乡村旅游最直接也是最显著的效益就是增加了农民的收入,创造了更多的服务型就业机会,带动了当地经济的发展。

b. 带动周边地区的经济，促进农村经济增长的多元化。乡村旅游为农村经济发展提供了新的收入来源，改变了以农业生产方式为主的经济发展途径，促进了农村经济发展的多元化。

c. 促进农村经济结构调整，推动农业转型。乡村旅游作为传统农业的后续产业十分有助于促进农村地区经济结构的调整，可形成旅游产业带动第三产业，第三产业服务第一、第二产业，第一、第二产业的发展提出对第三产业活动的新需求这样一种良性结构。

4. 项目发展建议

（1）加强基础设施建设，保护当地生态文化

a. 加强基础设施建设。除了实施交通攻坚、提高旅游可进入性及便捷性外，景区还需努力完善旅游公共服务设施，推动水电、通信、生态停车场、综合服务站、游客中心、应急救援、标识标牌、生态厕所等旅游基础设施建设，为游客游玩创造基础条件。

b. 加强对当地村民旅游技能培训。通过短训、轮训等方式，提升旅游从业人员素质；整合本地培训资源，定点送教上门，现场培训指导，提高农牧民旅游服务接待能力；鼓励旅游企业或有资质的相关机构对贫困户进行经营管理、食宿服务、接待礼仪、环境卫生、传统技艺、导游解说、文艺表演、市场营销等培训，促进当地百姓就业增收。

c. 利用绿色生态技术，保护当地生态文化，建设特色生态宜居村寨。䶮思村毗邻风光旖旎的阳塘措湖，拥有木天王城堡遗址和浓厚的藏民族文化，这些得天独厚的优势，是䶮思村发展美丽乡村项目建设的基础。要最大限度地减少污染物排放和生态破坏行为，精心呵护景区脆弱优美的生态环境。高质量推进景区的"厕所革命""污水革命""垃圾革命""能源革命""交通革命""信息革命"，建设低碳绿色、生态宜居的特色美丽乡村。推广建设生态卫生厕所，实现村庄内无露天粪坑和简陋厕所。通过分户、联户方式开展生活污水生态化处理。通过堆肥、分类分拣回收可利用资源等手段，实现垃圾就地分类和资源化利用。利用分布式太阳能光电、光热技术解决居民用电、取暖需求。加快景区内交通网络体系建设，加大网络服务设施建设力度，大幅提高互联网普及水平。

（2）积极推进藏家乐、藏族旅游社区和生态特色观光体验园建设

a. 景区内以每个藏族家庭为接待单位，以藏式特色民居和农业景观

为依托，为游客提供吃、住、娱乐、购物等，承担旅游服务接待、休闲度假功能，满足游客旅游服务需求。

b. 景区居民长期生活在高山峡谷地区，难以适应背井离乡的社会生活，而建设型藏寨旅游社区为农牧民创造就业岗位，转变农牧业发展方式。充分利用其优美的农牧业生态环境、绿色农业旅游资源，将藏民族康巴文化与乡村旅游融合发展，发展农牧业观光游、农牧业体验游、藏寨民族风情游，积极引导农牧民参与到旅游发展中去，从事旅游服务产业，将藏寨建设成旅游社区。

c. 党的十八大首次提出了增强生态产品生产能力，为适应这一新要求，为社会提供越来越多安全的绿色农产品就显得十分重要。生态特色农业观光体验园能满足人民日益增长的对良好生态环境、优质绿色农产品的旅游需求。充分利用当地生态特色农业资源，如青稞、中药材、食用菌、特色水果等发展生态特色农业观光，参与集体验、购物于一体的农业观光体验园。在打造生态特色农业观光体验园的过程中要突出民族特色即藏式风格，注重游客参与体验，同时结合养生、美食等开发丰富多样的主体旅游商品。

（3）积极探索霈思村乡村旅游开发路径

a. 目前，霈思村旅游处于开发的初期阶段，应将开发条件较好、开发基础较好的乡村旅游景区作为重点。霈思村所处的小中甸县是游客前往香格里拉市区的必经之地，加大在214国道路边的广告宣传力度，加快现有乡村旅游景区提档升级，提升其旅游开发、保护和建设水平，增加参与性、体验性的旅游项目，将其打造成精品乡村旅游景区，树立乡村旅游品牌，发挥其领头示范作用，逐步推动霈思乡村旅游全域开发。

b. 霈思村拥有木天王城堡遗址和浓厚的藏民族文化，是迪庆全域旅游的重要组成部分。其文化旅游资源具有独特性，是提升迪庆乡村旅游竞争力的重要因素。文化产业与旅游产业的融合是通过将文化资源与旅游产业相结合，深挖霈思地域文化内涵，提升其旅游价值，深化旅游产品的内容，丰富旅游者的体验经历，让游客获得高层次的享受和旅游经历。依托东巴文化、宗教文化，以及习俗、服饰、建筑、饮食、歌舞等民俗文化，让游客在观光旅游过程中，访霈思民族村寨，尝霈思特色风味美食，住霈思特色民居，过丰富多彩的霈思民族风情日，悟藏传佛教。

c. 加强农业与旅游产业深度融合。充分利用以生态特色农产品为基础、具有很强的关联性和依托性的产业,将一系列彼此关联的产业链组合在一起,形成生态产业链发展,实现生态特色农业生产过程中的内部资源循环利用。一方面,为生态特色旅游购物商品提供生产原材料,包括青稞、优质马铃薯、绿色蔬菜等绿色农产品;核桃、花椒等经济林产品;以藏香猪、牦牛等为主的禽畜产品。另一方面,充分利用生态特色农业资源,发展生态特色农业观光旅游、农事体验旅游。通过发挥富集的生态特色农副产品优势,实现农产品的价值转化,开发满足游客需求的生态特色农业旅游产品。

(4)加强大区域旅游合作,提升旅游竞争力

霏思乡村旅游全域开发必须具备合作观念,实现优势互补,形成合力。一方面,加强与区域周边乡村旅游联合,成立旅游合作联盟,形成旅游媒体联盟、旅游研究机构联盟、旅游投资促进联盟等合作体系,减弱相互之间的正面竞争,协同发展,提升旅游发展合力;另一方面,加强与香格里拉市区旅游合作,做好小中甸县与香格里拉市交通无缝对接,做好旅游线路规划,形成"虎跳峡国家公园—小中甸县—松赞林寺—普达措国家公园—巴拉格宗国家公园—梅里雪山—滇金丝猴国家公园"的旅游环线,促进迪庆州旅游全域开发。

三 白水台景区周边文化旅游亮点探究

随着旅游模式的多样化,人们更加追逐沉淀着历史底蕴、加载着文化内涵的景区,由此衍生了文化旅游模式。白水台景区有着秀丽的自然风光,传统的东巴祭祀文化,以及白地村的特色东巴纸、东巴经展示,都可以给游客带来身心的享受。迪庆藏族自治州是一个以藏族为主、多民族聚集的地区,融合了多民族文化,拥有着丰富的文化旅游资源。文化旅游是全域旅游发展中极其重要的一部分,本部分以白水台景区周边文化旅游亮点探究为例,分析挖掘迪庆州境内民族文化优势,布局全域旅游,促进旅游产业可持续发展。

坐落于哈巴雪山脚下的纳西族古村落——三坝乡白地村,因与纳西人传说的"仙人台"白水台相连,渐渐成为纳西族的祖地,是东巴文化的发源地。东巴文化作为纳西古代文化的重要结晶,拥有1000多年的历史,主要包括东巴文字、东巴经、东巴绘画、东巴音乐、东巴舞蹈、东巴法器和各种祭祀仪式等。东巴纸作为东巴文字、东巴经、东巴绘画的重要载

体,更是纳西东巴文化最关键的见证。白水台是纳西族东巴造纸制作工艺的主要流传地,白地村现有国家级非遗传承人——和志本及其儿子、儿媳,世代在此展示东巴纸传统技艺,也成为白水台景区文化旅游的一大亮点,同时,在景区带动下,更有助于对东巴纸的宣传与保护。

东巴造纸采用当地独有的一种植物"阿当达",即瑞香科丽江荛花为主要原料。造纸过程一般包括采集原料、晒干、浸泡、蒸煮、洗涤、舂料、再舂料、浇纸、贴纸、晒纸等环节,工具主要有纸帘、木框、晒纸木板、木臼等。东巴纸的活动纸帘较为特殊,其晒纸过程会受到浇纸法的影响,也有抄纸法的痕迹,是中国内地造纸法与印巴次大陆造纸法兼容并蓄的结晶。成品呈现象牙色,具有防虫蛀的特质。书质因经常翻用和烟熏容易变成古铜色,看起来有古色古香的韵味。东巴纸的制作,延续了所有传统手工纸的制作特点,工艺流程不算复杂,工艺却非常古老,有人类手工造纸"活化石"之称,有千年不腐之说。东巴纸的价值还体现在其承载的文化内涵,东巴文字是世界上唯一存活着的象形文字,据不完全统计,东巴象形文字共有1700多个,这些象形文字组成了5000多部东巴经,是人类社会文字起源和发展的"活化石",内容涉及纳西族的历史、政治、天文、地理、文学、艺术、宗教、医药、人类学神话故事,还有生产生活方面的许多知识,是我们探索纳西文化、了解古时纳西民族生活的极具价值的材料。

白地村的东巴纸传承人和志本家现在成为"圣地东巴集贤院",偏房设置有东巴纸、东巴经、东巴传统服饰以及极具民族特色的工艺品,儿媳李秀花为每一个到访的游客亲切详细地介绍,从制作流程到用途,一一展示,尽力推广。笔者问及东巴纸的保护和传承,她表示丈夫除了在家制作东巴纸外,也到大学开展关于东巴纸制作、东巴文化普及的讲座,但因原料获得的不易、制作流程的繁复、用途的单一以及现代纸张的普及,目前,东巴纸的制作少了使用价值,更多了观赏、收藏价值。除此之外,东巴经保存下来的数量不足十分之一,探访中得知,由于当地人长期物质匮乏,民族文化保护意识薄弱,东巴文字的传承也出现断痕,白地村愿意学习东巴文字的年轻人少之又少。东巴经、东巴文字作为纳西族的文化基因谱,从某种意义上讲,东巴纸作为东巴经、东巴文字的衍生品,也面临着传承和推广的重要问题。

东巴纸作为白水台景区周边一大文化输出载体,是其发展文化旅游的亮点，应该加以推广，由此带动景区发展，景区的发展反过来又对东巴文化形成保护，借此提高当地居民的收入，做到精准扶贫。白水台景区文化旅游目前遇到的最大挑战就是东巴纸的推广，因此，在该模式下，应该将东巴文化作为旅游宣传点，着力提升白水台东巴纸知名度，鉴于此，提出如下建议：

(1) 融合白水台景区，打造新型伴手礼

白水台景区作为迪庆州旅游宣传的一大名片，却因知名度不足，地理位置偏僻，造成来访游客较少，迪庆州在整体的宣传造势上，可以将东巴文化与白水台景区融合，打造新型伴手礼，在香格里拉、德钦、维西的纪念品商店售卖，东巴纸作为新型伴手礼，应该突破传统用途的禁锢，除了用于书写东巴经外，利用其"纸寿千年"、东巴象形文字的"童趣十足"的特点，可以将其打造为儿童益智类书籍或是现代手工艺品，甚至可以制作为印有当地秀美风光的明信片，既能宣传和彰显白水台景区的秀丽美景，也为东巴文化增加知名度。在为东巴纸增添新的风韵同时，增加了景区对游客的吸引力，从而带动白水台地区经济发展。

(2) 体验式旅游作为补充，为旅游增添趣味

在当前体验经济和创意经济背景下，传统的发展模式难以迎合时代的要求，不利于旅游产业的可持续发展。随着中国休闲化进程的加快，旅游者更加追求个性化和个人价值的实现，传统的、被动式的、缺乏创造力的旅游方式不能适应旅游需求的新变化，难以保证旅游产业的高效益和价值创造的持续性。[①] 体验式旅游是白水台地区十分适宜的旅游模式，作为文化旅游的重要补充，通过东巴纸的制作，它可以带给游客切身的文化体验，更加容易接受和喜欢东巴文化，对东巴文化的传承有重要意义，也为旅游增添了趣味，同时扩大了白地村村民的参与度，增加旅游扶贫的辐射范围，因此，体验式旅游可以成为白水台景区一种新型的可持续的旅游发展模式。

(3) 借力"互联网+"，打造多元宣传平台

目前白水台景区的宣传主要依靠政府以及白水台景区通过传统模式进行，因白水台地理区位的劣势，多年来宣传不力，效果有限。利用"互联网+"进行宣传，可以辐射更大的范围、更多的受众。目前，主流的宣

---

① 尹贻梅：《创意旅游：文化旅游的可持续发展之路》，《旅游学刊》2014年第29卷第3期。

传方式主要有：电视媒体宣传、网络媒体宣传以及平面媒体宣传。电视媒体宣传可以借助东巴纸非遗传承人代言、企业赞助或是借助"东巴文化"开设相关专栏节目等形式进行；网络媒体宣传则是通过微信、微博、论坛、豆瓣、腾讯、网易等自媒体对白水台景区及东巴文化进行宣传，形式多样且内容丰富的文章对该地进行宣传造势，扩大辐射范围；结合平面媒体，包括报纸、流量期刊、专业期刊等进行专业的宣传，完善宣传渠道。

（4）规范旅游市场，保护文化原真性

白水台地区发展文化旅游，在景区周边及白地村，当地村民自行开设店铺售卖旅游纪念品，一般包括白水台景区旅游名片及以东巴文化为主题的特色纪念品，但存在店铺经营"散、乱、差"等问题，从而制约了白水台旅游产业的长远发展。白水台地区文化旅游应该创新性地发掘与重要的纳西遗产实物、名人遗址或活动场所以及东巴名人的历史活动、生活方式的密切相关的真正有特色的活动，以吸引游客，开发旅游资源。基于此，政府应该在保护当地文化完整性和文化原真性的前提下，对白水台地区旅游进行引导和调控，制定相应的法规来规范旅游市场。同时，旅游经营部门应尽可能保证当地旅游的特色，避免售卖与其他旅游景区同质的产品，围绕当地特色文化，定期举办文化宣传活动，形成具有地方特色的产业链，满足顾客多样化的需求。

四 松赞奔子栏酒店特色模式

松赞精品酒店（以下简称松赞）是由白玛多吉先生创立的旨在为游客提供高品质私人订制藏地旅游的旅游机构。松赞现拥有两个系列的精品酒店：林卡系列和山居系列。迪庆州境内现有5家松赞酒店，且均以山居为建造主旨。5家酒店分别位于香格里拉、奔子栏、塔城、梅里和茨中。

松赞奔子栏酒店位于德钦县的茶马古道重镇——奔子栏镇百任村。奔子栏小镇本身非常喧嚣，但松赞奔子栏酒店深藏于山谷中的静谧村庄中，标志性的石砌藏式小楼与几处木顶白墙的农舍相得益彰。酒店正对着的是碧绿的大麦田、前方的杏花和远处小山上飘动的经幡和白塔。

松赞奔子栏酒店定位为山居，相比其他旅游公司，松赞致力于打造品质旅游产品和服务，还原藏族文化，为客户提供更好的藏文化体验。酒店为家居式运营方式，全酒店共设有10间客房，房间采用的是互联网预订方式，但与其他旅游酒店不同的是，松赞酒店并不注重广告营销，更注重的是依靠服务质量，通过客户口碑带动品牌宣传，做到同层次客户之间的推荐，以稳定酒店品牌的定位需求，对于产生不良行为的客户，松赞酒店建有专门的不良记录，客户一旦进入不良记录中，松赞将不再接受其旅游请求。相比往年，2018年松赞酒店的主要游客来自北上广等国内市场，以往年份中有70%的游客来自国际市场。从客户的年龄分析，松赞的客户主要集中在35—60岁，这一部分客户处于高收入阶层，拥有一定的消费能力，且更加愿意远离城市喧嚣，深入体验闲适的生活。从客户结构分析，松赞的客户多以家庭为单位，其中亲子团占据70%的份额，另外，2—4个家庭的拼团旅行也是松赞客户中的重要部分。松赞酒店更确切地说应该是提供自定旅行+深层定制旅游的管家式旅游公司，酒店向客户提供旅游+住宿的一体化服务。酒店向客户提供接机、家庭式的餐厅饮食环境、书房式的休闲客厅环境等服务，除此之外提供给客户额外的用车等收费服务。松赞酒店定位高端定制旅行，但由于目前该类定制旅行在国内处于小范围市场，酒店目前仍无明显收益。

松赞奔子栏酒店是建立在乡村之中的酒店，经过长时间的融合，松赞已经完全融入乡村，成为乡村中的一员，松赞中的员工有一部分来自所在村庄，松赞向其提供3000元以上的薪资。除此之外，松赞酒店所用的食材有一部分是向村民收购所得，临时用工也是优先使用村民。而村民对于酒店则亦是喜闻乐见，村民家举办婚庆等活动均会邀请酒店人员参加。这种模式对酒店和村庄来说是双赢，酒店通过与村庄的深度融合，让客户更加自然地体验民俗生活，体验民族文化；村民则通过酒店不断增加收入，摆脱贫困困境。

五 同乐傈僳族民俗村寨

1. 同乐傈僳族村简介

维西县叶枝镇同乐傈僳族村寨，共有129户人家，586人。村寨地处澜沧江东岸的高半山区，属横断山脉云岭河谷地带，村寨四面环山，后山区域属于白茫雪山自然保护区，是滇金丝猴的主要栖息地之一，有原始森林和杜鹃花海。距叶枝镇7千米。

同乐傈僳族村历史悠久，据文献记载，唐贞元十年（794），南诏异牟寻夺取神川都督府，施蛮被击破，施蛮百姓大部分迁往维西境内，聚居在澜沧江上游，成为维西傈僳族的先民，从那时起同乐就有了傈僳族人民生活的历史足迹。随后他们以叶枝为中心，不断向怒江一带迁徙。1548—1549 年，澜沧江沿岸的部分傈僳族，不堪忍受封建地主的压迫，在首领同乐人木毕、挖恒那率领下，渡过澜沧江，翻过碧罗雪山，迁徙到怒江居住，后在 17—19 世纪的 200 多年中，先后有过两次大的迁徙。自此，傈僳族就一直生活在澜沧江、怒江一带。

同乐傈僳族村寨建房布局完全保持着傈僳族悠久的传统风貌，杆式木楞房占 98%以上，具有傈僳族民居的典型特点。同乐傈僳族歌舞独具特色，是国家级非物质文化遗产保护名录"阿尺木刮"的发祥地和传承地。同乐傈僳族能歌善舞，有"会说话就会唱歌，会走路就会跳舞"的美誉。"阿尺木刮"十几个舞段的瓦器舞在傈僳族大小喜事、各种节庆活动上都不可缺少，传承了百年，且常跳尤新。同乐还是省级傈僳族传统文化保护区，"傈僳族传统民居建筑群"是云南省第七批文物保护单位。

2. 同乐傈僳族村旅游发展现状

同乐村在 2006 年被定为云南省省级自然保护村以后，充分利用少数民族文化发展政策的契机，以少数民族发展资金为引导，整合各类建设资金投入特色村寨建设，有效地改善了进村的道路，修建了河谷栈道，改善了通信、人畜饮水状况；对部分传统民居进行了一定的加固、修缮和改造；建成了文化广场、民俗展览馆及村寨公厕，整个村寨基础设施显著提升，居住环境、卫生状况逐渐改善，特色村寨保护和发展成效显著。

同乐村自发展旅游以来，客流量一直较低，大部分游客来自迪庆州当地居民，外来游客所占比例很少，很多一部分是为了科学调研和学习取材而前来的，在同乐村正式向外开放以后没取得实质上大的突破，当地村民的生活质量也没有很大的提高。① 当地的基础设施、休闲娱乐设施不够完善，游客们长途跋涉到达同乐村以后，只能看一看就走，可以让人们歇下来感受文化的设施不足，所以导致人们逗留的时间太短，没有足够的时间深入了解当地文化与特色，形成了走马观花式的旅游现状，虽然对当地的生态文化做到了最完善的保护，却无法给其带来突破性的发展。

3. 旅游发展建议

（1）增加基础设施建设，改善旅游配套设施

虽然同乐村的基础设施有了显著的提高，但面对日益增加的游客量，

---

① 钱妮：《云南省迪庆州维西县同乐村旅游开发初探》，《商业现代化》2016 年第 9 期。

其现有基础设施的接待能力还是显得捉襟见肘,因此要想保留原始的传统文化和吸引更多的游客,在不破坏当地传统文化的情况下增加基础设施建设就变得势在必行。景区内停车场的修建是符合未来发展趋势的,同时有必要修建具有当地文化特色的卫生间、酒店、风味餐厅和农家乐,同时还可以模仿香格里拉的"藏民家访"这一旅游项目开展独具傈僳特色的"傈僳家访",定点接待游客,满足游客体验民族文化的需求。

(2) 加强景区环保意识,做好垃圾分类处理

同乐傈僳族寨的建筑物都是在少数民族聚居地比较普遍的木楞房和穿斗式木架房。因此,景区内禁火对于保护景区安全尤其重要,景区内应当随处贴上"禁止烟火"字样的提示语,同时设有专门的吸烟室供吸烟者使用。由于景区属于传统的傈僳族村寨,其生态系统脆弱,要加强景区环保意识,对垃圾进行正确的分类处理,加强对牲畜粪便的清扫处理,保证景区卫生,预防因垃圾导致的疾病传播。

(3) 加大宣传力度,展开多层次的区域旅游合作

借助香格里拉的旅游品牌,可以把同乐村乡村游一起捆绑宣传,将同乐村纳入迪庆州、怒江州、云南省的精品旅游环线中,比如加入梅里环线和香格里拉环线。可以借助马路边广告牌、机场广告牌、旅游宣传册以及广播电台等宣传途径进行大力宣传,同时还可以加强与"一部手机游云南""携程""去哪儿"等旅游代理商的合作,借助其网络的平台对同乐村进行宣传。

(4) 打造特色旅游产品,谋求新的经济增长点

目前同乐村的特色产品有蜂蜜、野生菌类、桃子、柿子等,但其产量和种类却供不应求,除了传统的农业以外并无太多其他的增收渠道。当前形势下十分有必要培育少数民族产业意识和技能,扶持和发展家庭小作坊、小工厂,开掘民族文化元素[①],将独具傈僳民族文化元素的服饰绣品、手工艺品、传统饮食文化作为开发旅游项目中新的经济增长点。

(5) 加强对傈僳传统文化的保护和可持续传承

"阿尺木刮"作为国家级的非物质文化遗传,只有把这种文化加以保护并持续传承下去,才能成为长久的旅游资源进而吸引游客的到来。因此加强对"阿尺木刮"的保护和可持续传承显得尤为重要,从 2008 年同乐

[①] 宋建峰:《傈僳族特色村寨的保护、开发与利用探析——以云南省迪庆州维西县同乐村为例》,《云南行政学院学报》2015 年第 1 期。

村成为"阿尺木刮"的重要传承保护基地之后,先后举办了三期培训,并开展了一系列保护传承工作,也取得了一定成效,正因如此当地政府就更应该继续开展保护传承工作,同时还应当加大对"阿尺木刮"的宣传力度,使每个同乐村民都意识到保护和传承"阿尺木刮"和傈僳族传统文化的重要性,要激发同乐村年轻人对"阿尺木刮"的热情,让其产生对本民族文化的自豪感和自信感,从而积极主动地去了解和学习,培养更多的传承人接班。

第四节 迪庆州旅游产业的 SWOT 分析

目前,迪庆州共有包括 1 个 5A 级景区、5 个 4A 级景区在内的 15 个 A 级景区,星级饭店 92 家,旅行社 46 家,旅游直接从业人员近两万人。

以香格里拉小中甸、尼西、维西塔城、德钦奔子栏等为代表的乡村旅游呈现出欣欣向荣的发展局面,全州农家乐已发展至 150 余家,特色民居客栈 140 余家。塔城、奔子栏等地的部分民居客栈已经实现了网上销售,成为群众增收致富的新途径。迪庆州还先后引进了省城投、省文投、省建投等省内大型企业参与到迪庆旅游产业发展工作中来,引进了香格里拉、雪山集团、玉龙股份等一批有实力的民营企业建设了香格里拉、松赞林卡、悦榕、丽世、高山别庄、希尔顿、帕巴拉等星级酒店和精品酒店。

一 迪庆州旅游产业的 SWOT 分析

把迪庆州全州的旅游资源作为一个区域的整体来分析,有助于把握全局情况,站在整个区域旅游产业发展的角度看问题。

1. 优势。迪庆州旅游产业发展的优势在于迪庆州拥有多样化的旅游资源。由于迪庆州位于青藏高原延伸部分南北纵向排列的横断山脉,因此造就了迪庆境内高山大川和古高原携手并肩,形成了"三山挟两江"的地貌:梅里雪山山脉、云岭雪山山脉、中甸雪山山脉横亘天际,澜沧江、金沙江自北而南贯穿全境。[①] 境内动植物资源极为丰富,素有"动植物王国"和"天然高山花园"之美誉。迪庆州境内生活着藏族、傈僳族、白族、纳西族等 25 个少数民族,是少数民族聚集的重要区域,有着丰富多

---

① 摘自迪庆州人民政府网站,http://www.diqing.gov.cn/mldq/dqgl/。

彩的民族文化，民族特色鲜明的歌舞音乐、民居民俗、传统美食等为发展旅游产业提供了良好的基础资源，相比大理、丽江等地，迪庆州的旅游资源更加适合自然探险、人文体验两者的有机结合，适合多次层、多广域的旅游发展。

多样的自然景观，浓郁的民族文化色彩，分散在全州各县的景区、景点特色小镇，正是全域旅游的最佳资源基础。

2. 劣势。迪庆州旅游虽然具有极为多样化的资源，但是由于迪庆主要景区由州旅游集团公司和云南省城市建设投资集团有限公司合资经营（省城投占股51%），地方政府较为被动，景区发展的规划、主动权欠缺，且由于近年迪庆州景区收益不佳，城投已停止对迪庆景区的投资开发。由于景区运营绝对权的缺失，州政府不能对整个州域内的景区做出整体的规划，导致迪庆州旅游发展定位不清晰，旅游收益分配不明确，难以带动各县市对旅游产业发展的积极性。除此之外，目前迪庆州旅游产业的结构较为单一，旅游活动的开展缺乏层次感，主要仍以观光、体验游为主，缺乏冒险、极限运动等旅游活动项目。景区管理人员素质也是迪庆州旅游产业发展的薄弱环节，由于缺乏专业管理人员，景区的管理较为落后，诸如智能化、景区间联动化等旅游管理方式较为缺乏等。

3. 机遇。迪庆州具有鲜明的多宗教并存、多民族共融的文化特色。境内有26个民族，藏传佛教、傈僳族原始宗教、基督教、天主教、东巴教、白族本主教、毕摩教、伊斯兰教等众多宗教并存，共同组成了迪庆人文景观亮丽的风景线。迪庆州丰富的人文历史，极其有利于迪庆州开展国家倡导的全域旅游，能够促使迪庆州以自然、人文两条旅游线路开展旅游产业发展。除此之外，迪庆旅游的发展能够乘"一带一路"倡议之便车，扩大旅游消费者市场，向国际化发展，利用香格里拉品牌优势，积极拓展东南亚、东亚、欧美市场，打造主题式秘境旅游。

4. 挑战。迪庆地理位置东临云南的丽江、大理，西临西藏的芒康县和左贡县，皆为旅游重点区域。其中，西藏具有浓郁的藏族文化色彩，丽江和大理又充满民族人文色彩，这一现状既是迪庆州发展旅游的挑战，又是机遇。作为云南旅游的终端，游客往往更加倾向于地理位置更近、交通更方便的丽江、大理，这对迪庆旅游产业的发展是一个考验，接待游客的数量更多地受到迪庆境内景区开发、建设、运营的影响。除此之外，2017年西藏大力推出旅游优惠政策，刺激西藏旅游产业发展，这对同样具有藏族特色的迪庆造成了竞争。迪庆州境内对自然景观的破坏对旅游产业的发展也是一种打击，譬如异地搬迁对茨中教堂周围环境的破坏，将会直接影响游客的体验，降低游客的旅游满意度等。

二 香格里拉市旅游产业 SWOT 分析

1. 优势。香格里拉市具有丰富的旅游资源，能够有效支持当地旅游产业的发展，且相比德钦县和维西县，香格里拉较容易形成旅游资源联动发展，以增强旅游竞争力，扩大旅游收入，有效扩大游客停留时间。香格里拉市建有迪庆香格里拉机场，这一交通资源极有利于香格里拉市旅游产业的发展。除此之外，现有香格里拉品牌也是香格里拉旅游产业发展的另一大优势，香格里拉品牌在国际上具有较高的知名度，能够有效地吸引各国游客。

2. 劣势。香格里拉虽然旅游资源极为丰富，但是市旅发委并不具有实际管辖权，致使各景区仍处于独立发展、相互竞争的状态，并没有形成联动发展、优势互补的共赢模式。除此之外，部分景区管理较为松散，缺少配套的服务设施，景区入口附近小贩混乱，缺乏规范化管理。

3. 机遇。乡村旅游是香格里拉正在进行的旅游建设项目，也是顺应国家全域旅游、实施旅游扶贫的重要项目。乡村旅游能够将自然景区和人文体验良好地结合起来，提高游客的旅游体验，带动旅游和脱贫的发展。丽香铁路和丽香高速是香格里拉旅游产业发展的另一大机遇，丽香铁路和高速的建设，将极大地提高前往香格里拉的交通能力，能够带动游客数量的增加，带动香格里拉旅游产业的发展。

4. 挑战。由于国家生态红线的划定，香格里拉部分优秀景区不得不关闭相关景点，这一政策导致景区核心竞争力下降。香格里拉部分景区过度商业化，已丧失原始旅游特色，如独克宗古城，由于缺乏规划、管理，独克宗古城在失火后，已经丧失其原本的民族生活景观。

三 德钦县旅游产业 SWOT 分析

1. 优势。德钦县全境山高坡陡，峡长谷深，险要的地势有利于丰富德钦县现有旅游资源种类。另外，德钦县高海拔形成的昼夜温差有利于德钦县开展以农林经济为主题的果园式旅游。

2. 劣势。由于德钦县地势险要，道路交通是其旅游产业发展的主要瓶颈。除此之外，县旅游局对旅游产业发展的实际可操作权较少，导致县域内旅游发展缓慢，缺乏积极性。旅游行业相关管理人员的缺失也是德钦县旅游产业发展的现状之一，这一缺失直接影响县域内旅游体验。

3. 机遇。伴随着游客旅游方式的改变，传统的景观旅游已经不能满足游客的需求，德钦县高山、谷水等秘境探险式定制游已成为游客的消费方向，德钦县境内的地形地势有利于开展此类旅游，因而要转变旅游产业发展方向。另外，丽香铁路和高速的开通将改善进出德钦的交通方式，有利于增加德钦游客数量。

4. 挑战。德钦县的主要挑战来自香格里拉市，相较于香格里拉市，德钦县交通欠发达，极大部分游客仅停留于香格里拉而忽略德钦县旅游，这种竞争态势不利于德钦县旅游产业的发展，需要州政府分层次规划各县市旅游发展。

四　维西县旅游产业 SWOT 分析

1. 优势。维西县是迪庆州平均海拔最低的县市，气候特点是冬长无夏，春秋相连，这一环境优势是香格里拉市和德钦县所不具有的。维西县虽然自然景区相对较少，但是县域内民族文化较为深厚，对维西县发展民族旅游极为有利。除此之外，维西县被誉为"兰花之乡"和"药材之乡"，这也为维西县发展不同于香格里拉和德钦县的农业旅游提供了丰富的资源。

2. 劣势。与香格里拉和德钦两地类似，维西县旅游局对当地旅游业的发展缺少主动权，造成旅游部门对县域的旅游业发展缺少统一的规划，旅游部门仅主导乡村旅游的发展，但维西县的乡村旅游同样缺少全局规划，造成维西县旅游缺乏特色，没有较强的吸引力。除此之外，维西县现存旅游配套产业相对落后，有待进一步提升。

3. 机遇。国家全域旅游的开展是维西县旅游业发展的一大机遇，维西县丰富多彩的民族文化能够支撑维西县乡村旅游、民族旅游的发展，打造原生态民族文化体验旅游，形成与香格里拉和德钦互补的旅游线路。此外，维西县的鲜花和药材种植也是维西县旅游发展的另一重要因素，将鲜花、药材和民族文化相结合，助推旅游业发展。

4. 挑战。由于维西县地理位置位于迪庆州的西南角，交通较为不便，造成德钦县和香格里拉市对维西县游客数量的挤压，形成竞争挑战。此外，由于云南省是少数民族聚集的大省，对于民族文化旅游，省内拥有众多的民族文化替代景点，对维西县文化旅游的发展也是一重大考验。

2019年迪庆州政府制定的旅游产业发展任务是大力发展全域旅游。以创建国家级全域旅游示范区为契机，全面推进点、线、面的协同发展，扎实抓好梅里雪山国家公园、滇金丝猴国家公园等一批主要景点景区开发建设规划的编制工作，加快推进虎跳峡、白水台等景点景区提质升级。力争开工建设纳帕海生态湿地公园、小中甸杜鹃林生态公园，继续推进香格里拉月光小镇、维西冰酒小镇、德钦梅里雪山摄影小镇建设。不断完善大理到香格里拉到盐井、德钦到维西到兰坪、丽江到维西到福贡等精品自驾旅游线路，新建一批州内二级公路沿线观景台等全域旅游配套服务设施，实施好厕所革命工程。推进智慧旅游建设，继续完善旅游综合服务平台、旅游综合管理平台、"一部手机游云南"的服务功能，促进旅游业态、服务、管理的提升。精心设计迪庆香格里拉文化旅游形象，充分利用互联网等新兴媒体，精准谋划，加大香格里拉品牌的推广、宣传、营销力度。积极争取全国性、全省性会议及赛事等重大活动在迪庆召开和举办，稳步推进会展经济。深化文化旅游供给侧结构性改革，弘扬优秀传统文化、红色文化，实施好非物质文化遗产保护和传承示范区建设。发展文化旅游、体育赛事、红色旅游、冬季旅游等新业态，推进建塘镇运动休闲小镇、梅里雪山体育旅游示范基地建设，打造一批精品体育赛事，鼓励和引导特色餐饮业发展，促进文化、体育与旅游产业融合发展，不断丰富香格里拉旅游的内涵。

五 迪庆旅游产业发展的策略思考

迪庆州旅游产业发展战略要与国家和省旅游发展规划和趋势相呼应，旅游产业作为国民经济的重要产业，在政治、经济、社会、文化、生态等领域显示出巨大活力，与多个行业相关融合发展，对区域的调结构、扩消费、稳增长、惠民生都会起到积极的作用。近年来，国家旅游行业整体趋势是从传统粗放型、数量型旅游发展方式向集约型、创新型推动方式转变。旅游人数增速放缓、旅游行业利润下降成必然，而新增旅游景点景区、新建旅游项目却并未减少，行业里的企业需做好准备。另外，在线旅游格局鲜明，区域热点仍有价值，必须要有专业团队做好旅游产业规划和特色旅游项目开发。市场在变化，旅游业在转型升级，旅游产品在加速迭代，冒进投资会被惩罚，精耕细作会积累效应。必须要把握市场、精准营销，还需要跨界联合、抱团发展，以区域为主体的竞争将更加考验主导者对旅游的认识、把控与精准操作。

国家和云南省的旅游产业规划和迪庆的旅游资源情况，都指向全域旅游发展方向。建设大滇西旅游环线更是具体规划引领了迪庆州旅游产业的发展和全面转型升级，赶上了天时、地利、人和的好时机。要发挥旅游"一业兴百业"的带动作用。对推动全州经济社会发展，特别是助力迪庆深度贫困地区稳定脱贫和高质量跨越式发展具有十分重要的意义。

资源禀赋和生态环境的特点决定了旅游产业发展过程中要因地制宜地选择个性化、具体化的旅游产业开发模式。

建议树立"大迪庆"的旅游产业理念，发挥调控、引导、协调、服务的职能，运用经济、法律和必要的行政手段对旅游经济进行宏观调控。

1. 构建政府主导下的大旅游管理机制

组建地方政府旅游产业发展委员会，职能重在促进州旅游产业发展，把过去的管理协调转变为发展协调。该委员会应超越多个部门间的隶属关系，其工作原则是"统一领导、明确职责、分清主次、相互配合"，并直接对州党委、政府负责。要建立起长期有效的管理体制，实现由单一部门向相关部门共同管理的转变。

2. 加强景区间合作，推动景区聚合

推行跨县、市旅游合作机制，使品牌共筑、资源共享、合作共赢。景区之间的竞争随着旅游市场细分化的趋势越来越激烈，景区之间的整合能加速新旅游线路的推出，促使经营流程速度加快。同一旅游线路上两个存在互补关系的景区之间容易开展联合营销，可共同举办主题活动或旅游节事促销旅游线路。

存在空间竞争关系的景区间也有共同利益，与相邻景区的共建、合作有利于扩大旅游地的知名度，如打造"大香格里拉旅游经济圈"就是树立云南省西部地区的旅游形象和增强吸引力，从而达到共赢的目的。加强景区与旅游网络平台、旅游研究机构等的合作，与旅行社合作是景区的常规营销手段，而景区与网络平台、研究机构、高校等合作是新的营销手段，可以从科研和旅游形象影响方面提升景区知名度。

3. 构建新格局，促进规划形成"多规合一"

旅游产业对于社会公共服务、地区综合管理水平的要求进一步提高，旅游产业发展对于城镇化建设、乡村脱贫致富、生态保护、建设美丽城镇和乡村等有着重大的作用。旅游发展的主体由政府为主，向政府、企业、社会共同参与的多主体、多类型全方位地推进。

将经济社会发展、城乡建设、基础设施建设等纳入全域旅游中，实现统一规划，全面发展。以香格里拉品牌为依托，重点打造"茶马古道"旅游路线和民族文化特色小镇，充分彰显迪庆州人文历史的魅力。制定中长期规划目标，一方面，旅游是需要长期发展的产业，需要稳步前进，长期规划，持之以恒。另一方面，旅游的发展还需要与时俱进，不断改进规划，以顺应新的形势、满足新的要求。

4. 生态保护优先，保障全域旅游高质量运行

高海拔地区的生态环境先天脆弱，遭到破坏后恢复非常困难，甚至是不可逆的。高山峡谷区域的旅游资源开发压力更大、成本更高，必须把环境保护放在第一位。加强自然保护区管理工作，推进动植物多样性的保护，可以设置远观点。用生态理念引领旅游资源开发，减少人工景点，尽量避免对自然环境的破坏。对现有生态区进行合理的保护，采取建设生态步道（不添加人工设施）等形式，限制游客对生态的破坏，打造迪庆原生态旅游品牌。

迪庆旅游产业的可持续发展，需要中长期规划和长期坚持不懈的努力进行，迎接全域旅游大发展，需要做好交通设施准备、特色旅游路线准备、旅游配套设施准备、旅游人才准备、"智慧旅游"建设准备等，促使旅游产业突破传统的运营模式。随着国家大力推行"旅游+"战略、"全域旅游"战略、"一带一路"旅游合作的实施，我国旅游业或将迎来提质增效的阶段，迪庆州也应该做好充分准备，分享我国旅游市场带来的巨大红利。

第四章

高原特色产业发展研究

中国目前具有典型的二元经济特征，表现为有众多不发达的农业型县、市，其农业从业人员占县、市人口大多数，工业基础薄弱，传统农业生产经营方式在农业生产中仍居重要地位。对于这些地区，区域产业发展的根本是要突破传统农业产业的基础特征束缚，促进农业产业现代化发展。区域主导产业、农业产业化、结构调整是产业发展实践中的主要问题。第一，这些地区总体上产业结构不合理，缺乏主导产业或者主导产业带动作用不明显，产业间的联系、配套协作能力差。第二，县域农业产业结构单一，农业基础薄弱、劳动生产率低，农业产业化和现代化程度低。第三，产业规模小、结构层次低，技术滞后，对农业的带动作用不强，县域间重复建设、产业趋同问题突出。第四，县、乡镇工业虽然对县域经济发展功不可没，然而，由于乡镇工业大多走的是分散化的道路，难以形成聚集规模效应，并且也存在技术落后等方面的问题。第五，第三产业发展总体处于低层次，没有形成有利于农业发展的社会化服务体系。此外，产业方面的问题还有，产业的体制结构不适应市场化的要求，产业结构与生态环境的矛盾，工农业生产布局的盲目性、分散性，等等。主导产业选取和发展是首先要解决的问题；农业产业化是农业型县区发展的主要途径和现实选择；打破"二元结构"，实现从农业社会向工业社会的跨越。

根据生产要素六元理论，任何产业的成长和发展过程都是人力、资产力、物力、自然力、运力、时力六种基本生产要素相结合的过程。产业发展初期在人力要素的供求上会出现较为尖锐的矛盾。一方面，产业发展萌芽中大量需要三类人才，即熟练的技术工人、具有较高工程设计能力与创新能力的专业技术人才，以及具有较高经营能力与全局观的管理人才，尤其是急需大量具有全局观、未来观和全球观的创业者；另一方面，由于经济与技术水平相对落后，欠发达地区对这些人力要素的供给能力是不足的，供给与需求之间存在巨大的缺口，适应机遇型产业发展需要的人力要素供给不足。

在物力要素的供给与需求之间也同样存在着巨大的矛盾。年轻的产业由于自身实力弱小，在发展初期必须自行设计、制造专业设备，自己培训技术工人。另外，创业者们一般很难从金融机构或者资本市场取得资金，区域产业发展系统中一般也还未建立起专门为产业发展服务的公共基础设施。因此，这一时期产业发展的资产力要素供给主要来源于创业者的自有资本，在供给与需求之间往往存在着巨大的缺口。

在欠发达地区的发展过程中，自然力要素也起着极为重要的作用。它一方面对欠发达地区产业的发展起着承载作用，另一方面提出了极高的要求和制约。自然力要素最重要的特征就是其存在形态随着人类社会经济活动的进行而不断地改变，它一旦消耗掉了，就不可逆转，甚至不可再生。因此，提高要素使用效率，保障自然力要素的可持续发展能力，是欠发达地区产业发展过程中必须遵循的基本原则。如果与这一原则相违背，必然会受到自然规律的惩罚。如对资源的破坏性开发，使区域产业发展承载能力下降；对土地资源进行过度的甚至破坏性的开发，使土地要素价格投机性大幅上涨，从而引起相关资产力要素重置成本的大幅提高，等等。

运力是区域之间差别最大的基本生产要素之一，也往往是欠发达地区产业发展过程中最为薄弱的环节。运力要素供给能力的差异将成为不同区域竞争优势差别的重要来源，并成为当代欠发达地区产业发展战略决策中必须考虑的重要因素。从全球竞争的视角审视本区域运力要素的培育与发展，成为构筑欠发达地区产业发展战略必不可少的重要基础。

时力要素貌似对所有区域都是公平的，但实际上却并非如此。由于存在区域之间激烈的竞争与角逐，产业发展过程中的时力要素并不是均质分布的。所谓"运来铁成金，运去金成铁"，谁的效率与效能最高，谁就能够掌握更高质量和更为丰富的时力要素，抓住时机，抢先一步，从而在竞争中取得胜利。

第一节 产业发展的理论依据

一 产业发展理论

产业是一个经济整体的组成部分,现代产业经济学定义是"处于宏观经济与微观经济之间,生产同类或有密切替代关系产品、服务的企业集合"。"发展"就是事物由小到大,由简到繁,由低级到高级,由旧质到新质的发展过程。产业发展即一个内生提高的过程,一个以价值发展为实质,以主导产业群为载体,以经济长波为形式的历史过程。[①]

区域的主导产业或者优势产业所在地就是区域经济发展的增长极。增长极包含的内涵:一是作为经济空间上的某种推动型工业;二是作为地理空间上产生积聚的城镇即增长中心。[②] 佩鲁的增长极理论、缪尔达尔的累积性因果关系理论、赫希曼的中心—外围模型、弗里德曼的空间极化发展理论等都强调区域经济增长的不平衡规律,同时认为核心与外围之间的联系主要通过资源"自上而下"的流动产生,强调城市的主导和增长极的极化和扩散效应。极化效应是资本、劳动力、技术等生产要素从外围向中心流动的过程。

增长极不仅是产业结构发展的概念,同时也是西方区域发展理论的重要概念。1966年,保德威尔把增长极定义为位于都市内的正在不断扩大的一组产业,它是通过自身对周边的影响而诱导区域经济活动进一步发展。这种根据增长极理论来制定政策的关键是在地区内建立推动性工业,同时需考虑这些工业与当地经济的拟合性。

进一步研究强调增长极的创新扩散作用。扩散效应是指当中心地区发展到一定程度后,产生要素聚集不经济和相对收益的减少,生产要素从中心向外围扩散的过程。从而,在某种程度上带动外围地区的发展。扩散效应的直接结果就是县域经济中的集镇经济和乡村经济得到发展。佩鲁的增长极理论主要用于论述推进型产业或关键产业在经济发展中的作用。这种推动型产业和被推动型产业建立了一种非竞争性的联合体,通过产业的前向关联和后向关联带动区域的发展。增长极(主导产业)把本身的增长

[①] 胡建绩:《产业发展学》,上海财经大学出版社2008年版,第20页。
[②] 朱舜:《县域经济学通论》,人民出版社2001年版,第352页。

势头传递给其他部门,带动了一大批产业的发展。要形成经济的联系通道,需要规模不等、生产技术水平不等、处于不同生产阶段的一大批产业部门。布德维尔后来把佩鲁的这种思想"改造"成区域联系模式,并提出"地区增长极是位于城市的、正扩张的,并诱导其影响地区经济活动得到进一步发展的产业的组合"。

罗斯托经济"起飞"论,把区域经济发展分为四个阶段,即起步阶段、起飞阶段、成熟阶段、提升阶段。[①] 起步阶段是工业化发展前的准备阶段,是艰难的资本初始积累阶段。这个阶段是农业支持工业,工业品和农产品"剪刀差"扩大;乡村支持城市,城乡处于隔离状态。进入工业化发展的前期和中期——起飞阶段,工业开始有效地支持农业,反哺农业。农业会成为一个有社会保障的高效产业,城乡之间从隔离走向互动,走向相融,再走向一体化。

1. 产业结构演变的一般规律

配第、克拉克、库兹涅茨、霍夫曼等人勾画出了产业结构演变的一般规律。威廉·配第认为,"制造业的收益比农业多得多,而商业的收益比制造业多得多"[②]。克拉克对配第理论进一步阐释,得出配第—克拉克定律:随着经济的发展,劳动力首先由第一产业向第二产业移动,其次随经济发展再向第三产业移动。劳动力在产业间的分布,第一产业减少,第二产业和第三产业将增加。这是需求因素与效率因素的作用。人均收入的增加会引起需求的变化,即农产品需求下降而制造品需求上升并最后让位于服务产品。而产业部门间的效率差别也导致了产业结构的变化。制造业的劳动生产率相对较大的性质决定了对劳动力比例要求的下降。因此,在同一个经济系统中,制造业需求增加时,该产业部门的就业劳动力比例仍然是下降的。劳动力结构变化的动因是产业在经济发展中所产生的相对收益的变化。

在这个基础上,库兹涅茨用多个国家的统计数据分析产业结构的变动趋势。从国民收入和劳动力在三次产业间的分布看,他认为,随着经济发展,农业部门无论是在产值收入方面还是在劳动力所占比重方面,都在不断下降;工业部门产值收入所占相对比重大致是上升的,但劳动力相对所

---

① 霍博翔:《罗斯托经济起飞理论:文献述评》,《商》2014 年第 45 期。
② [英] 威廉·配第:《政治算术》,陈冬野译,商务印书馆 1966 年版,第 19 页。

占比重变化不大；服务部门劳动力的相对比重是上升趋势，但国民收入所占相对比重变化不大。而新的产业结构变动趋势是：第一、第二产业就业人口比重和国民收入的相对比重下降，而第三产业则保持上升势头。

在各国的产业演变和经济发展过程中，劳动力和资本的转移与经济增长的关系是：劳动和资本由生产率较低的部门向生产率较高的部门转移能加速经济的增长。① 此外，德国经济学家霍夫曼也提出了工业产业内部的发展规律。他指出，在工业发展过程中，工业结构的演变出现了向重工业化、高加工度和技术密集型工业结构演变的三个明显特征。

区域经济作为最基本的、综合性的行政区域经济单元，其产业发展虽表现出特殊性，但总体上也遵循产业结构演变的一般规律。

2. 产业结构发展模式理论

（1）平衡发展模式

平衡发展模式认为发展中国家为了摆脱贫困，应该在国民经济的各个产业进行全面的、大规模的投资，以各个产业的平衡增长来实现国家工业化和国民经济的发展。平衡增长理论的代表性观点有罗森斯坦·罗丹的"大推进理论"和纳克斯的"贫困恶性循环理论"。

罗森斯坦·罗丹在其《东欧与东南欧的工业化问题》一文中论证了工业化是经济增长的发动机，发展中国家实现工业化的主要障碍是资本不足，由于资本供给、储蓄和市场需求的"不可分性"，小规模的、个别部门的投资不可能从根本上解决问题，所以应该实行"大推进"的发展战略，在各个工业部门全面地大量投资，从而使各个工业部门一起发展，形成相互依赖、互为市场的局面，最终取得工业化成功。在进行投资时，应该按照统一投资率投资各个工业部门，只有这样才能避免某些部门发展过快而导致供大于求，从而保证各个部门之间的发展协调和平衡，实现投资的最优格局。

纳克斯的《欠发达国家的资本形成问题》中"贫困恶性循环理论"的观点认为，发展中国家不能摆脱贫穷的原因在于两种恶性循环的圈子。一方面从供给的角度上看，低收入导致低储蓄，而较少储蓄引起资本短缺，资本短缺造成只能发展生产效率不高的产业，这样的产业发展又带来

---

① ［美］钱纳里等：《工业化和经济增长的比较研究》，吴奇等译，上海三联书店1989年版，第22页。

了低收入；另一方面，从需求角度来看，低收入使人们的购买力有限，有限的购买力使投资引诱不足，资本数量过小，导致生产率低下，最终又回到了低收入。

（2）不平衡发展理论

不平衡发展的思想来源于亚当·斯密的《国民财富的性质和原因的研究》，即"进步社会的资本，首先是大部分投在农业上，其次投在工业上，最后投在国际贸易上"。在他以后，赫希曼和罗斯托等人将非平衡发展的思想系统化，形成了产生较大影响的非平衡发展理论。该理论的主要思想是：由于资金短缺等方面的原因，发展中国家不可能在所有产业部门同时进行投资，而应选择合适的重点产业进行投资，然后通过关联效应和诱发性投资等作用，带动其他产业发展，最后达到经济发展和产业结构升级的目标。主要理论代表有赫希曼的不平衡发展理论、佩鲁的增长极理论、罗斯托的主导产业理论。

二 产业发展的影响机制

1. 市场经济理论

市场经济在社会化大生产这个有机体中起到了基础和灵魂的作用。因为市场经济关系不仅使社会化大生产中各个经济单位之间联结为一体，而且也是社会化大生产不断发展的动力源泉。更重要的是，市场经济是社会化大生产中生产过程的最关键点。在市场经济中，各种商品市场的平衡发展到各个要素市场。资本市场、土地市场、劳动力市场和企业家市场在充分竞争过程中致使各种生产要素更加有效地结合。企业更加自由地进出所在行业，使产品价格相当于厂商平均成本的最低点，最后使整个社会的要素配置在完全竞争市场中达到最佳状态。

社会经济从分散的自然经济发展成联结为一体的成熟的社会化大生产，这是人类发展史上的一个自然发育的过程，是一个有机体。社会分工和专业化协作的关系、商品市场、要素市场的形成和流向、各经济细胞间的内在联系都是按照客观经济规律自然形成和发展起来的。社会化大生产都是在市场经济的基础上形成和发展起来的。反之，凡是在市场经济高度发达的国家或地区都是高度社会化的大生产，无一例外。这是人类社会经济发展不以人的意志为转移的客观规律，市场经济是发展社会化大生产的必经之路。

2. 外部的经济理论

马歇尔认为，外部经济包括三种类型：市场规模的扩大导致的中间半成品的规模效应、劳动力市场的规模效应、信息交换和技术扩散。此观点阐述了外部经济的企业在同一区位集中的发展规律，认为产业集群是由外部性导致的。产业集群能让集群内企业得到更多的外部经济带来的效益，包括外部规模经济和外部范围经济。企业聚集所组成的区就叫"产业区"。与单个企业相比，产业集群内的企业能更好地利用这种近距离，通过规模经济效率使经验曲线中的生产成本处在或者更加接近最低状态，使无法获得内部规模经济的单个中小企业通过外部合作获得规模经济效益。马歇尔的这种外部性经济思想成为后来人们进行企业集群研究的重大理论根基。

保罗·克鲁格曼把"产业区"的论述总结为三点优势：本地专业化劳动力的发展、大量增加的相关企业和生产服务活动对核心企业的支持、频繁的信息交流对创新的贡献。他后来还提出了"规模报酬递增"的理论，通过建立简单的两部门模型说明一个国家或地区为实现规模经济而追求运输成本最低化，从而导致大部分的制造企业越来越把地理位置放在自己最大的消费市场上；反之，越来越多的需求市场的位置也受到制造企业分布的影响，最后形成中心—外围模式。克鲁格曼认为国家之间的贸易，尤其是相似国家间同类产品的贸易与生产要素禀赋差异关系不大，而是这些国家根据规模收益递增原理专业化发展的结果。偶然性、路径依赖、历史和特殊事件反而起到了关键性的作用，也就是说产业集群的形成是由初始条件、偶然因素或预期来共同决定的。

该理论认为，在自由竞争的市场中，私人生产成本和社会生产成本、私人经济福利和社会经济福利并不完全吻合。自由放任的经济政策不能消除外部不经济现象，政府必须对市场进行适当干预。

3. 焦聚经济理论

焦聚经济是从区域产业发展角度对产业集群做的分析。韦伯从节约生产成本的角度讨论区位因素对产业集聚的作用，认为集聚是自下而上产生的，是通过企业对集聚所带来成本节约的追求自发形成的。巴格那斯科深刻地指出了产业区的特点是劳动分工中的外部性，产业区内企业之间的互动是需要社会文化支持的。从此，产业集群的研究开始注重社会文化因素，比如企业间密切的合作、共同目标意识、社会舆论、地方商业制度支持、鼓励创新、技能形成和思想流通的制度结构等。

斯科特"新的产业空间学派"运用交易成本的理论,解释了产业集群的形成机理,他认为,在一个高度变动的市场环境下,本地化的生产协作网络存在降低社会交易成本和保护合作的作用,有利于提高企业的创新能力和灵活适应性。过去的那种外生的和内生的确定性市场条件被不确定的市场条件和技术路径所取代。为了减少技术锁定、劳动力囤积和生产能力过大的风险,生产需要过去的那种外生的和内生的确定性市场条件(外部化)。交易费用成为与地理距离有关的各种生产费用中最重要的费用。所以,为了使交易费用最小化,企业需要集聚。在不完全信息市场环境下,寻找合作伙伴的过程在很大程度上是取决于企业间最初的关系以及其他企业之间的互相关系,通过企业在本地的扎根和结网所形成的地方集聚可以使企业构筑起交流和合作的系统,从而增强了技术创新的能力和竞争力。

4. 竞争优势理论

迈克尔·波特从竞争优势的角度系统地提出了产业集群理论,他认为,产业集群与科层组织或垂直一体化组织是组织价值链的一种替代。波特的国际竞争优势模型(又称钻石模型)包括四种本国的决定因素(要素条件,需求条件,相关及支持产业,公司的战略、组织以及竞争)和两种外部力量(随机事件和政府)。独立的、非正式联系的企业及其相关机构形成的产业集群代表着能在效率、效益及柔韧性方面创造竞争优势的新的空间组织形式结构。

波特强调地方需求不同、历史的不同、创新性公司的产生等一些突发性事件对集群形成有重要影响,集群一旦形成,就会有自我强化的循环过程。在自我强化的演化过程中,可能会由于内部僵化(过度合并、群体思维抑制创新等)和外部挑战(技术间断、消费者需求等)而失去竞争力。他认为,政府不应在集群发展中干扰市场,扭曲竞争,而要注重对制约集群发展因素的改进。竞争优势的形成和发展已经日益超出单个企业或行业的范围,成为一个经济体内部各种因素综合作用的结果,一国的价值观、文化、经济结构和历史都成为竞争优势产生的来源。他提出三类成功型战略思想,总成本领先战略、差异化战略、专一化战略。

5. 新产业区理论

新产业区是指面向国内、国际市场的中小型企业在一定地理区域内集聚而成的,以本地结网和根植性为特征的既竞争又合作的中小型企业的综合体。新产业区是以弹性生产方式为主的最发达经济区域的典型象征。新产业区为技术创新提供了一个特定的文化环境和氛围。很多学者认为,区内小企业密集,企业之间形成稳定的合作网络(包括正式合同和非正式的信息交流)以及企业扎根于本地文化的性质是鉴定新产业区的重要标志。"集体企业家"就是由于新产业区内的稳定而密切的地方联系而形成的。

巴格那斯科指出了产业区的特点是劳动分工中的外部性,产业区内企业之间的互动是需要社会文化支持的,比如企业间密切的合作、共同目标意识、社会舆论、地方商业制度支持、鼓励创新、技能形成和思想流通的制度结构等。

以尼尔森为代表的国家创新系统理论认为技术创新和传播需要大量相关部门和制度支持。在创新和学习中除了正式的机构和制度之外,各种非正式的文化、习惯也影响着知识的积累和传承过程,这在具有较高内部认同的区域显得更加明显。区域创新系统作为其子系统,是区域网络各个节点(企业、大学、研究机构、政府等)在协同作用中结网而创新,并融入区域的创新环境中而组成的系统。

6. 社会经济网络理论

社会经济网络理论把产业集群的关注点从对运输成本、企业间的物质投入产出关系的关注转向对经济活动所处的制度和社会文化环境的关注。科斯首先提出了交易费用的重要性,威廉姆森认为环境的不确定性、小数目条件、机会主义以及信息不对称将会导致交易费用增加,构成市场与组织间的转换关系。此后,以格兰诺维特为代表的新经济社会学则认为,经济行为是植根于网络与制度之中的,这种网络与制度是由社会构筑并具有文化意义。该论述强调社会和文化对经济活动的重要性,特别强调了企业间非贸易的相互依赖,并提供了通过非正式安排来增强创新和地方才智的方法。在不完全信息市场条件下,通过企业(强关系:社会地位)在本地的扎根和结网(弱关系:异质性社会资源)所形成的地方集聚,构筑起交流和合作的系统,能增强技术创新的能力和竞争力。

网络组织理论认为,当企业无法通过市场和企业内部突破自身的能力约束的时候,企业必须跨越自身的边界,才能实现企业之间资源共享,优势互补。理查德森对网络组织理论进行了补充,他认为企业只是从生产和服务过程中截取某些阶段从事分工活动，企业从事与它自己的能力相适应的活动，而把其他活动留给市场，这样企业间就会存在相互依赖的关系，而相互补充的活动在企业之间需要协调。他认为互补活动的协调既不可能全部由一个企业承担，也不可能完全通过执行平衡供给和需求功能的市场来承担，而必须由企业之间的合作来承担。

第二节 生物产业发展模式及实践

产业通常是指一个经济体中，有效运用资金和劳动力从事生产（无论是生产物品还是提供服务）的各种行业。简单地讲，产业就是某种具有同一属性而组合到一起的经济生产单位集合，更加强调集合的概念。

产业发展（也等同于产业演化、产业动态）一般泛指产业发展变化的历史过程。[1] 苏东水认为，"产业发展与经济发展相类似，是一个从低级到高级不断演进、具有内在逻辑，不以人们意志为转移的客观历史过程。他认为，产业发展是指产业的产生、成长和过程，既包括单个产业的进化过程，又包括产业总体，即整个国民经济的进化过程。这里的进化过程，其实质就是一个结构变化的过程。他认为产业发展是经济发展的前提和基础，同时又包含于经济发展之内。厉无畏、王振等则认为产业发展包含产业的集群化、融合化以及生态化等一系列变化，这些变化在创造各种新的消费方式的同时也推动着产业本身的创新和变革，表现为产业结构、产业技术、产业组织这三个方面的革新。产业效率、科技创新、产业竞争、产业政策正是产业创新与变革的推动力。有学者总结了产业发展应该具备的几个要点并在此基础上把产业发展定义为：以价值发展为实质，以主导产业群为载体，以经济长波为形式的产业的内生提高过程。[2]

国内外对"生物产业"的理解定义及内涵各不相同，英国、美国等国家称为"生物技术产业"，日本则称为"生物产业"，由于生物产业处于快速发展的初期，其内涵、边界尚未明晰。[3] 2006 年，国家发展和改革委员会首次将《中国生物技术产业发展报告》改名为《中国生物产业发

---

[1] 苏东水：《产业经济学》，高等教育出版社 2000 年版，第 474 页。
[2] 厉无畏、王振：《中国产业发展前沿问题》，上海人民出版社 2003 年版，第 3 页。
[3] 伍业锋、刘建平：《生物产业的界定及统计制度方法初探》，《统计与决策》2011 年第 20 期。

展报告》，首次正式提出"生物产业"概念。① 目前，我国生物产业的定义多指将现代生物技术和生命科学应用于生产及经济社会发展等相关领域，为社会提供商品和服务的统称，主要包括生物医药、生物制造、生物农业、生物环保、生物能源和生物服务等新兴产业领域②，是国内外战略性新兴产业的重要领域之一，已成为世界各国新的经济增长点。

娄勤俭认为，"产业发展模式就是在既定的外部发展条件和市场定位的基础上，通过产业内部和外部一系列结构所反映出来的一种资源利用方式"。③ 他还对产业发展模式选择的理论基础进行了总结，即比较优势理论、产业分工理论、企业集群理论和产业生命周期理论。虞月君对影响产业发展的主要因素及其发展模式优化的动力做了分析，并根据资源配置主体和收单品牌建设方式的不同将这一产业发展模式分为政府主导、市场主导等六类。④ 黄强等从产业组织力量的研究角度认为，"产业发展模式是一个产业的基本供给和需求等条件、市场结构、企业行为、绩效、政府政策之间相互影响的结果"。⑤

而产业扶贫则是一种建立在产业发展和扶植基础上的扶贫开发政策方法，是通过一定的政策指导，给予一定的资金支持，结合贫困地区实际情况，发展一个完整的产业链，从根本上帮助贫困地区，让其能够自给自足。产业扶贫是一种长期的、动态的、可持续的扶贫过程与手段，是我国扶贫工作的一项基本方法。

一 国内生物产业发展实践

生物产业以其巨大的发展潜力和蓬勃的生命力成为21世纪经济可持续发展的驱动力，加快生物产业发展，对于我国推进绿色发展、循环发展、低碳发展具有重要意义。

从新古典经济增长理论的角度，技术进步条件对经济增长的重要推动

---

① 吴陆生、张晓庆：《生物产业领域研究热点与图谱分析》，《产业与科技论坛》2017年第16卷第2期。
② 佟宇竞：《促进生物产业发展的战略思路与建议——以广州为例》，《科技管理研究》2017年第37卷第21期。
③ 娄勤俭：《中国电子信息产业发展模式研究》，中国经济出版社2003年版，第24页。
④ 虞月君：《中国信用卡产业发展模式研究》，中国金融出版社2004年版。
⑤ 黄强、杨乃定、董铁牛、祝志明：《欧洲民用航空产业发展战略分析及给我们的启示》，《航空制造技术》2008年第1期。

作用可以做合理解释，生物产业技术作为最有效的技术进步条件，对新经济发展具有重大意义。产业经济学理论中农业产业开发的劳动力、土地、资金、技术、信息、政策等诸要素的合力，推进了产业开发的进程。① 经济学家舒尔茨在谈到人力资源开发和配置问题时说："经济发展取决于人的质量，而不是自然资源的丰瘠和资本存量的丰寡。"产业生命周期理论表明，任何产业都要经历从诞生到衰退这样一种类似生命周期的演变过程，产业之所以呈现出一种生命周期的演化趋势，是因为其存在的微观基础——市场和技术存在周期性的变化规律。生物产业生命周期可以分为四个阶段：导入阶段、成长阶段、成熟阶段和衰退（蜕变）阶段②，目前世界现代生物产业处于产业周期的成长阶段或生物技术大规模产业化的开始阶段。

刘欣从管理学角度分析，认为生物产业作为 21 世纪最重要的战略产业，在食品、医药、环保等多方面改变着人们的生活，而相关高端人才是促进生物产业健康稳步发展的核心要素。人才培养模式的战略结构要以高素质复合型生物人才培养目标为根本，以高校培养体系为核心，以国家重点学科、项目为牵引，多平台合作，通过产学研、上下游衔接，促进各学科之间交叉、复合、升华，具体落实到高校对人才培养方案、培养方法、培养机制等环节进行匹配改革。用行之有效的人才培养模式为生物产业的发展培养出大批优秀的复合型生物产业的管理人才。③ 焦俊峰通过对 CK 生物产业公司成本管理流程改进进行研究，认为应该优化业务流程、构建现代化的预算管理系统、改进企业预算管理组织"结构"，搭建完善的成本管理数据信息平台、提高企业成本管理的信息化水平，将与企业的研发、采购、生产、销售、售后服务、物流等相关的成本要素全部纳入信息化管理系统，全面实现企业成本管理流程的信息化，提升企业成本管理流程的科学性、实效性。④

---

① 王登荣：《从产业经济学视角分析欠发达地区的特色产业发展问题》，《山西财经大学学报》2013 年第 S2 期。
② 吴楠：《生物产业竞争力与中国的战略对策研究》，硕士学位论文，华中农业大学，2007 年。
③ 刘欣：《生物产业高级复合型管理人才培育研究》，硕士学位论文，湖北工业大学，2014 年。
④ 焦俊峰：《CK 生物产业公司成本管理流程改进研究》，硕士学位论文，吉林大学，2017 年。

从生态学角度来审视人类生产活动，其实质上可视为产业生态系统的发展。生物产业生态管理是面向生物产业可持续发展，实现循环经济的重要支撑。施晓清运用生态学原理剖析了产业生态系统结构和功能特征，通过系统分析传统产业资源流动的模式，指出当前生物产业管理的主要问题是管理部门的条块分割及产业物质资源的单向链式流动导致资源利用效率低下等问题。通过生物产业的生态管理，企业将积极利用效率高、环境友好型技术进行生产，废弃物将得到最大限度的资源化利用和达标排放，生物产业资源管理将建立循环共生机制，促进生物产业生态系统与自然生态系统的协调。[1]

1. 我国生物产业发展情况

我国的生物产业发展较发达国家起步晚，但作为最大的发展中国家，我国生物技术水平也代表了发展中国家的最高水平，近年来发展十分迅速。2004年，国务院成立"国家生物技术研究开发与促进产业化领导小组"，自此国内的生物产业发展形成由国务院牵头、各部委参与、地方互动的发展体制；2005年，生物技术作为与信息技术同等重要的内容首次被写入了中央一号文件，2006年"十一五"中生物产业首次被提出并作为一项重要内容；2007年由中国生物工程学会牵头召开第一届"中国生物产业大会"，引起学术界的广泛关注；2009年，国务院办公厅发布了《关于印发促进生物产业加快发展若干政策的通知》，是我国第一个专门针对生物产业发布的国家政策，为我国生物产业配套政策的制定及生物产业的发展奠定了坚实基础；2011年"十二五"将生物产业定位为战略性新兴产业[2]，同年12月29日颁布《生物产业发展规划》（国发〔2012〕65号），《规划》指出，"十一五"以来，我国生物产业产值以年均22.9%的速度增长，2011年实现总产值约2万亿元，2013—2015年，生物产业产值年均增速将继续保持在20%以上[3]；2016年国务院颁发的《"十三五"战略性新兴产业发展规划》明确提出，要加快生物产业创新发展步伐，培育生物经济新动力，到2020年，生物产业规模达到8万

---

[1] 施晓清：《产业生态系统及其资源生态管理理论研究》，《中国人口资源与环境》2010年第6期。

[2] 程俊峰、徐志宏、林雄等：《国外生物产业发展成功经验浅析》，《科技管理研究》2013年第9期。

[3] 李慎宁：《生物产业激活"生物经济"》，《中国农村科技》2013年第2期。

亿—10万亿元①，届时生物产业将成为我国的支柱产业。

关于我国生物产业发展情况，覃丽芳梳理出目前我国在生物医药、生物农业方面初具规模，生物农药、生物肥料、燃料乙醇、生物柴油、生物基材料等新领域也在逐步发展，其中60%以上的生物技术成果集中应用于医药工业，用以开发特色新药或对传统医药进行改良。② 我国在"十三五"期间，将重点推动生物医药、生物医学、生物农业、生物制造、生物服务、生物能源六大领域的发展。③ 李洁等提出截至2017年我国已有80多个地区（城市）在着力建设医药科技园、生物园、药谷。④ 全国已有22个国家生物产业基地，生物医药产业集群主要集中在长三角地区、环渤海地区和珠三角地区。较成熟的产业园有上海生物医药科技产业基地、中关村生命科学园、泰州中国医药城、苏州生物纳米园等，呈现出专业化、特色化和集群化发展趋势。⑤

生物产业发展的法律制定和完善也是重要领域。郭洪波梳理的我国已出台的规范生物产业发展中各部门权利义务的法律法规有：《商标法》《专利法》《著作权法》《反不正当竞争法》《科学技术进步法》《促进科技成果转化法》《植物新品种保护条例》《药品管理法》《中医药条例》《兽用新生物制品管理办法》《农业转基因生物安全管理条例》《病原微生物实验室生物安全管理条例》等，生物产业发展得到有效的保护。⑥ 尽管如此，我国生物产业立法方面仍然存在立法效力层次偏低、缺乏以激励为导向的保障立法以及涉及环境与生态安全、生物技术产品的安全性评估等方面的立法十分薄弱的问题，因此，刘长秋提出要制定《生物产业发展促进与规范法》，构建《生物技术产业基本法》，建立健全我国生物产业发展的法律保障体系，完善我国生物产业安全的法律规范体系，强化生物

---

① 王昌林、韩祺：《生物产业：将生物经济加速打造成重要的新经济形态》，《中国战略新兴产业》2017年第1期。
② 覃丽芳：《国内外生物产业发展的基本状况及经验借鉴》，《创新》2011年第5卷第2期。
③ 王昌林、韩祺：《生物产业：将生物经济加速打造成重要的新经济形态》，《中国战略新兴产业》2017年第1期。
④ 李洁、蒋凯杰、王永辉：《基于产业价值链视角生物医药产业集群升级模式探析》，《中国卫生事业管理》2017年第12期。
⑤ 佟宇竞：《促进生物产业发展的战略思路与建议——以广州为例》，《科技管理研究》2017年第37卷第21期。
⑥ 郭洪波：《生物技术产业法律制度比较研究》，《法治社会》2017年第6期。

技术产业法律制度的协调性等措施。①

2. 生物产业发展模式

发展模式是一项包括技术构想的产生、研究与开发、中间试验、商业化生产、市场销售与扩散等一系列环节的大跨度、复杂的动态多阶段过程。由于发展模式受到各个方面的核心内容的限制和制约，选择何种模式在很大程度上决定了经营战略的性质、方向和成败。②罗斯托的主导部门发展模式理论认为，经济成长的各阶段都存在相应的起主导作用的产业部门带动其他部门发展的情况，罗斯托指出主导部门序列不可任意改变，任何国家都要经历由低级向高级的发展过程。赤松提出了雁行形态发展模式，揭示了后进国家参与国际分工、实现产业结构多样化和高级化的途径，他认为产业发展遵循"进口—国内生产—出口"的模式相继更替发展，为我们提供了技术落后的后进国家发展壮大本国技术水平的途径。弗农提出产品循环说，揭示了国际贸易对发达国家产业结构的影响，他认为工业发达国家的产业发展以本国新产品开发为起点进行产品循环，其模式是：新产品开发—国内市场形成—出口—资本和技术出口—进口—开发更新的产品，为技术领先国家长期保证优势地位并带来持续的经济效益提供了一套模式。

生物资源产业作为云南省的支柱产业之一，在云南省的发展中起着十分重要的作用，通过对云南省生物资源产业的行业特征及优劣势分析，为加快云南省生物资源产业的持续发展，使之能够与国内外争夺市场，一个有效的途径就是进行技术跨越，这是发展中国家或欠发达地区赶超发达国家的重要途径。吕增辉以云南白药集团为例，提出了自主型、引进型、并购型和合作型四种技术跨越模式，通过对四种技术跨越模式的对比分析，认为云南白药集团在人力资源的配置与结构、企业创新能力以及技术设备落后等方面存在的问题，适合采用以引进跨越为主、自主跨越为辅的技术跨越模式，从单独的企业角度来看，应积极加强生物资源示范基地建设，寻找新生物资源，应用现代科学技术实现对资源的高效综合利用，重视知识产权的保护，加强天然产物活性成分研究，寻找新的替代品，另外也应该重视人才的选拔、引进和培养工作，建立起良好的人才管理和科学的激

---

① 刘长秋：《中国生物产业立法研究》，《科技与经济》2010年第23卷第5期。
② 张弛：《湖北生物产业发展模式研究》，硕士学位论文，湖北工业大学，2011年。

励机制，提高员工的创新、研发等能力，为云南省生物资源产业的发展打下更坚实的基础。①

3. 云南省生物产业发展情况

柳琳等在探究云南省生物技术产业发展潜力时认为，云南省凭借其地理和气候优势，形成了以粮经作物、热带水果、花卉园艺、烟、茶和天然药物等为主的生物产业格局。②胡启相等阐述了云南省生物医药产业发展现状，现阶段具备了一定的产业发展规模、创新能力不断增强，但也存在产业融合度差、整体规划小、创新研发能力不足、人才缺失等问题，由此提出拓宽市场、加强投资、鼓励创新、招商引资等策略措施。③

龚路省探究了曲靖市麒麟区生物产业的发展，该地区依托资源，突出特色，通过建设原料基地，寻求适当的生物产业项目，扩建生物资源开发创新平台，争取多项省、市级项目资金的途径，较好地发展了烟草、绿色食品、畜牧水产、经济林果、蚕桑花卉等生物种植产业④；依旺叫探究了西双版纳勐腊县勐腊镇的生物产业，其以粮食为基础，以橡胶为支柱，蔬菜、香蕉、砂仁、石斛、冬季农业产品以及养殖产业共同发展，通过巩固传统农业种植（畜牧业养殖），引进和培育新产品，培植特色农业等方式发展当地生物产业。⑤杨涛从云南省普洱市墨江县生物产业现状入手，提出应该依托腾药"省级企业技术创新中心"平台，以企业为主体，通过产学研联合方式，加大研发投入，开发中药保健产品。⑥

二 我国生物产业的问题分析

生物产业的发展，需要政府在政策、财政、税收、融资等方面的扶持，除此之外，还应建立完善的科技研发、成果转化、知识产权保护、产业配套等机制，重视人才的培养，吸引风险资本投资，扶持中小企业发展

---

① 吕增辉：《云南省生物资源产业技术跨越模式研究》，硕士学位论文，昆明理工大学，2010年。
② 柳琳、彭波：《云南省生物技术产业发展潜力及对策探讨》，《南方农业》2016年第30卷第10期。
③ 胡启相、金振辉、李晞、叶金龙、杨燕：《加快推进云南生物医药和大健康产业发展对策措施建议》，《云南科技管理》2017年第30卷第1期。
④ 龚路省：《麒麟区生物产业发展方略》，《云南农业》2017年第4期。
⑤ 依旺叫：《浅议勐腊镇特色生物产业发展》，《云南农业》2016年第12期。
⑥ 杨涛：《墨江县生物药产业发展展望》，《云南农业》2017年第2期。

壮大，把生物产业当作新兴支柱产业培育，为生物产业企业提供良好的发展环境。[①] 近年来，云南生物产业蓬勃发展，但是，发展过程中普遍存在一些问题和瓶颈。

（1）地处偏远，交通运输不便。生物产业发展所需的种子、农药、肥料、农膜、大棚、农机用具等生产物资及鲜活农产品和生物制品、深加工产品的运输和销售时间较长，物流及交易的成本高，交通问题成为制约生物产业发展的重要因素。

（2）以传统种植（养殖）业为主，产业结构严重失衡。多地发展生物产业是以种植（养殖）日常生活所需的普通食品为主，而生物产业中的生物医药、生物能源、生物环保、生物技术服务等规模较小，发展基础薄弱，企业规模较小，经营内容也多为原材料加工，缺乏精深加工企业，产业结构存在严重失衡。

（3）科技基础薄弱，科技成果转换率低。生物产业发展研究可分为基础研究、应用研究、技术示范推广和产品精深加工四个阶段。目前，我国生物产业发展普遍面临技术水平落后、基础研究层次不高的问题，特别在基础研究和应用研究阶段，不能满足生产的需要，缺乏与科研单位的交流与合作。[②] 除此之外，由于生产者整体素质偏低，科技意识淡薄，在推进现代农业的过程中，存在农民无法使用先进、高效的生产工具，导致科技成果转换率低。[③]

（4）食品安全形势严峻。病虫害的加剧造成农药的过度使用以及工业污染造成的重金属超标，使得生物原材料的品质备受质疑，食品安全问题逐渐凸显。

（5）生产经营方式落后。无论是中草药种植还是农产品的种植（养殖），多地仍然采用传统的经营模式，经营规模小、基地分散、农产品品质良莠不齐，生产、管理技术落后，产业链较短，无法形成产业集约。

（6）资源过度消耗，土地质量下降。多地在发展生物产业的过程中，没有注重环境承载力的问题，没有将资源开发和保护有机结合，特别在中草药生产加工企业，急功近利，过度采集野生中草药及过度使用土地，掠夺式开发，将不能实现资源的永续利用。

---

① 覃丽芳：《国内外生物产业发展的基本状况及经验借鉴》，《创新》2011年第5卷第2期。
② 杨涛：《墨江县生物药产业发展展望》，《云南农业》2017年第2期。
③ 依旺叫：《浅议勐腊镇特色生物产业发展》，《云南农业》2016年第12期。

（7）政府项目扶持资金使用效率不高。西部大开发战略对西部地区战略资源开发的扶持力度较大，对生物产业投入较少，各地政府对生物产业的资金利用也存在利用效率不高的问题，没有发挥出应有的引领作用，甚至对一些生物企业使用国有项目资金的行为缺乏监管，导致国有扶持资金被滥用，不仅起不到扶持产业发展的目的，反而助长了生物产业发展中的不正之风，败坏了生物产业发展的声誉。

（8）条块分割，缺乏统一科学的规划。生物产业发展与多部门有关，农委、农牧、林业、水利、食药、工商、发改、科技、民委等均涉及该产业，因此，若没有生物产业发展的具体管理部门，就会造成"谁都该管，谁都不管"的局面，目前我国有的地区生物产业发展就缺乏统一科学的规划管理，存在短期性、盲目性问题，严重制约生物产业发展。

（9）产业发展不平衡，结构不合理。生物产业的发展，除了依托第一产业外，第二、第三产业的发展尤为重要，目前我国部分地区的生物产业发展主要依靠农业生产经营，第二、第三产业没有充分发挥作用，造成产品的质量和附加值较低，产业发展的失衡使产业资源的挖掘不全面、不充分，发挥不出全局发展的整体经济效益。[1]

（10）研发融资渠道单一。特别是生物制药产业研发融资渠道单一，主要以企业利润再投资为主，主要融资渠道为：股权融资、银行贷款融资、商业信用融资和政府资助融资。由于制药企业具有高投入、高风险、投资回收周期长等特点，对于一些中小制药企业而言，资本市场的融资服务以及银行的资金都无法支持其发展，企业研发不足造成动力不足，企业难以持续。[2]

三 生物产业发展路径

1. 国外生物产业发展路径

国外生物产业发展较国内早，可星等、覃丽芳研究认为美国是现代生物技术产业的发源地，始于20世纪70年代，经过30多年的发展，生物技术被广泛应用于医疗、工业、农业、海洋和国防等领域，并以创新网络孵化器推动产业发展的管理模式发展，将人才、技术、资金与信息集合在

---

[1] 依旺叫：《浅议勐腊镇特色生物产业发展》，《云南农业》2016年第12期。
[2] 可星、任文娟、霍传冰：《国内外生物制药产业技术创新管理模式比较研究》，《科技管理研究》2017年第37卷第13期。

一起，通过政府的政策指导、法规体系的构建，为生物制药企业构建起一个适宜的生存环境，让人才、技术、资金与信息迅速被创新型中小型企业所吸收[1]；英国在生物技术领域的学术成就令人瞩目，获得20多个诺贝尔奖，并在克隆技术、基因治疗、生物医药等领域获得了巨大进展[2]；德国在工业生物技术领域也处在国际领先地位，2006年制定了"2021生物产业计划"发展规划，在2006—2011年的5年中，投资1500万欧元进一步增强德国在工业生物技术方面的实力[3]；对日本生物产业发展研究发现，日本从政府宏观政策、机构布置、人才培养等方面积极推进，加强产业园区建设，提出了"生物技术立国"的战略思想，将生物产业确定为巩固经济大国地位的重要支撑，并制定了企业间联合、全球性并购、技术许可等发展策略，以知识集群催生"官产学"协同网络的日本模式使日本成为亚洲生物产业发展领先的国家[4][5][6][7]；印度是生物产业规模较大且发展速度较快的发展中国家之一，自20世纪80年代开始，印度政府建设了多家生物产业园。在生物医药领域，美、欧、日等发达国家占据主导地位，美国位居榜首，约占全球市场份额的36.1%；欧洲生物医药产业总体上呈现良好的发展势头，约占全球市场份额的27.4%；日本约占全球市场份额的11.2%；印度的生物医药产值则以年均14%—17%的速度迅猛增长，在全球市场所占份额逐年提高。[8]

2. 我国生物产业发展路径

我国学者对于生物产业的研究，多通过区域内特色生物产业的发展为研究对象并进行分析，笔者将梳理各地区特色生物产业区域或是产业园区

---

[1] 可星、任文娟、霍传冰：《国内外生物制药产业技术创新管理模式比较研究》，《科技管理研究》2017年第37卷第13期。
[2] 程俊峰、卢庆云、陈琴苓、徐志宏、林雄、黄洁容、伍晓玲：《国内生物产业发展环境与对策》，《广东农业科学》2014年第41卷第7期。
[3] 付洪波等：《德国：全方位推进生物科技及产业发展》，《中国生物工程杂志》2008年第10期。
[4] 覃丽芳：《国内外生物产业发展的基本状况及经验借鉴》，《创新》2011年第5卷第2期。
[5] 张治然、刁天喜、高云华：《日本生物医药产业发展现状与展望》，《中国医药导报》2010年第1期。
[6] 可星、任文娟、霍传冰：《国内外生物制药产业技术创新管理模式比较研究》，《科技管理研究》2017年第37卷第13期。
[7] 程俊峰等：《国内生物产业发展环境与对策》，《广东农业科学》2014年第41卷第7期。
[8] 吴磊、陈立、宋国梁：《国内外生物产业及园区发展现状分析》，《华东科技》2016年第10期。

的发展路径，借鉴其经验，以期对迪庆地区产业提供借鉴。

在特色农产品发展方面，韦会平等探究四川省攀枝花市生物产业发展现状，其发展依托气候优势和现代农业技术，建立"中国南菜北运"基地、通过"实体店+互联网"的形式将特色生物产品推向全国市场，搭建良好的市场平台[1]；吕伟斌等从广西玉林市的农业产业发展入手，探究了其在发展农业产业方面，推广超级稻种植，培养免耕抛秧技术、马铃薯免耕栽培技术、病虫害综合防治技术、稻田机械粉垄超高产技术，通过试验站、培育中心建设及龙头企业带动、标准化示范基地的建成，形成"原材料种植—色素提取—产品加工"天然色素产业链及绿色养殖体系。[2]

在生物制药发展方面，汤莉娜等对江苏省生物医药产业发展进行探究，提出以生物医药研发和市场培育为两翼的"一体两翼"发展模式，从政策创新、技术创新、组织创新及价值链创新这四个方面来推进生物医药产业的发展。[3] 杜威世对石家庄生物医药产业进行研究，提出借鉴"硅谷模式"，从利用产业聚集效应、延伸生物医药产业链条、注重创新环境建设、优化研发结构、完善金融体系着手改善地区医药产业发展困境。[4] 我国台湾地区 2016 年正式出台了《台湾生物经济产业发展方案》，提出了整合产业资源、完善发展环境，加速新药品开发及商业化发展以及开拓国际市场三大发展战略，重视生物经济的研究与发展，并通过法规的完善、人才的引进、区域间的合作以及生物经济重点领域的发展，力争2020 年，生物产业产值达 1000 亿新台币，产业附加值提升 35%，培育 3 个年产值超过 100 亿新台币的龙头企业。[5] 作为"岭南药都"的玉林，在中草药和保健品市场占据一定份额，形成"现代中药—健康保健"一体化产业体系，生产铁皮石斛、八角、肉桂、莪术、穿心莲、鸡骨草、天

---

[1] 韦会平、唐秋林、刘知路：《攀枝花市特色生物产业发展的现状及对策》，《攀枝花科技与信息》2016 年第 41 卷第 4 期。

[2] 吕伟斌、肖琼莉、卢洁、吴颖：《玉林市生物产业现状与发展展望》，《沿海企业与科技》2017 年第 3 期。

[3] 汤莉娜、申俊龙：《江苏省生物医药产业发展模式与创新策略分析》，《医学与社会》2014 年第 27 卷第 1 期。

[4] 杜威世：《硅谷模式对石家庄生物医药产业发展的启示》，《产业与科技论坛》2017 年第 16 卷第 3 期。

[5] 张元钊：《台湾地区生物经济发展战略比较及启示——基于政策视角》，《亚太经济》2017 年第 2 期。

冬、橘红和山药等具有南药特点的代表性中药[①]，并初步建成了中国—东盟中药材交易体系，建成中国最大的中药材集散市场——玉林银丰国际中药港，提供中药材加工、药材贸易、中介服务、电子商务、国际博览、仓储物流等服务。[②] 可星等研究了"张江药谷"模式，认为其是产学研合作技术创新管理模式的变形，采取"一区多园"模式，建立多个服务平台相互促进，形成独特的技术创新网络，从而促进产业集群效应的产生。[③] 徐建勇等阐述了浙江省衢州绿色产业集聚区通过建立"飞地"的方式发展生物医药产业，即在上海张江建设了"衢州生物医药孵化基地"，借势借地借人才，走出了一条"上海孵化—衢州生产"的产业培育新道路，由此可以聚集高端人才、整合资源。[④]

第三节　旅游产业发展理论与模式

一　旅游产业空间布局

1. 旅游和旅游产业

旅游科学专家国际联合会采用瑞士的汉泽克尔（Hunziker）和克拉普夫（Krapf）对旅游作出的定义："旅游是非定居旅行和暂时居留而引起的一切现象和关系的总和。"世界旅游组织提出并且被联合国采用的定义为：旅游是"人们为了休闲、商务及其他目的而动身前往和停留于自己通常居住环境以外地点期间进行延续时间不超过一年的各种活动"。

旅游由三个基本框架构成：旅游流（tourism flow）、旅游活动（tourism activity）和旅游影响（tourism impact）。旅游流是旅游客源地与目的地相互作用的一种形式，客源地和目的地二者由旅游流相联系。通常

[①] 吕伟斌、肖琼莉、卢洁、吴颖：《玉林市生物产业现状与发展展望》，《沿海企业与科技》2017年第3期。

[②] 广西壮族自治区人民政府：《广西壮族自治区生物产业发展规划》，http://.gxzf.gov.cn/zwgk/zttj/rgyj/xgw j/201109/t20110909_ 347099. htm, 2009年12月23日。

[③] 可星等：《国内外生物制药产业技术创新管理模式比较研究》，《科技管理研究》2017年第37卷第13期。

[④] 徐建勇、朱玲娟：《衢州市：巧建"飞地"培育生物医药新产业》，《今日科技》2017年第4期。

情况下,旅游流是与旅游客源地、旅游线路和旅游目的地三者密切相关的,旅游活动是旅游流在流动过程中所产生的一系列与旅游相关的活动,它要解决的问题是针对旅游流和旅游流本身的需要做什么和如何去做的问题;旅游影响是旅游流在进行旅游活动的时候对旅游目的地和旅游客源地的社会、经济、文化等方面产生的影响。

随着旅游产业地位的提升,我国学者逐渐认识到旅游是一项产业。一般认为,旅游产业是提供服务满足旅游消费需求并取得经济和效益的一系列行业。张凌云认为,"从满足同一类需求方面来考察,凡是生产或提供满足旅游消费者在旅游过程中所需要的食住行游购娱等方面的产品和劳务的部门或企业的集合称之为旅游产业"[①]。王兴斌认为旅游产业不仅包括旅游产业,还包括直接为旅游者提供物质、文化、信息、智力和管理等服务和支持的其他行业[②]。曹国新、占佳分别认为应从旅游消费和旅游供给两方面定义旅游产业,以区别于传统产业,有利于与国民经济统计体系对接。[③] 吴统慧认为旅游产业是一个综合性的产业,其不同于传统意义下的产业,旅游产业应是旅游目的地为到访游客提供各种服务的诸多行业的集合,其外延几乎是没有边界的。[④] 对于旅游产业范围的划分,学者们存在不同的观点。

表4-1选录了学者们对旅游产业范围划分的主要观点,主要是从需求和供给两个角度和采用设定标准参数法、产业集群和要素等划分方式对旅游产业的范围进行划分。

表 4-1　　　　　　　　旅游产业范围划分主要观点

划分角度	划分方式	主要内容	作者
需求	设定标准参数法	将达到该参数的行业或部门纳入旅游产业的范畴,而将未达到标准的行业或部门剔除出旅游产业范围	张毅(2006)

---

① 张凌云:《试论有关旅游产业在地区经济发展中地位和产业政策的几个问题》,《旅游学刊》2000年第1期。
② 王兴斌:《带薪休假制度促进休闲旅游产业转型增效》,《旅游论坛》2008年第4期。
③ 曹国新:《旅游产业的内涵与机制》,《旅游学刊》2007年第10期;占佳:《旅游产业范围界定应从基本概念入手》,《旅游学刊》2007年第22卷第12期。
④ 吴统慧:《北京旅游产业地位的定量分析》,《旅游学刊》1998年第6期。

续表

划分角度	划分方式	主要内容	作者
需求	产业集群法	将旅游产业集群分为三个层面：核心层、直接支撑层、间接支撑层，旅游核心层的主要构成要素是旅游吸引物，直接支撑层包括旅行社业、餐饮和住宿业、交通业，间接支撑层包括基础设施和公共服务	宋振春等（2004）
需求	三分法	将旅游产业的范围划分为旅游核心部门、旅游依托部门和旅游相关部门三个层次	罗明义（2007）
需求	—	凡是为旅游活动提供直接或间接服务的行业和企业都属于旅游产业。旅游产业边界没有明确的规定，也没有明确的划分	张辉（2002）
需求	二分法	包括完全依赖和部分依赖旅游发展的产业，而将那些为旅游者提供产品，但却对旅游依赖不显著的行业剔除出旅游产业	Smith（2000）
供给	要素法	"食、宿、行、游、购、娱"六要素构成了旅游产业的主要链条	翟辅东（2006）
供给	—	旅游资源业、景观业和旅行社业	师守祥（2007）

注：根据文献自行归纳。参见张毅《TSA 的核心概念界定及统计分类标准》，《经济师》2006年第3期；宋振春、陈方英、李瑞芬《对旅游业的再认识——兼与张涛先生商榷》，《旅游学刊》2004年第19卷；罗明义《关于"旅游产业范围和地位"之我见》，《旅游学刊》2007年第22卷第10期；张辉《旅游经济学》，旅游教育出版社2002年版；Smith, S.L.J., "Measurement of Tourism's Economic Impacts", *Annals of Tourism Research*, Vol. 27, No. 2, 2000, pp. 530–535；翟辅东《旅游六要素的理论属性探讨》，《旅游学刊》2006年第4期；师守祥《旅游产业范围的界定应符合经济学规范》，《旅游学刊》2007年第22卷第11期。

2. 旅游产业空间布局

旅游产业的空间布局主要是指旅游产业在地区范围内的组合和分布现象。进入21世纪后，随着旅游产业空间聚集现象的出现，在对旅游产业空间布局的研究中，其中，主要从产业集群的角度对旅游产业的"集聚效应"进行研究。

（1）旅游产业集群研究的理论基础

产业集群理论萌芽于19世纪末，成熟于20世纪，该理论最早由英国经济学家 Marshall 提出。1990年，Porter 在其所著的《国家竞争优势》中，系统地阐述了国家竞争优势的"钻石模型"，强调产业若要建立国家竞争优势，必须先能善用四大关键要素（生产要素、需求要素、企业、相关产业与支持产业），加上"机会""政府角色"，彼此互动。Porter 将这种"钻石模型"定义为产业集群。工业产业集群研究起步较早，旅游产业的集群研究由于集聚机制复杂、依赖于消费市场、内部结构与工业产业集群有明显区别等原因，研究还处于起步阶段。

（2）国内外旅游产业集群研究

旅游产业的集群是一种地理现象，大多表现为同类型相互联系的旅游企业在某一区域大量集聚。这种集聚的形成原因主要分为外因和内因，外因主要是旅游产业集群的区位选择因素，内因是旅游产业集群给经营者带来的利益。学者们对旅游产业集群形成的区位选择因素研究涉及：资源禀赋、市场需求、区位条件和政府推动。表4-2选录了关于旅游产业集群形成机制的主要观点。

表4-2　　　　　　　　　　旅游产业集群形成机制

学者	主要观点
Weiermair（2003）	消费者、关联产业和关联集群、新技术、生产力、创新、新的产业结构
Novelli（2006）	游客需求变化、增加生产力、知识溢出、创新、增加就业、市场参与
Erkusozturk（2009）	降低交易费用、外部规模经济、共享创新、国家政策调整、中小企业联合、外部环境改善和知识溢出效应
邓冰等（2004）	资源禀赋、客源市场、交通区位、产业链作用、政策作用
夏正超、谢春山（2007）	自然性因素吸引力、区位选择吸引力、规模经济吸引力、空间交易成本因素、协同创新环境因素、文化与制度因素
李庆雷、明庆忠（2008）	利润驱动、需求拉动、政策驱动、供应链驱动

注：参见 Weiermair, K., Steinhauser, C., "New Tourism Clusters in the Field of Sports and Health: The Case of Alpine Wellness", 12th International Tourism and Leisure Symposium 2003, Barcelona, 2003; Novelli, M., Schmitz, B., Spencer, T., "Networks, Clusters and Innovation in Tourism: A UK Experience", *Tourism Management*, Vol. 27, No. 6, 2006, pp. 1141-1152; Erkusozturk, H., "The Role of Clustertypes and firm Size in Desipning the Level of Network Relations: the Experience of Antalya Tourism Region", Tourism Management, Vol. 30, No. 4, 2009；邓冰、俞曦、吴必虎《旅游产业的集聚及其影响因素初探》，《桂林旅游高等专科学校学报》2004年第15卷第6期；夏正超、谢春山《对旅游产业集群若干基本问题的探讨》，《桂林旅游高等专科学校学报》2007年第18卷第4期；李庆雷、明庆忠《旅游产业生态集群及其实现方式》，《北京第二外国语学院学报》2008年第9期。

（3）作为区域经济发展手段的旅游产业集群

Molefe在《南非旅游产业集群研究概述》中指出：旅游产业集群是指地方旅游活动的地理集中，形成基于国内水平的旅游活动的旅游价值链；集群集聚是为了通过合作提高竞争力，或者是通过集群的努力加速经济发展。① Julie Jackson 运用"钻石模型"分析澳大利亚和中国西部的"旅游产业集群",得出旅游产业的集聚能够促进该地区经济增长,而旅游产业集聚效应同时能够提升区域竞争力。② Flowersh 和 Easterling 将钻石模型理论应用于南卡罗来纳的旅游产业上,分析如何促进旅游产业集群的生长③。Gollub 等给出了利用产业集群战略来减少旅游经济漏损的路径④。

庄军提出旅游产业集群可按宏观、中观和微观进行划分,系统架构包括3个层次、4种网络结构和2种市场结构(协作型和竞争型)⑤。叶红认为旅游产业集群可以按照核心吸引物的不同划分为3种类型:城市旅游集聚、景区旅游集聚与社区旅游集聚⑥。李庆雷等构筑了旅游产业生态集群培育的框架⑦。谢春山认为旅游产业的空间布局受自然条件与旅游资源的禀赋、区位因素与集聚效益、经济发展水平、旅游规划与开发、旅游市场需求、旅游产业政策 r 影响。

(4) 旅游产业集群水平实证研究

方世敏等讨论了旅游产业集群的影响因子,以长株潭城市群旅游圈为对象,运用灰色关联分析方法对各因子对产业集群的影响度做出定量判别⑧。杨勇通过计算空间基尼系数对我国旅游产业的行业区域聚集程度进行计算,得出我国旅游行业区域聚集程度呈现上升趋势。⑨ 卞显红以杭州国际旅游综合体为例,分析了旅游产业集群持续成长的驱动力,认为旅游要素比较优势是基础驱动力,旅游投资是保障性驱动力,集群网络是关键

---

① Molefe, T., South African Tourism Cluster Study Summary [R/OL], 2000 (5).

② Jackson, J., "Developing Region Tourism in China: the Potential for a Ctivating Business Clusters in a Socialist Market Economy", *Tourism Management*, Vol. 27, No. 4, 2006, pp. 695-706.

③ Flowersh, J., Easterling, K., "Growing South Carolina's Tourism Cluster", *Business & Economic Review*, Vol. 52, No. 3, 2006, pp. 15-20.

④ Gollub, J., Hosier, A., Woo, G., "Using Cluster-based Economic Strategy to Minimize Tourism Leakages", *The World Tourism Organization*, 2002, pp. 1-56.

⑤ 庄军:《论旅游产业集群的系统架构》,《桂林旅游高等专科学校学报》2005 年第 16 卷第 4 期。

⑥ 叶红:《我国旅游产业区模式:比较与实证分析》,《旅游学刊》2008 年第 21 卷第 8 期。

⑦ 李庆雷、明庆忠:《旅游产业生态集群及其实现方式》,《北京第二外国语学院学报》2008 年第 9 期。

⑧ 方世敏、赵金金:《旅游产业集群形成影响因素关联度分析——以长株潭城市群旅游圈为例》,《旅游论坛》2010 年第 3 卷第 4 期。

⑨ 杨勇:《中国旅游产业聚集水平的实证研究》,《山西财经大学学报》2010 年第 32 卷第 9 期。

驱动力，集群创新是核心驱动力。① 朱彧等运用基尼系数、赫芬达尔指数、行业集中度等指标对海南旅游产业集群程度进行定量识别、判定和分析。②

(5) 研究评述

与其他产业集群的研究相比，旅游产业集群研究尚处于探索阶段，在研究方法、内容和深度方面存在不足。旅游产业集群的要素内涵、演化机制、区域影响等研究都处于初级阶段，存在的不足主要是：理论研究较多，缺少实际案例，研究方法多为定性研究，逻辑判断不足。针对旅游产业集群的识别和统计标准研究，反映旅游产业集群真实状况的可靠数据缺乏，多集中于个案研究，缺少普遍适应性研究。

二 旅游产业关联与融合研究

1. 理论基础和概念

产业融合的概念最早由美国学者 Rosenberg 提出。他认为，19 世纪中期，在创新过程中，相似的技术应用于不同产业时，一个独立、专业化的季节工具产业出现了，并将这个过程称为"技术融合"③。美国学者 Porter 认为技术是促进产业融合的基础，技术的发展能够促使产业边界日趋模糊。④ 马健通过对产业融合基本规律和特征的总结提出了产业融合的完整含义。⑤

旅游产业概念研究发展从早期的产业融合概念套用到对融合特征的挖掘，将旅游产业融合结果作为旅游产业同其他相关产业的融合的相关标准，基于对旅游产业融合原因、模式和结果的概念内涵分析来体现旅游产业融合概念研究，发掘和把握旅游产业融合特征（见表 4-3）。

---

① 卞显红：《旅游产业集群成长阶段及持续成长驱动力分析——以杭州国际旅游综合体为例》，《商业经济与管理》2011 年第 12 期。

② 朱彧、樊琪：《海南省旅游产业集群定量识别与分析》，《中国商贸》2012 年第 14 期。

③ Rosenberg, N., "Technological Change in the Machine Tool Indusery, 1840-1910", Journal of Economic History, Vol. 23, No. 4, 1963, pp. 414-443.

④ Micheal Porter, Competive Advantage: Creating and Sustaining Superior Performance, New York: Free Press, 1985.

⑤ 马健：《产业融合理论研究评述》，《经济学动态》2002 年第 5 期。

表 4-3　　　　　　　　　　　旅游产业融合概念分析

概念特点	融合原因	融合模式	融合结果	作者
强调技术为主要因素	新技术	交叉融合	新产品	刘宇青（2009）
一般产业融合的模式应用到旅游产业	未提及	相互渗透、相互关联	新产业	张凌云（2011）
强调旅游的特殊性为旅游产业融合的主要原因	旅游的体验性，闲暇的二重性，经济利益	旅游产业的跨界融合表现在相互整合、重新分配、消费升级、创新供需两端	本质是创新，新产业兼具旅游产业特征	杨颖（2008）
强调旅游产业融合的内在动力、外在推力和技术	内在动力：强关联性，利益最大化；外在驱动力：市场需求，竞争合作；技术创新	相互竞争协作形成一个新兴产业，其外延包括技术、企业、产品和市场融合	新兴产业	徐虹、范清（2008）
不同产业融合的四种途径	需求拉动，企业内在驱动，技术创新推动，外部环境	模块嵌入式、横向拓展式、纵向延伸式交叉渗透	兼具不同功能的新兴业态	高凌江、夏杰长（2012）

注：参见刘宇青《对旅游产业发展融合化的认识》，《商场现代化》2009 年第 58 卷第 6 期；张凌云《旅游产业融合的基础和前提》，《旅游学刊》2011 年第 26 卷第 4 期；杨颖《产业融合：旅游业发展趋势的新视角》，《旅游科学》2008 年第 22 卷第 4 期；徐虹、范清《我国旅游产业融合的障碍因素及其竞争力提升策略研究》，《旅游科学》2008 年第 22 卷第 4 期；高凌江、夏杰长《中国旅游产业融合的动力机制、路径及政策选择》，《首都经济贸易大学学报》2012 年第 2 期。

2. 旅游产业结构关系与产业价值链研究

（1）旅游产业结构效益

根据运用方法不同主要有两类，一类是运用偏离—份额法对城市旅游产业结构及效益进行分析。胡宇橙等用 SSM 法对天津旅游产业结构及效益进行分析，认为旅游产业各部门发展优势明显，但各部门之间存在不均衡，其中交通部门和商品销售部门增长速度快，结构贡献度大，而住宿部门增长速度趋缓，竞争力减弱[1]。康传德分析青岛旅游产业结构，认为青岛旅游产业餐饮、商品、游览业结构效益差[2]。另一类则是运用灰色关联分析法进行分析，陈秀莲用次区域理论将泛珠三角分成三大次区域，然后用灰色关联分析法对各次区域旅游产业结构进行实证分析，得出旅游产

---

[1] 胡宇橙、王庆生、钱亚妍：《天津市国际旅游产业结构的现状及优化——基于偏离—份额分析法（SSM）的研究》，《哈尔滨商业大学学报》（社会科学版）2008 年第 1 期。

[2] 康传德：《青岛旅游产业结构分析与优化对策研究》，《经济研究导刊》2009 年第 20 期。

各部门影响度在不同区域存在明显差异的结论①。盛学峰等对黄山市旅游产业结构进行分析，结论为对黄山国际旅游外汇收入增长影响较大的部门依次为商品部门、餐饮部门、娱乐部门、住宿部门、长途交通部门、游览部门和邮电部门②。张春晖等则同时用SSM法和灰色关联分析法对陕西旅游产业进行分析，得出陕西省入境旅游产业及各部门的发展水平低于全国平均水平，游览和娱乐部门亟待调整的结论③。崔建勋从创新的角度，对旅游产业结构优化、升级的动力机制进行了解读，其主要观点包括：第一，开拓客源市场是旅游产业结构升级的原动力；第二，企业创新是旅游产业结构升级的内因；第三，政府管理体制创新是旅游产业结构升级的外因；第四，企业创新和政府创新共同推动了旅游产业结构的升级④。

（2）旅游产业价值链

刘蔚认为，旅游产业价值网络具有稳定性的特点，这种价值网络的稳定性除了受合约机制约束以外，声誉机制在企业网络的稳定性中也起到了很大作用⑤。王淑湘、叶长兵通过分析旅游产业价值链与制造行业的差异，得出旅游产业价值链的非物流特征，指出虽然酒店业和制造业一样有采购业务，但只是支持活动的采购，采购回来的物品如酒店设施、客房用品只能算是企业基础设施，其他旅游供应企业的采购亦是如此⑥。黄继元认为旅游产业价值链是一个基于商业利益的动态平衡体系，只有建立一种尊重和符合各方利益的机制，这个链条才能真正转动起来，这个模式就是"竞争—合作"模式⑦。唐业芳、郑少林提出将旅游咨询服务作为核心环节应从主链中剥离出来，通过发展私人旅游咨询师，形成一个独立的价值链条。传统旅游产业价值链中旅行社职能分化之后，新价值链中的专业性

---

① 陈秀莲：《泛珠三角国际旅游产业结构实证分析——基于次区域理论和灰色关联度的探讨》，《国际经贸探索》2007年第7期。

② 盛学峰、章尚正：《旅游业转型升级研究——以黄山市为例》，《改革与战略》2009年第25卷第7期。

③ 张春晖、张红、白凯、刘丽：《基于动态偏离—份额和灰色关联分析的陕西入境旅游产业结构与竞争力分析》，《旅游论坛》2010年第3卷第1期。

④ 崔建勋：《河南旅游产业结构升级中的创新问题研究》，《管理学刊》2012年第5期。

⑤ 刘蔚：《基于价值链（网络）理论的旅游产业竞争力分析》，《北方经济》2006年第9期。

⑥ 王淑湘、叶长兵：《波特理论在商业零售企业竞争中的应用》，《河南社会科学》2004年第2期。

⑦ 黄继元：《旅游企业在旅游产业价值链中的竞争与合作》，《经济问题探索》2016年第9期。

信息咨询公司和导游服务网站将得以致力于超细分产品的提供和特殊服务的开发[1]。蔡瑜、孙爱萍也从灵活性方面论述了电子商务对传统旅游产业价值链的影响[2]。

(3) 研究述评

产业价值链研究一般为：基于产业或企业活动流程的划分方法和基于消费者活动行为的划分方法。但研究成果大多停留在照搬制造企业价值链理论研究的层面，没能深入研究旅游产业价值链各环节之间的关系，研究成果更多地关注旅游产业价值链的形态变化，对旅游产业价值链深层次的研究较少，尤其是对旅游产业价值链中的文化、价值观念及各构成环节之间的信任关系研究较少。

3. 旅游产业的融合

随着旅游产业的发展，新的产业要素和产业形态不断产生，旅游产业融合方面的研究成为近年来的新热点。旅游产业的产业渗透性决定了其产业融合的必然趋势，旅游产业与其他产业渗透与融合表现在旅游产业融合产品的多样化。

(1) 旅游产业与农业融合模式

国内对旅游与农业融合的研究较多，其中包含了对农业旅游、休闲旅游、乡村旅游等的研究。王琪延、徐玲基于投入产出表对北京市旅游产业与农业的融合状况进行了分析，研究发现农业对旅游产业的投入率小于旅游产业对农业的投入率[3]。在融合模式研究上，主要是对旅游产业与农业融合过程中的关系进行描述，主要是指旅游产业向农业延伸服务功能，农业向旅游产业提供旅游资源。王德刚则根据旅游与农业的融合程度不同，将其融合结果分成了观光旅游、休闲农业和创意农业三个层面，认为创意农业旅游是农业与旅游的高度融合，通过创意农产品的出售将获得高附加值[4]。

(2) 旅游产业与文化产业融合模式

国外学者主要是基于遗产资源从不同利益主体出发或对不同地域的文

---

[1] 唐业芳、郑少林：《互联网环境下旅游价值链构筑》，《经济研究导刊》2007年第1期。
[2] 蔡瑜、孙爱萍：《基于电子商务的旅游产业价值链构建》，《科技创业月刊》2007年第12期。
[3] 王琪延、徐玲：《基于产业关联视角的北京旅游业与农业融合研究》，《旅游学刊》2013年第28卷第8期。
[4] 王德刚：《农业旅游代际特征与盈利模式研究》，《旅游科学》2013年第27卷第1期。

化旅游发展进行分析，鲜有研究提及文化旅游产业或从产业融合的角度对文化旅游进行探讨。Greg Richards 认为创意改变了原来的文化旅游，从有形遗产转移到更无形的文化和更大参与目标的日常生活。创意旅游需要以文化内涵为基础，以创意为主导，以旅游产业与多种产业共同融合发展为主要形式，注重游客在旅游过程中的体验性。

近年来，国内对文化旅游的理论研究逐渐增多，主要集中在对文化旅游资源、产品的开发或某个地区文化旅游产业发展的分析方面。从研究方法上看，基本上都是定性分析，部分研究结合具体区域对旅游产业和文化产业融合进行讨论。刘艳兰以文化产业与旅游产业融合模式为例，通过对阳朔《印象·刘三姐》的实证分析，认为促进文化产业与旅游产业融合发展必须形成产业融合发展的意识，要努力发掘文化产业，凸显文化创意[1]。张海燕、王忠云构建了旅游和文化两产业的互动融合机制，在互动融合中描述了旅游对文化的引致和扩散效应及文化对旅游的渗透和提升效应[2]。杨卫武、徐乃卿针对上海旅游文化类产品的购物特点进行了问卷调查，从消费者的角度对上海市旅游文化产品的需求进行了量化[3]。

(3) 研究述评

国外产业融合研究主要从产业融合的定义、产业融合与产业演化的关系、产业融合对企业战略管理的影响等方面进行研究，取得了不少研究成果。在旅游产业融合方面，关于产业融合基本问题的研究较少，研究以具体的案例分析、实证描述居多，特别是构建了衡量旅游产业融合产品效应的指标，通过评估指标之间的关系来获取数据，但理论分析比较少。

我国旅游产业融合尚处于初步发展阶段，虽然呈现出多种类型和层次的融合，但旅游产业融合尚不成熟。旅游产业与文化产业的融合模式的研究成果较多，从不同的角度对融合模式进行了阐述。文化产业对旅游产业进行融合的模式研究主要分析了文化内涵融入旅游产品中的过程，旅游产业对文化产业进行融合的模式研究主要是对旅游产业赋予文化资源旅游的功能进行分析。定性或结合具体区域的案例分析方法较多，定量研究较

---

[1] 刘艳兰：《实景演艺：文化与旅游产业融合的业态创新——以桂林阳朔〈印象·刘三姐〉为例》，《黑龙江对外经贸》2009 年第 8 期。

[2] 张海燕、王忠云：《旅游产业与文化产业融合运作模式研究》，《山东社会科学》2009 年第 1 期。

[3] 杨卫武、徐乃卿：《基于游客行为的上海旅游与文化产业融合研究》，《经济论坛》2012 年第 3 期。

少。研究较多分析旅游产业与其他产业相互促进、共同融合发展的现象，缺乏旅游产业融合状态的测度，因此无法正确把握互动融合中两产业的互动状态。

三 旅游产业模式

1. 民族文化旅游产业

在国外，民族旅游（Ethnic Tourism）被看作"脱俗朝圣"的活动，科恩认为，民族旅游是一种变体的观光旅游；观光对象在文化、社会或政治上不完全属于居住国的主体民族，其在自然生态与文化方面的独特性、差异性吸引了游客。旅游本质体现为一种族际交流或一种跨文化观察与体验。我国学者对民族旅游有众多不同称谓，吴必虎将这些概念统一为民族文化旅游，他认为，这些概念的共同特点是以某一地区的民族文化为基础，通过各种方式对民族文化形式及内涵加以产品化体现，形成一种旅游吸引物。[1]

国外民族旅游研究主要包括两类：一类是到土著民族居住的地区旅游，包括发达和不发达国家的土著居住区；另一类是指到移民集中生活的社区旅游，如美国的唐人街等。科恩（Cohen）将民族旅游定义为：针对在政治上、社会上不完全属于该国主体民族的人群，由于他们的生态环境或文化特征或独特旅游价值，而进行的一系列观光旅游。[2] 美国人类学家布鲁诺（Bruner）认为，国外或国内的旅游者通过旅游可以观察其他群体，这些群体有明显的自我认同、文化和生活方式，而且通常被贴上诸如种族、国家、少数民族、原始、部落、民俗或农民的标签[3]。Susan 以 Wales 为案例对民族旅游与文化变迁进行研究，认为民族旅游为民族迁移提供了动力支持[4]。

通过对检索文献的梳理和分析发现，国内学者在民族旅游方面的研究主要包括三个方面：一是民族旅游开发概述与模式研究等；二是旅游开发对民族文化及社区的影响；三是旅游开发背景下如何实现民族文化的保护

---

[1] 吴必虎、余青：《中国民族文化旅游开发研究综述》，《民族研究》2000 年第 4 期。
[2] 杨慧、陈志明、张展鸿：《旅游、人类学与中国社会》，云南大学出版社 2001 年版，第 45 页。
[3] 同上书，第 47 页。
[4] Susan, P., "Ethnic Tourism and Nationalism in Wales", *Annals of Tourism Research*, No. 1, 1995, pp. 35-52.

和传承。

(1) 民族旅游开发概述与模式

马晓京、金毅认为民族文化旅游是以少数民族文化为载体而开展的观赏、娱乐、商品及服务活动。[1][2] 李天翼认为民族村寨旅游是游客对民族社区的自然与文化进行的参观与访问。[3] 金颖若认为民族文化旅游的物质载体是民族文化村寨,提供全面、集中、系统的原生态民俗展示。[4] 罗永常根据旅游开发阶段的差异,将民族村寨旅游分为待开发型、新兴热点型、重点文物型和盛名热点型四种。[5]

(2) 旅游开发对民族文化和社区的影响

关于旅游开发的积极影响,有学者指出,民族旅游开发有助于改善社区生态环境,提高村民生活质量,保护、传播民族文化[6];提高族群认同,推动文化再生产[7];提高文化自豪感,促进文化传承[8],促进文化复兴[9];促进文化保护,提升社区参与意识,利于建立村民文化自信,自主传承文化[10],利于村民对民族文化价值的认知,促进优良价值观发扬,利于文化发掘与文化交流[11];利于当地对民族传统与文化的认同、保护、发展。

消极影响方面包括:出现民族文化认同感失落,价值观蜕变、传统民

---

[1] 马晓京:《西部地区民族旅游开发与民族文化保护》,《旅游学刊》2000 年第 15 卷第 5 期。

[2] 金毅:《民族文化旅游开发模式与评介》,《广东技术师范学院学报》2004 年第 1 期。

[3] 李天翼:《镇山村"1 家庭主导型"民族村寨旅游模式成因分析》,《安徽农业科学》2011 年第 39 卷第 17 期。

[4] 金颖若:《试论贵州民族文化村寨旅游》,《贵州民族研究》2002 年第 22 卷第 1 期。

[5] 罗永常:《黔东南民族文化旅游资源开发现状分析与对策研究》,《贵州民族研究》2004 年第 24 卷第 3 期。

[6] 田敏:《民族社区社会文化变迁的旅游效应再认识》,《中南民族大学学报》(人文社会科学版) 2003 年第 23 卷第 5 期。

[7] 杨慧:《民族旅游与族群认同、传统文化复兴及重建——云南民族旅游开发中的"族群"及其应用泛化的检讨》,《思想战线》2003 年第 29 卷第 1 期。

[8] 林锦屏、周鸿、何云红:《纳西东巴民族文化传统传承与乡村旅游发展研究——以云南丽江三元村乡村旅游为例》,《人文地理》2005 年第 20 卷第 5 期。

[9] 岳坤:《旅游与传统文化的现代生存——以泸沽湖畔落水下村为例》,《民俗研究》2003 年第 4 期。

[10] 谭丽林、吴笛霜:《原生态侗族文化旅游开发研究——以三江县高友侗寨为例》,《广西师范大学学报》(哲学社会科学版) 2008 年第 44 卷第 3 期。

[11] 何景明:《边远贫困地区民族村寨旅游发展的省思——以贵州西江千户苗寨为中心的考察》,《旅游学刊》2010 年第 2 期。

族文化走向消亡，传统社会结构的解体、民族传统文化的肤浅化和庸俗化[1]，旅游弱化了传统文化的本真内涵，使文化沦为纯粹的旅游消费品[2]，旅游引发民族文化外、中、内三层次变迁，使民族文化空壳化[3]，吴其付指出旅游发展忽视了公共空间对文化传承的重要性，影响文化传承。[4]

（3）民族旅游开发和文化保护

黄泽虎、戴贤君认为民族地区的旅游产业发展需要考虑到不同产权模式带来的对利益相关者的不同影响。[5] 李强认为旅游开发应该保护原住民的利益，建立传承主体（原住民）文化自信。[6] 杨娜、赵耀认为民族村寨旅游开发应该遵循整体开发、社区参与、返璞归真和可持续发展原则，通过对民族村寨旅游开发社区参与的类型、方式、层次等的研究，提出了从教育和收益分配方面实现社区利益的保障机制。[7] 李菁提出在村寨旅游开发中提高村民的参与意识和参与度需要从教育培训入手[8]。刘韫则提出，以市场为导向、政府为主导、社区为核心，借助非政府组织等的外部推动力量落实和深化社区参与的途径[9]。保继刚、孙九霞认为社区参与旅游发展的关键是实现社区增权，并提出了政治增权、经济增权、心理增权、社会增权四种途径[10]。王汝辉、刘旺认为民族村寨旅游应以增强文化自觉，

---

[1] 杨昌儒、潘梦澜：《贵州民族文化村寨旅游发展问题与对策研究》，《贵州民族学院学报》（哲学社会科学版）2004年第5期。

[2] 徐赣丽：《民俗旅游的表演化倾向及其影响》，《民俗研究》2006年第3期。

[3] 贺能坤：《旅游开发中民族文化变迁的三个层次及其反思——基于贵州省黎平县肇兴侗寨的田野调查》，《广西民族研究》2009年第3期。

[4] 吴其付：《旅游发展与公共空间的变迁——以阿坝州理县桃坪羌族为例》，《旅游论坛》2011年第4卷第4期。

[5] 黄泽虎、戴贤君：《民族地区旅游产业利益相关者的产权关系研究》，《旅游管理研究》2012年第12期。

[6] 李强：《少数民族村寨旅游的社区自主和民族文化保护与发展——以云南泸沽湖与青海小庄村为例》，《贵州民族研究》2010年第2期。

[7] 杨娜、赵耀：《民族旅游开发中的村寨文化景观恢复探析——以贵州剑河小广侗寨为例》，《沿海企业与科技》2007年第7期。

[8] 李菁：《少数民族民族社区农户参与旅游发展问题的研究》，硕士学位论文，云南师范大学，2006年。

[9] 刘韫：《困境与选择：民族村寨旅游的社区参与研究》，《青海社会科学》2008年第2期。

[10] 保继刚、孙九霞：《雨崩村的社区旅游：社区参与方式及其增权意义》，《旅游论坛》2008年第1卷第1期。

构建社区自主治理制度的方式来实现社区参与①。文红、唐德彪认为民族村寨旅游开发应从文化生态系统的角度出发,通过保护文化生态来保护地方文化的原生性和完整性②。吴其付认为,只有融入地方文化公共空间,才能在民族村寨旅游开发过程中增强文化认同感③。高婕、田敏指出,民族旅游开发与保护发展和民族文化保护之间应该兴利除弊,实现经济与文化双赢。④

(4) 研究述评

国内研究成果主要集中在民族村寨对民族社区经济、社会、文化的影响,对民族村寨旅游的开发条件、存在问题及其发展对策进行了一些有价值的探讨。总体来看,对民族村寨旅游开发的研究绝大多数集中在外因探讨、开发理念和保障措施的提出方面,而制度安排对旅游开发的重要性和作用没有引起足够的重视,专门运用产权制度理论对少数民族村寨开发的研究显得较为薄弱。

2. 全域旅游

(1) 概念界定

全域旅游是指在规定的范围中有着较好的资源,以旅游产业为主要产业,通过发展该产业,从而保证范围内的资源保护、环境保护、基础设施、相关服务产业、教育建设等其他有关的产业可以在旅游产业的发展带动下,进行综合性建设,保证各个产业间互相促进、互相合作、相互联动的一种新兴的区域协调发展模式和理念。可以有力地改善资源紧张、环境破坏情况,形成绿色产业。在发展的过程中将环境保护和经济发展相融合。通过对环境资源的充分利用,促进经济的发展,保护自然生态环境,从而形成可持续发展的产业。全域旅游的核心是通过对资源的重新整合,包括景区、乡村、森林、地质、湿地、自然保护区等各类资源,对所有利于旅游产业开发的"资源"进行重新整合评价,保证经济和自然环境的

---

① 王汝辉、刘旺:《民族村寨旅游开发的内生困境及治理路径——基于资源系统特殊性的深层次考察》,《旅游科学》2009年第23卷第3期。

② 文红、唐德彪:《民族文化多样性保护与文化旅游资源适度开发——从文化生态建设的角度探讨》,《安徽农业科学》2007年第35卷第9期。

③ 吴其付:《旅游发展与公共空间的变迁——以阿坝州理县桃坪羌族为例》,《旅游论坛》2011年第4卷第4期。

④ 高婕、田敏:《民族旅游的困惑与选择——中国民族旅游与少数民族传统文化保护能否双赢的思考》,《西南民族大学学报》(人文社科版)2009年第30卷第6期。

可持续发展。

(2) 我国主要发展情况

厉新建等对全域旅游进行了详细的阐述和说明，构建了该产业的"四新"理念及全域旅游的"八全"结构图。① 吕俊芳在《城乡统筹视阈下中国全域旅游发展范式研究》中提到，在空间上要形成"大城小城嵌景区"的模式，而产业上则要形成第一、第二、第三产业相融合的"全域旅游第六产业"②。周家俊等提出，对于全域旅游在我国西部的开展应当结合当地的情况，充分认识到西部生态环境极其脆弱的特点，通过开发旅游产业促进周围产业的发展，从而提高当地整体经济水平，形成符合当地实际情况的发展模式。③ 针对旅游管理，刘丽娟提出整个地区的旅游协调发展需要政府部门的有力支持，各个地方信息的整理、协调以及资源的相互补充都离不开政府的工作，通过政府的出面，可以减少各个产业之间的障碍，在这种新模式下政府的有力支持将形成旅游管理新格局。④

3. 乡村旅游与旅游扶贫

2006 年以来中国的乡村旅游发展迅速，乡村旅游因其关联效应和乘数效应，统筹城乡发展，推动新农村建设、带动农村就业、促进农村脱贫减贫等作用得到政府的大力支持，旅游扶贫被国务院扶贫办作为产业扶贫中重点推荐的扶贫方式。2016 年 1 月 10 日，农业部、国务院扶贫办在河北省阜平县召开的特色产业精准扶贫工作座谈会上指出，特色产业是农村贫困人口增加收入的主要来源，我国 7000 多万农村贫困人口中，有 3000 万需要通过发展产业脱贫。⑤ 乡村旅游产业正是可增加贫困人口收入的特色产业，很多地方的实践证明，乡村旅游扶贫是行之有效的精准扶贫途径之一。旅游扶贫工程是国务院扶贫办实施精准扶贫的十大工程之一。旅游局在全国选取 2000 个建档立卡贫困村实施旅游扶贫工程，2015 年先在 600 个贫困村开展试点，帮助贫困人口参与旅游产业开发，增加收入、提

---

① 厉新建、张凌云、崔莉：《全域旅游：建设世界一流旅游目的地的理念创新——以北京为例》，《人文地理》2013 年第 3 期。

② 吕俊芳：《城乡统筹视阈下中国全域旅游发展范式研究》，《河南科学》2014 年第 1 期。

③ 周家俊、周晓鹏、黄莹：《甘孜州全域旅游的内涵研究》，《旅游纵览》2015 年第 10 期（下半月）。

④ 刘丽娟：《全域旅游视角下的甘南州生态旅游开发策略》，《旅游纵览》2016 年第 10 期（下半月）。

⑤ 龙新：《紧扣精准脱贫搞好产业扶贫》，《农民日报》2015 年 12 月 15 日第 5 版。

升能力。①

(1) 乡村旅游研究

乡村旅游与乡村经济发展的关系研究一直是乡村旅游研究的重要内容。国外乡村旅游研究已经累积了不少成果，研究焦点主要集中于乡村旅游与乡村可持续发展的关系、基于供求与需求方面的乡村旅游动力机制、旅游的管理和发展策略等。在对乡村旅游管理的研究中，学者们大多积极倡导乡村"社区参与"的管理模式，强调社区参与在乡村旅游中的重要作用。Tosun 在对土耳其 Urgup 地区的案例研究中，认为与发达国家不同，在许多发展中国家，当地社区参与旅游发展的过程不太容易实现，由于种种原因，社区村民不能分享乡村旅游开发带来的增加收入等积极效应，却要承受环境破坏、生活受干扰、价值观念冲突等负面效应，从而导致当地社区居民对发展乡村旅游怀有敌对情绪，极大地阻碍了乡村旅游的发展。Tosun 进一步分析认为，社区村民参与乡村旅游发展需要对当地政治、法制、管理和经济结构作全面的变革，同时强调要保护作为乡村旅游重要吸引物的"乡村性"(Rurality)。②

国外对乡村旅游的研究内容较为细化，在研究理论和方法上，国外学者比较注重学科融合和理论交叉，对数理统计、模型、地图、现代化技术的应用较多，数据处理的方法步骤比较科学，可信度较强，增强了结果的科学性。③

我国乡村旅游的理论研究相较于实践发展较为落后，研究人员的学科背景各不相同，包括经济、管理、历史、社会、林业等学科，研究视角宽广但不够深入，主要是以定性描述为主，定量分析较少。研究方法方面，越来越多地运用人类学、社会学、地理学和统计学等的学科方法，尤其是对案例方法的运用，将研究成果建立在实践工作的基础上。

(2) 旅游扶贫研究

贫困地区主导的乡村旅游以发展乡村旅游来促进乡村经济增长，是一种能够促进减轻贫困的旅游发展方式，是旅游为贫困人口产生的净效益，

---

① 吴俊：《扶贫办与旅游局启动贫困村旅游扶贫试点工作》，《中国旅游报》2015 年 12 月 27 日第 7 版。

② Tosun, C., "Roots of Unsustainable Tourism Development at the Local Level: the Case of Urgup in Turkey", *Tourism Management*, Vol. 19, No. 6, 1998, pp. 595-610.

③ 姚治国、苏勤等：《国外乡村旅游研究透视》，《经济地理》2007 年第 11 期。

强调穷人旅游收益必须远远大于他们付出的成本的发展战略，被称为 PPT 战略（Pro-Poor Tourism）。① Harold Goodwin 提出旅游发展与消除贫困之间的关联，概述了 PPT 在旅游产业和消除贫困中的演变过程，指出 PPT 在早期的英国政府部门的国际发展部与环境、运输和地区的要求编制中有所体现。PPT 的目标包括：①经济利益；②其他生活利益（自然、社会、文化）；③无形的福利。但旅游扶贫的效果一直备受质疑，Ashley 在较早的时候就指出在一些贫困地区，旅游扶贫开发收益主要被当地精英分子所获得，即相对富有人的收益远大于最贫困人口的收益，扩大了贫富差距，这显然有悖于 PPT 的初衷。因此，旅游发展不是贫困地区的万能药，必须在合理的操控及规划下才能成功。②

国外旅游扶贫研究主要集中在三个方面：第一是环境效益。旅游对贫困地区环境的影响，积极的方面是旅游发展对交通、教育和医疗等方面有着改善作用；但同时旅游产业的扩张也会影响到当地的自然资源，导致挑战原有生活方式，产生消极影响。以野生生物、地质景观等为基础的自然旅游是很多自然旅游资源丰富的发展中国家（尤其是非洲）开展旅游扶贫的主要方式，效果显著。贫困人口的参与方式有：提供住宿、饮食、远足旅行及购物等。③

第二是经济效益。Steven Deller 从美国 1990 年至 2000 年农村贫困发生率变化探究旅游和娱乐对改变贫困发生率的作用。结果表明，旅游产业和休闲产生在缓解贫困率的变化中所占比重很少。旅游和休闲产业的经济收益并不高，旅游产业在贫困减缓方面起的作用主要是为当地居民提供了更多的就业机会。④

第三是社会效益。主要是贫困人口对于旅游产业的参与程度和类型，以及贫困人口的受益研究。Pillay 等的研究以食品供应链为例，指出南非沿海地区高端旅游度假酒店的食品供应虽然是本土化采购，但由于酒店是

---

① Schilcher, D., "Growth Versus Equity: The Continuum of Pro-poor Tourism and Neoliberal Governance", *Current Issues in Tourism*, Vol. 10, No. 2, 2007, pp. 166-193.

② 转引自李会琴、侯林春、杨树证《国外旅游扶贫研究进展》，《人文地理》2015 年第 1 期。

③ Kiernan, K., "The Nature Conservation, Geotourism and Poverty Reduction Nexus in Developing Countries: A Case Study from the Lao PDR", *Geoheritage*, Vol. 5, No. 3, 2013, pp. 207-225.

④ Steven Deller, "Ruralpoverty, Tourism and Spatial Heterogeneity Original Research", *Annal of Tourism Research*, Vol. 37, No. 1, Jan. 2010, pp. 180-205.

通过中介网络组织和本地贫困的原材料生产者发生关系，而这些组织极少代表该区域贫困农业生产者群体的利益，影响了当地贫困人口从旅游发展中受益，因此，并不利于减贫。①

我国旅游扶贫研究主要关注乡村旅游。乡村旅游扶贫是指以帮助贫困地区贫困人口脱贫为目标，在乡村旅游资源丰富的贫困地区或经济欠发达地区，通过发展乡村旅游产业，促进贫困地区经济、社会、生态、文化全面发展的一种产业扶贫方式。乡村旅游扶贫的效果从本质上来讲取决于贫困地区寻求自生式发展的能力，贫困人口能否彻底脱贫也取决于其自我发展的能力。

伴随着2013年国家提出精准扶贫战略，我国学者纷纷从精准扶贫视角研究乡村旅游扶贫中的问题，将乡村旅游扶贫研究不断推向深入。通过在中国知网上输入文献检索关键词进行搜索，从使用频率特别高的关键词即可窥见有关旅游扶贫研究的主要观点：大多数研究者认为乡村旅游、生态旅游、红色旅游、社区旅游是比较理想的旅游扶贫方式，旅游扶贫战略适宜在旅游资源丰富的贫困地区进行，尤其是西部少数民族地区。旅游开发与扶贫的整合既有利于旅游产业的可持续发展，也有利于旅游目的地的可持续发展。

周歆红指出："扶贫"才是旅游扶贫的本质，旅游扶贫过程中的旅游产业发展仅是实现扶贫目标的手段。②肖建红、肖江南以宁夏六盘山旅游扶贫实验区为例，从微观经济效应的角度对面向贫困人口的旅游扶贫途径进行了研究。③王兆峰总结分析了民族地区旅游扶贫的十大模式：社区参与模式、可持续发展模式、生态旅游扶贫模式、立体化旅游扶贫模式、农家乐开发模式、现代农业旅游产业开发模式、特色文化旅游开发模式、旅游景区依托开发模式、旅游扶贫联动开发模式，旅游供应链扶贫新模式。提出了民族地区旅游扶贫开发八大战略：旅游扶贫政府主导战略、旅游扶贫开发的RHB战略、旅游扶贫PPT战略、旅游生态环境建设战略、旅游基础设施建设战略、旅游扶贫与旅游小城镇建设相结合战略、区域旅游合

---

① Manisha Pillay, Christian, M., "Roerson Agriculture‐tourism Linkages and Pro‐poor Impacts: The Accommodation Sector of Urban Coastal Kwa Zu lu Natal", South Africa Original Research Article, *Applied Geography*, Vol. 36, Jan. 2013, pp. 49-58.
② 周歆红：《关注旅游扶贫的核心问题》，《旅游学刊》2002年第1期。
③ 肖建红、肖江南：《基于微观经济效应的面向贫困人口旅游扶贫（PPT）模式研究——以宁夏六盘山旅游扶贫实验区为例》，《社会科学家》2014年第1期。

作战略、旅游市场开发战略。①

目前,对旅游扶贫尚未达成统一的认识。国外 PPT 战略明确将目标定位于贫困人口的净收益,而我国对旅游扶贫目标却一度定位于地区经济发展。随着研究的深入和发展,国外 PPT 理念的引入和旅游扶贫实践的发展,我国学界已基本将旅游扶贫目标定位于贫困人口的获益和发展。学者们通过大量研究,提出了诸多有利于提高贫困人口参与受益的方法,包括各类模式、机制的构建等,并认识到不同贫困群体旅游参与方式、程度和需求存在差异,将会随着旅游的发展而发生改变,应关注同贫困人口和处于不同发展阶段的旅游目的地反贫困问题与特征的差异,以增强旅游扶贫措施的针对性和有效性。但相比于全国各地蓬勃发展的乡村旅游扶贫实践,乡村旅游扶贫研究较为滞后,主要是在总结旅游扶贫的经验教训,具有前瞻性的理论和视角可指导旅游扶贫实践的研究并不多见,研究整体上仍处于初期阶段,亟须进行多学科交叉的深入研究。

4. 国家公园发展

(1) 国家公园起源与实践

1872 年美国国会通过《黄石法案》(Yellowstone Act),建立世界上第一个国家公园——黄石国家公园,1881 年建立国家森林保护区,1916 年建立国家公园管理局,森林旅游由此在美国萌芽,随后一些国家也陆续开展森林旅游活动。1960 年在西雅图举行的第五届世界林业会议成为森林旅游发展的里程碑,会后世界各国积极投入森林自然保护区和国家公园的规划建设中,大力发展森林旅游经济。我国的森林公园事业最早可追溯到 1979 年,当时邓小平同志发表了著名的"黄山讲话",指出我国的旅游事业"大有可为,应加大力量搞",这为我国加快旅游发展指明了方向和道路。1981 年,国务院出台了《关于加强旅游工作的决定》,从政策上为旅游快速发展打下了基础。1982 年我国命名了第一个国家森林公园——张家界国家森林公园,森林旅游发展在我国拉开序幕。截至 1990 年年底,我国的国家森林公园数量达到 16 处,已经初步建立了具有中国特色的森林公园体系和科研管理机构。截至 2015 年年底,我国共有森林公园 826 处,占地面积达 10845491.71 公顷。

"国家公园"的概念源于美国,名词译自英文的"national park",这

---

① 王兆峰:《民族地区旅游扶贫研究》,中国社会科学出版社 2011 年版,第 146、208 页。

一概念最早是 1832 年由美国画家乔治·卡特琳（George Catlin）提出，美国国会于 1872 年通过了《黄石法案》，美国黄石国家公园开始建立，国家公园这一概念也正式开始应用到实践中来。20 世纪 50 年代以后，各国国家公园建设得到了迅速发展，并实现了保护公益性和公共服务性双赢。从黄石国家公园建立至今，全世界已有 100 多个国家设立了多达 1200 处风情各异、规模不等的国家公园。国家公园作为人类保护自然生态环境和满足自身娱乐游憩需求的建构空间，它的存在与发展必定要在一定管理与治理框架下进行。各国设立国家公园的背景和现实条件千差万别，但对保护地存在的价值目标是基本一致的，在公园的管理和治理之上有共通之处。

(2) 美国国家公园的资源保护与开发管理

美国国家公园经过一百多年的发展，对国家公园认识的不断加强，从重旅游轻生态，到实现科学指导旅游发展。总的来说，美国国家公园是非营利性质的，其规划建设以资源保护为导向，价值取向则由最初的游憩利用转向了自然生态保护，即保护和维持国家公园的生物多样性和生态完整性，将游憩限定于对环境影响最小且对环境产生的非消耗性的活动。

美国国家公园在其一百多年的发展进程中不断完善自身的管理体制，已建立了一套较为科学的、完整的、系统的管理模式，把原来多名称、多部门管理的多种保护单位统一为一个科学、完整的国家公园体系，实行国家、地区以及公园的三级垂直领导管理体系。

①自然资源清查保护。美国国家公园发展过程中，国家公园管理局（National Park Service, NPS）对每个国家公园的资源进行强有力的跨学科的研究，进行自然资源清查（Natural Resource Inventories），在广泛调查的基础上确定资源的位置或状况，包括动植物等生物资源以及非生物资源的类别、分布和现状。清查有助于了解园区资源情况，为后续的监测建立基线信息。使用各种方法定期监测资源的关键要素，确保对生态的保护、保存以及准确解说。同时依照实际需要和可能，每个国家公园都要编制与定期修改园区自然资源的综合管理措施及规划（一般为 10—20 年），国家公园管理局以最大限度地减少人类的行为对于自然进化过程的负面影响为制定自然资源政策的主要目标，从而使全体美国人民可以享受并得益于自然环境。

②科学的管理原则。生态保护和旅游发展在国家公园中一直都扮演着

重要角色，但同时两者又是国家公园面临的主要矛盾之一。在长期的探索中，美国国家公园建立了生态保护和旅游开发相协调的方案。

第一，国家公园体系内不许修建索道和其他娱乐性设施。虽然以崇山峻岭、飞瀑激流为特色的国家公园为数不少，即便险峻的山势不便于游客全面的游历和欣赏壮美景色，但是为了尊重原始自然风光的完整性，美国国家公园管理局不允许在公园内修建索道和其他娱乐性设施。因此，自然风光才能以原始状态保存下来，公园的完整性也不会因此而遭到破坏。

第二，重视国家公园内的道路建设。国家公园的道路既要增强游客的游览经历，提供高效安全的出行通道，同时又要对自然和文化资源产生最小的影响甚至避免产生影响。在尽量完善道路网的同时，避免修建道路时对生态系统和欣赏价值造成的破坏，同时尽可能采取各种补救措施。例如，为了保证野生动物活动和迁移的便利，联邦政府斥资1.3亿美元，耗时4年，建成了"野生动物跨越道"。此外，小径和步行道是进入公园许多区域的唯一方式，以保证公园环境的协调一致和观赏质量。

第三，严格的经营准入制度。国家公园管理局作为非营利性的机构，将管理重点集中在自然和文化遗产的管理和保护上，主要是通过联邦政府拨款和民间捐款来保证日常的运转。

自1965年开始，美国国家公园经营项目就都需采取特许经营模式。美国国家公园内允许通过特许经营、商业开发授权与租赁协议三种经营形式开展商业活动，涵盖了国家公园体系内的全部旅游产品和服务。2017年美国国家公园吸引了331万人次前来参观，其中，特许经营项目为国家公园创造了约10亿美元的经济收入。该制度安排主要分为三部分：一是美国国家公园特许经营活动由NPS实行全国统一管理，制定商业服务项目总体规划，决定国家公园内可以开展哪些特许经营项目和如何开展。二是通过公开招标遴选特许经营商，中标者即成为经营者，其中有个人也有企业。三是NPS负责对国家公园内的特许经营项目进行监管，内容包括影响监管、合规监管和活动监管。美国国家公园特许经营的界限非常明确，仅限于非消耗性地利用国家公园核心资源，并提供相应的服务，但必须确保在向游客提供必要与适当的商业服务时，使特许经营的业务同公园资源的保护相一致，包括公园的住宿、餐饮等旅游服务设施以及旅游纪念品的经营。

第四，游客管理模式。"游客体验与资源保护"（Visitor Experience

and Resource Protection，VERP）技术方法用来解决资源保护与旅游发展之间的矛盾，称为 VERP 模型。指标是具体、可衡量的，且能够反映某个区域整体状况，是 VERP 的核心内容。通过监测关键指标，将其控制在合理范围内，实现资源保护与旅游发展的平衡。VERP 指标分为两大类：资源指标和社会指标。前者用来衡量游憩活动对国家公园资源的影响，如环境污染、植被的破坏等；后者衡量游憩活动对游客体验的影响，如交通拥挤、文化冲突等。

③科普教育。美国在国家公园和环境教育方面的立法和制度中，都有与科教功能相关的规定。根据这些规定，相关管理部门需依托管理体系，推广环境科普教育，各地国家公园的科教工作组由各相关学科的专家和技术人员组成，最大限度地保证科教模式符合科学性、合理性；同时为强化国家公园科教功能，建立专门的激励机制，对科教活动突出、提出创新项目的人员进行奖励，等等。各构成单位都制作了紧扣自身特点和寓教于乐的宣传短片。在所有国家公园体系构成单元中，游览标识就有五十多种，且全部统一由黑白色构成，含有文字附注，做到了统一性、知识性与趣味性相结合，提高了游客尤其是儿童的学习兴趣。

美国国家公园解说按照有无人员参与分为：人员解说、非人员解说和游客中心。人员解说必须考虑受众的特点，包括会谈、讲座、研讨会以及艺术表演和演示、初级护林员项目、基于课程大纲的教育项目、公园课堂项目等。课程教学内容主要是公园的资源以及与公园保护或保存相关的问题。公园课堂为青年团体、俱乐部、家庭学校团体和其他人提供教育支持，让学生和公众以户外方式对资源进行学习，更好地了解科学、历史和文化的发展及研究。非人员解说不需要员工在场，包括公园小册子和其他出版物，博物馆和游客中心展品、路边展品、网页、视听演示和无线电信息系统等。通过建立国家公园专题网站等形式，提高公园信息的开放度、透明度，提高公众对公园管理、保护的参与度，调动公众的保护积极性。

④公共参与管理。在美国，国家公园参与管理的主体主要由政府、非政府机构、社区居民、私人企业和已有的或潜在的旅游者等组成。

（3）典型国家公园案例简介

案例 1：美国黄石国家公园

黄石国家公园（Yellowstone National Park）是美国也是世界上第一座

国家公园，其成立于1872年，是世界自然遗产，也是世界上最著名的国家公园之一，被称为"神奇乐园"。

规划建设方面：20世纪80年代，黄石公园开始实行分区管理的科学规划模式，将黄石公园分为生态保护区、特殊景观区、历史文化区、游嬉区和一般控制区，针对不同区域的情况制定不同的旅游开发策略，达到资源科学利用和保护的目的。因为采取"保护第一"的科学规划理念，黄石公园大部分建筑设计在建筑样式、建筑规模和功能、建筑材料、施工过程等方面都制订了严格的要求，力求实现与周围环境的协调发展。园内的很多园林小品（座椅、指示牌、垃圾桶等）设计都取材于木材，既生态环保，又与周围的环境保持一致。与此同时，黄石公园还积极与大学、科研院所、社会组织等开展交流与合作，针对黄石公园里的一些环境恶化状况进行积极的研究，提出相应的生态修复对策。

从1969年开始，黄石公园的5个大门开始实行限制性开放，开放的数量和时间均根据实际情况进行调整。同时一些严重影响黄石公园的旅游开发项目被限制或被取消，从而减少了旅游开发对公园环境的破坏。

经营管理方面：1965年美国国会通过的《特许经营法》对国家公园的特许经营做了明确而又详细的规定。在黄石公园内进行餐饮、住宿等经营必须经过公开招标并得到批准，这使黄石公园的经营权和管理权相互独立，使黄石公园管理处可以将精力更好地用于对资源的保护和管理。黄石公园在20世纪80年代实施了"资产运营"计划，除了聘请相关领域的专家学者对园内的环境进行检测与分析外，还有相关雇员进行协助，一方面协助专家学者实施相应的环境改善措施，另一方面监督游客的行为，对其违反公园规定的行为予以制止。

黄石公园对园内游客提供的公共服务进行管理，包括环境教育管理、设施服务管理等。黄石公园开发出了很多具有环境教育功能的特色旅游活动，以初级守护者为例，该项目面向5—12岁的小朋友，针对小朋友的特点在专业人员带领下参观游览黄石公园，并且完成一些与黄石公园资源和保护相关的任务，全过程既有趣又富有知识性，在完成任务后将会颁发"初级守护者"的称号。环境教育不仅能够获得知识和丰富游客体验经历，还有助于从根本上提高游客的环境保护意识，认识到公园资源的不可再生性和保护的必要性，自觉参与环境保护，从而改善公园内的环境状况。

案例 2：约塞米蒂国家公园

约塞米蒂国家公园（Yosemite National Park）也是美国久负盛名的国家公园之一，它位于加利福尼亚中部偏东，内华达山脉的顶点是公园的东边界线，流经公园内的两条河 Merced 及 Tuolumne 起源于白雪沟山顶。在美国国家确认的 7 个生物区中，约塞米蒂国家公园内就有 5 个。公园主要有高山牧场和 3 块红杉林地，221 种飞禽、18 种爬行动物和 10 种两栖动物。

1980 年公园提出了总体规划，规划包括五大目标：重申自然美的无价、使自然进程更为突出、提升游客的理解和乐趣、大力降低交通拥堵情况、降低拥挤度。总体规划分成自然资源规划、文化资源规划、游客使用和公园运作及发展规划三个部分。在土地管理分区方面，规划将公园分成自然区、文化区和特殊使用区。到了 20 世纪 90 年代初期，面对游客量的飞速增长，约塞米蒂国家公园又编制了许多新的专项规划，通过整合，编制出了"约塞米蒂峡谷规划"，此外，管理机构还制定了"附加环境影响声明"。最终规划提供了四个方案：2 个约塞米蒂村和谷外停车方案、1 个谷内停车方案和 1 个谷外停车步行入园方案。每个方案都分成自然资源、文化资源、游客体验、游客服务、交通、停车、员工住宿、发展费用几个部分进行详解。

其中方案 2 为推荐方案：将日间停车统一安排在谷外的约塞米蒂村，村内建有新的峡谷游客中心。增加露营点，减少小旅馆。这个方案将大大降低约塞米蒂峡谷东部夏季的交通流量。以前河流的上游和下游的营地都将恢复成自然生态群落。一些穿过草地的公路将撤销。咖喱果园的停车场和果树将移除，恢复其自然状态。南部公路转为双向，而北部则变为自行车和步行使用的铺装路径。由此约塞米蒂西部地区的开发将最小化。整个规划使约塞米蒂峡谷的开发面积下降 71 英亩（约 29 公顷）。

案例 3：加拿大班夫国家公园

班夫国家公园（Banff National Park）的建立始于产业开发并由企业完成，在公园周边产业乃至班夫镇都发展到较大规模后才开始加强保护，其"人、地"约束的情况与中国的国家公园体制试点区很类似，生态保护与区域发展的关系比美国国家公园更复杂。20 世纪 90 年代中期，加拿大国家公园管理局启动了一个为期两年的研究项目，并针对研究成果采取了一系列的措施，旨在控制游客数量，保护生态环境，并从立法上明确了生态保护第一的理念。这些措施可总结为控制城镇发展、优化基础设施、列出游客行为负面清单、鼓励和支持特许经营商转型发展等。

其中列出游客行为负面清单是在对生态系统调查、重要物种监测后，列出各区域细化的保护需求和游客的风险来源，对应于保护需求和风险来源，给出了极其细致的利用负面清单，这不仅有针对项目的（基于环境影响评价），也包括针对游客的，在游览手册中进行提示且告诉游客"WHAT、WHERE、WHY、PENALTY"（游什么、在哪里、值得游的理由、违规处罚），这种要求既考虑了游客体验，也根据野生动物行为学研究考虑了保护需要和安全需要。

案例4：中国山南国家森林公园

江维华等通过对山南国家森林公园的研究，提出森林旅游与文化旅游相结合的共生发展模式，通过以良好的生态资源为依托，以森林体验、文化旅游为主导产品，打造综合型国家森林公园，确定适合自身的产品定位。其结合山南国家森林公园的特点和总体定位，归纳出文化旅游和森林旅游的复合型产品体系：历史文化——地质科普体验产品，茶文化——观光休闲体验产品，诗词文化——山地运动体验产品，禅修文化——乡村休闲体验产品。①

四　国家公园资金来源的思考

国家公园的资金来源与公园的管理质量存在相互促进的关系，资金保障促进公园管理的完善，公园管理质量则进一步激发公园管理资金的数量，并直接影响公园内生态系统保护的完整性。

1. 美国国家公园资金来源

美国国家公园的公益性决定了公园的运营资金来源以国会拨款为主，政府以立法的形式确立了该类资金在财政支出中的地位，为公园运营提供了稳定的资金保障，此类资金占据了公园资金的70%左右。美国国家公园靠自谋收入来解决保护和开发的投入可能性较小。也正是由于公益性的建设目的，美国国家公园大多采用低价门票或者免费的方式。费宝仓指出，如果没有美国国会拨款，并且要维持现有的保护和运营水平，美国国

---

① 江维华、王晓佳、钟乐：《森林体验与文化旅游在森林公园中的共生模式构建——以江西庐山山南国家森林公园为例》，《林业调查规划》2017年第6期。

家公园体系的门票价格至少要涨10倍。美国对国家公园划拨的资金主要用于土地征用、前期研究、基础设施建设和运营费用。①

除了政府财政拨款外,美国国家公园的资金来源还有市场和社会两种方式。市场渠道主要是国家公园管理局通过出售特许经营权,利用公园内资源与研究机构等合作开发新药、保健品等。美国国家公园特许经营权是在相关法律基础上以合理的费率为游客提供服务为目标,国家公园管理局采用先申请再公开招标的方式,在符合相关国家公园建设保护宗旨和手段的前提下,筛选在保护措施、向游客提供的服务价格、业绩背景、融资能力、特许费等方面满足要求的申请,选择最佳提案,之后提交国会进行公告,最后公园与申请方双方签订协议,签订期限一般在10年以下。对于特许经营费的收取,则根据受让人投资可能得到的净利润和合同中的义务以及向游客提供的服务价格等方面进行综合考虑,管理部门一般从特许经营利润中提取7%或从经营收入中提取2.5%—3%,以补偿公园投入,除此之外,所有特许经营费和其他货币补偿的20%要存入国库特定账户,以用于整个国家公园系统的管理和规划,80%留存于个公园自己的账户,用于支付本公园的保护和日常开销,用以提供游客服务、资助高度优先和迫切需要的资源管理计划和业务。② 在国家公园建设框架下通过价格机制来寻找第三方服务的机制,有利于国家公园的建设。一方面,第三方的引入增加了国家公园建设的资金;另一方面,有社会企业在框架下对相关资源等进行开发,能够加大对资源的利用效率,增加公园的社会效应。但特许经营权的售卖,需要可靠的监督、管理机制,特许经营权并不是无管理的放纵,仍需要公共部门对相关特许经营的资源进行限制,避免因为特许的权利而产生投机行为。我国现有旅游景区的开发,大部分由政府引入企业开发为主,公园的建设等完全由企业负责,由于企业的逐利性,往往导致企业忽视生态保护的公园建设目的性,造成生态的破坏,特许经营在一定程度上能够缓解我国现存的旅游景点、公园建设问题。

美国国家公园资金的另一个来源是源自美国公民的奉献意识。美国政府于1967年起,便经过国会批准建立了一个官方的国家公园基金会,该

---

① 费宝仓:《中美国家重点风景名胜资源管理体制若干问题探讨》,《地理与地理信息科学》2003年第6期。

② 钟赛香、谷树忠、严盛虎:《多视角下我国风景名胜区特许经营探讨》,《资源科学》2007年第2期。

基金会设立的目的是更好地整合社会零散资源，借助私人力量维持公园运营，并协助国家公园管理局的工作。在该基金下，私人机构或个人可以向国家公园基金会提供没有回报的慈善捐助。[①] 这种国民自愿捐款的资金来源是建立在美国国家公民良好的生态环境保护意识之上的，而目前我国公民缺少生态保护、资源保护意识，该种资金来源方式仍需大型企业等推动发展。

2. 普达措国家公园资金来源分析

中国国家公园建设相对较为落后。2006 年，云南迪庆藏族自治州通过地方立法成立香格里拉普达措国家公园，并宣告原已于 1988 年由国务院批准划入"三江并流国家重点风景名胜区"的有关地域为中国大陆地区的第一个"国家公园"。2007 年 6 月，在我国大陆首个被定名为国家公园保护区的普达措国家公园正式成立，同时是大陆第一个由林业主管部门审批的国家公园。2009 年，以迪庆州人大发布的《迪庆藏族自治州香格里拉普达措国家公园管理条例（草案）》为标志，普达措国家公园管理制度开始相对稳定。

之所以定位为"普达措国家公园"，是其类似国外国家公园管理模式，以保护自然遗产资源永续利用和为国民提供游憩机会为核心理念，《迪庆藏族自治州香格里拉普达措国家公园管理条例（草案）》第二条指出："集公园发展与社区发展为一体，在有效保护生态环境的前提下努力实现环境、社会、经济的可持续发展。"但在实践中，国家公园被赋予了两项极其重要的使命——"增加地方财政收入"和"发展地方经济"。迪庆州政府把普达措国家公园视作全州最好的国有旅游资产之一，授权大型国有旅游企业垄断经营景区内的门票、观光车等项目，并以此为平台进行资本运作，获取区域旅游开发与社会经济发展的资金。这一点从普达措国家公园的近年财务收支情况可以明显体现出来。近年国家公园每年营业性收入约 1 亿元，其中门票收入 5000 余万元，门票收入按照企业、州财政、县财政 6∶2∶2 的标准分配，其中约 2000 万元进入地方财政，而各类反哺社区和用于自然保护的款项平均不超过 200 万元。近年经营企业成功融资 20 多亿元，按州政府的意图投向了州内旅游交通设施、市政建设、旅游

---

① 朱华晟、陈婉婧、任灵芝：《美国国家公园的管理体制》，《城市问题》2013 年第 5 期。

开发项目、农业产业化项目等。① 普达措国家公园增加地方财政收入和发展地方经济的两个经济发展职能，致使普达措国家公园的主要运营资金来源仍以云南省和迪庆州财政拨款和高昂的公园门票收入，这与我国大部分景区的资金来源一致，对国家公园的发展造成较大的限制。

普达措国家公园获取的财政拨款非常有限，主要是正式职工的事业编制拨款，而庞大的其他经费基本依靠国家公园旅游开发自主筹集、自我发展。迪庆州财政按编制给国家公园管理局下拨行政事业费，主要用于人员工资和办公经费；云南省财政按照省级自然保护区的相关政策，每年通过林业部门按人员编制下拨碧塔海省级自然保护区管理所事业费。普达措国家公园两期建设投入的3亿多元资金完全来自不同时期管理机构和经营企业的自我筹集和旅游经营积累，目前迪庆州旅游发展集团有限公司还没有完全偿清国家公园的建设债务，景区的后续建设、设施维护和全部运营成本也依靠旅游经营来弥补。因此，国家公园只能依靠高价门票和高服务性收费来收回投资、获取发展资金并增加地方财政收入。国家公园的自然遗产保护、社区发展等不仅得不到财政资金的"输血"，反而还要从国家公园"抽血"。

3. 中、美两国国家公园资金来源模式对比

美国国家公园的资金来源主要由三部分组成：财政拨款、售卖特许经营权及公众捐赠，普达措国家公园管理和建设资金主要依靠所在地财政拨款和门票收入，相比之下，美国国家公园资金来源具有较大的可持续性，有利于国家公园的良性发展。反观普达措国家公园，随着国家生态保护红线的颁布，普达措国家公园位于海拔3500米以上的主要景点被禁止开发，普达措国家公园的门票收入出现大幅度下降，这对普达措景区的资金收入和发展造成了较大的打击，一方面部分景区关闭使游客量下降进而减少了门票收入的来源，另一方面门票收入的下降也影响了景区的保护开发。这种严重依赖门票收入的资金来源模式需要稳定的客源作为保障，客流量、国家政策甚至季节的变动均会对景区的收入造成较大的影响。

国家公园的建立是为了保护生态环境不受破坏，也是为了发挥其资源的游憩价值、研究价值等。美国国家公园特许经营权的售卖机制，利用政

---

① 田世政、杨桂花：《中国国家公园发展的路径选择：国际经验与案例研究》，《中国软科学》2011年第12期。

府限制、企业开发的方式能够最大限度发挥景区内资源的价值，并在保障生态环境不受破坏的前提下，大幅度地增加景区建设的资金来源。普达措国家公园由企业主导公园建设，企业拥有的建设权过大，很少受到各方限制。用逐利性的商业行为来管理国家公园，人为的开发不仅会造成对景区内自然生态环境的一定破坏和影响，而且高昂的门票费用、不良的游客体验会造成景区甚至所在地口碑的下降。另外，景区内开发项目的水平和管理者的理念都影响国家公园的建立初衷，同时，也不能为景区的长期发展带来良性的资金流。

4. 中国国家公园发展路径的思考

（1）规范国家公园功能，实施特许经营制度

现阶段我国国家公园包括其他景区的发展主要以企业为主导，但是政府一味地放开管理的权限，任由企业全权开发、运营景区，导致景区内生态保护难以得到保障。首先，政府应根据相关法律法规，出台相关的景区开发要求，在国家公园内明确划分功能区域，对公园内各类开发实施严格的审批制度，限制企业在景区内的开发行为，最大限度地保护生态系统，以便形成良性的门票收入来源。其次，我国景区应实施特许经营制度，采用价格机制引进资金雄厚的企业为景区提供相关服务，扩大景区资金的来源。

（2）完善公益性服务，推动志愿者进景区

国家公园建设中，除了相关基础设施的建设外，景区内工作人员的工资等也是国家公园建设的一大资金缺口。目前我国国家公园的建设忽略了国家公园公益性的目的，景区的运营完全由相关企业独立完成，造成运营成本的上涨及公益性的不完善。面对有限的资金，国家公园应开放社会服务、价值功能，建设相关的机制，吸引社会志愿者无偿服务公园以降低成本，以便将有限的资金运用于生态保护等方面，志愿者的加入还有利于扩大国家公园在公民生态保护意识建立上的教育作用，从而间接降低由于旅游而造成的污染，降低公园环境的维护成本。例如，可以在全国招募对植物学、地质学感兴趣的大学生暑期或者实习期来公园做志愿者，既可以实地学习到相关的知识（如植物分类等），又可以与公园导游切磋交流，共同进步，有助于提高管理水平，拓宽视野。

（3）加大财政支持力度，推进公益性回归

在资金保障方面，我国的保护地财政拨款十分有限，国家对国家级风

景名胜区、国家森林公园、国家地质公园基本是"只给帽子,不给票子"。自然保护区按照《自然保护区条例》的规定:"建设管理经费由县级以上财政予以解决,国家对国家级自然保护区的管理,给予适当的资金补助。"实践中,中央财政没有在保护区资金供给上承担应有的责任,而地方政府的财源状况和政绩考核体系决定了保护区管理也难享足够的地方财政投入,致使一些自然保护区为自给自养而出现资源滥用和环境破坏。[1] 从世界范围看,各国国家公园的建设都是以国家为主导,社会为主体的建设机制,且国家公园公益性的建设目的,从根本上决定了政府在国家公园中至关重要的建设地位。针对现有国家公园的实施状况,政府一方面应扩大对国家公园建设的财政投入,现阶段我国的财政拨款除中央政府层面外,其他均集中于所在地政府层面,但国家公园所处地的经济发展往往较为乏力,应改变这一现状,采取多省份相结合,跨区域联盟,吸引各省财政拨款,后续投以景区优惠的回报等方式筹集更多政府资金。另一方面,政府应限制、优化景区门票价格,针对景点较为集中的地区采取多种购票模式,如联票、定制型联票等,充分扩大景区之间的联动发展,从而降低景区的开放成本。

第四节 产业发展的现实依据

一 产业发展的收入效应

产业结构演进的一般规律是,随着社会经济的发展,产业结构不断升级,三次产业的比值会依次从"一二三"格局变为"二一三"格局,进而转为"三二一"格局。同时,产业结构趋向高加工度化、高技术化、高附加值化。产业结构的变化会改变社会对不同生产要素的要求,影响着不同生产要素所有者的收入,从而改变收入状况。随着产业结构的不断升级,第二、第三产业得到不断发展,既能促进城镇居民就业,也能促使农村剩余劳动力从农业向第二、第三产业转移,从而提高我国人均可支配收入,但是由于不同地区、不同行业之间的产业升级速度是不同的,因此就存在整个产业结构发展不平衡的问题,这种不平衡会使就业状况产生差异

---

[1] 田世政、杨桂花:《中国国家公园发展的路径选择:国际经验及案例分析》,《中国软科学》2011年第12期。

而导致收入变化。

我国从一个生产力水平低、经济基础薄弱的农业大国,逐步发展至今天,成为世界第二大经济体,经历了产业不断转型升级的过程,产业发展不仅具有经济福利效应,能够促进经济发展和产业结构升级,而且能够带来社会福利效应,同时对就业与收入产生重大的影响。劳动力也不断地从低收入的第一产业向第二、第三产业转移,使人均可支配收入得到提升。随着收入的提高,人们的需求层次也相应上升,经济发展新阶段的核心需要战略性调整和升级产业结构,因此,第二、第三产业快速发展是目标。第二产业生产总值的增加,会显著提高我国人均可支配收入,第二产业的生产总值对人均可支配收入的影响较大,而第三产业生产总值的增加并不能显著提高人均可支配收入,这反映出我国依赖第二产业,而第三产业发展跨度大,人均收入增长的关系不明显的现实情况。

中国二元经济结构的一个显著特点是,农村存在着大量的剩余劳动力,劳动力隐性失业现象严重。由于城镇农村实际就业率偏低,赡养系数偏高,城乡居民人均收入水平差异显著。产业结构与就业结构体系协调发展,重要的结果是非农产业大发展和城镇化的不断推进,同时,对于缩小城乡收入分配不平等具有积极的促进作用。第二、第三产业的发展,为农村劳动力转移创造了经济条件,城镇化进程中,城镇基础设施、基本公共服务和城市功能的完善,降低了人口迁移的成本,提高了迁移人口的收入和生活质量。

必须采取切实可行的政策措施,促进产业结构与就业结构的协调发展,为进一步缩小城乡收入分配不平等创造必要条件。首先,构建新型农村经营体系,走新型工业化道路,大力发展现代农业服务等环节,谋求二者的协调发展之路。其次,从确立就业优先的产业、调整战略、健全科技创新体系、完善劳动力市场、优化自主创新环境、促进新型城镇化与乡村振兴良性互动六个方面来构建产业结构与就业结构发展的政策保障体系。

旅游产业是当今世界具有发展潜力的朝阳产业之一,从世界范围看,旅游产业在 GDP 中所占比重持续提高,发展旅游产业已成为世界经济新的推动力,我国把旅游产业定位成战略性的支柱产业加以培育。云南省 2014 年就提出开辟新常态下旅游强省建设新局面,截至 2015 年年底接待游客 3.29 亿人次,旅游总收入 3281.79 亿元。云南省旅游产业"十三五"发展规划明确提出"推进旅游产业转型升级,促进全域旅游发展",到

2020年，全省接待海内外旅游总人数突破6亿人次，旅游总收入突破8500亿元。迪庆州正在倾力打造"世界的香格里拉""大香格里拉经济圈"品牌，推动旅游产业转型升级，达到全域旅游目标的整体实现。这将很大程度提高区域和居民的收入效应。

研究发现，从技术效率角度看，农村产业融合可以显著促进农民增收，反映在农村产业融合的指标中，农产品加工业年主营收入、乡村旅游收入、农林牧渔服务业产值、设施农业收入对农民收入的影响最大。

二 产业发展的机制分析

1. 内部机制

产业发展演进的动力机制是利益。产业因为利益而诞生，并从小到大、由盛到衰。对利益的追求的群体，包含了政府、厂商、产业主体甚至国家的经济利益等。利益促进产业空间转移、产业重合、产业投资、产业贸易等，影响产业发展演进的快慢最根本原因是利益驱动的强弱。

利益驱动是由超额利润和平均利润率这两个规律作为作用机制的，产业边际收益递减规律也起作用。[1] 也就是说，如果现有产业边际收益慢慢地降低到一定的程度，各个产业的规模也将不能再扩大。假设新领域投资预期回报比较高，而且具备政策、需求和供给等条件，那么就会吸引现有产业中的多余资源向新的领域投资，投资的数额和速度是由现有产业的发展程度和速度来决定的。通常，当这些条件都具备时，经营的利润率和投资回报率越高，吸引力就越大，新产业的形成和发展也就越快。相反，则慢或者衰退。

产业发展演进的另外一个动力机制是供求机制。在本质上，产业的产生与发展是以需求存在为前提的。随着社会的进步和发展，人们的需求和收入总量都在不断提高，促进需求的结构也发生改变。在相同时间，需求增长和需求变化在每个部门和层次都是不尽相同的。随着居民收入水平的上升，恩格尔系数降低，社会对农产品的需求会不断变少，第一阶段的需求对纺织业与轻工业的形成和发展提供了需求支持。第二阶段的需求是耐用消费品，为原材料工业的形成和发展提供了强有力的基础。而第三阶段是追求个性与时尚，要求工业加工度上升，生产出更多规格和品种的创新

---

[1] 刘友金、黄鲁成：《技术创新与产业跨越式发展》，《中国软科学》2001年第2期。

产品，为高加工度产业的形成和发展提供了基础。

差异化是产业发展演进的内在本质性机理。新型产业的基础性要素的开发与运用，其决定性因素是产业适应环境能力，发展过程是学习和知识累积的过程。产业发展除了供求机制和内在动力的作用外，各个产业在技术经济与生产方面存在不同之处，各个企业在资源及要素禀赋、行为模式和组织形式上也不同。这些差异先天地对产业演进起着重要作用。首先，这些差异会产生哈耶克所说的"差异优势"，促进专业化分工，导致企业核心竞争力的差异，不同企业适应能力不同，优胜劣汰过程促进了产业的发展。其次，存在差异就存在学习效应，使企业有了知识的积累，促进了产业发展。从产业分类可以看出各个产业内在本质相互之间的差异与规定性，其折射了产业多样性的技术经济特点，事实上也对产业发展演进的要求提供了内在条件，这些要求包括技术条件、资本数量、生产组织、生产要素规模起点与方式、市场容量等。这些现实可提供条件和内在要求是否一致决定了产业发展的速度与程度。

2. 外部机制

产业发展演进的外部机制首先是竞争。产业的兴衰是从竞争力的强弱来的，产业竞争力从衰弱到强盛再到衰弱。竞争力强有利于产业的形成、发展及成熟，也有利于产业的生命周期。这时产业能快速地吸纳资源、占领市场、技术进步、增加市场容量，使产业有一个更宽松的发展空间。产业竞争力弱则反之。

对产业发展和演进同样起着重要作用的是人们的主观意志。其作用过程主要体现为：在社会经济发展战略层面上，国家和政府对战略途径、战略目标的选择会间接或者直接对产业发展演进产生重要影响。在战术层面上，政府具体支持和限制产业的选择结果和产业政策的选择将对产业发展演进产生直接影响。无论是产业政策，还是发展战略都是体现国家意志及领导人意志、民族情绪、意图和偏好的产物。经济发展战略一方面间接地通过产业政策等战术层面对产业发展演进产生影响，另一方面产业发展演进直接创造氛围，它们全是政府行为的结果。主要是通过货币和财政政策、价格税收政策、投资政策等手段来实现政府对产业发展演进的协调与决策。

政府主导的制度结构在中国产业发展过程中起到了弥补市场失灵、实现经济起飞、推进跨越式发展的重要作用。在中国，政府因素尤其重要和必要，要理性认识和区分政府在产业发展中的正面与负面作用，要明确政府在产业发展中的作用机制与效应。政府因素产生的特殊效应表现为：政府通过选择主导产业发挥其关联效应，带动产业产出增长与国民经济的增长，此为增长效应；通过对产业结构的战略调整实现产业结构的优化及经济系统向更高阶段演化，此为结构效应；通过促进以要素转移为主要表现形式的产业转移带动区域协调发展，此为均衡效应；通过对特定产业和产业体系进行保护从而保证经济系统安全，此为安全效应。

政府在一定条件下，可以对产业发展及相关方面起到积极作用，但同时存在局限性与成本代价的不可测性。从我国目前情况看，政府对产业发展的正面效应依然存在，然而随着市场机制的不断发育和完善，其产生的成本和代价逐渐显现，此时，政府因素需要由更多的市场因素来部分替代。在产业发展过程中，政府因素与市场因素之间的关系是一种互补关系，而不是排斥关系。

总体而言，我国的市场化进程伴随着政府和市场的双重改进，政府在转型过程中积累了越来越多的管理经济的经验，效率逐渐提高；市场在资源配置方面的作用越来越明显。中国特色产业发展的道路，应该逐渐形成政府与市场的"相互作用和双有效"的驱动机制。

三 产业发展的人力资本要素

1. 人力资本产业发展的真正源泉

人力资本就是体现在劳动者身上的可用于生产产品或提供各种服务的智力、技能以及知识的总和。人力资本要素指的是区域产业发展过程中所占用和消耗的人力资源，在区域产业发展过程中具有关键性作用，它具有四个方面的特征：劳动者的体力占有量、劳动者的智力占有量、劳动者的主动性、劳动者结构的层次性。人力要素是生产五要素（人员、设备、物料、法则、环境）的使用者和组织者，其他所有要素的作用都只有在人力要素的作用下才能完成。人力要素也是许多深层次因素如知识、技术等高级要素发挥作用的载体。人力要素的结构层次性越高，所能应用的高级要素就越多，生产效率也越高。

卢卡斯"专业化人力资本积累增长"模型为人力资本对产业发展影响做了解释。卢卡斯认为人力资本既有内部效应也产生外部效应，通过正规的或者非正规的教育形成的内部效应表现为人力资本投资能使自身产生递增收益。通过在岗训练与"干中学"形成的外部效应是指增加人力资本能使资本和劳动等其他要素产生递增收益。人力资本的这两种效应相结合，能减弱或者消除资本、土地等要素的边际收益递减规律对产业发展的不利影响。人力资本增值就是通过对人力资本的积累、投资和扩充，促使人力资本的价值得以提升。卢卡斯模型的贡献在于承认人力资本积累不仅具有外部性，而且与人力资本存量成正比，承认人力资本积累（人力资本增值）是经济得以持续增长的决定性因素和产业发展的真正源泉。

罗默模型也可以解释人力资本是影响产业发展的。人力资本不仅可以形成自己的增量收入、资本和其他投入并产生增量收入，使整个产业规模收益递增。

2. 教育是人力资本形成的最佳途径

人力资本的形成有两条途径。一是通过学校教育，假定每个生产者除生产外都必须用一定的时间从事人力资本建设，这就强调脱离生产活动的学校教育对人力资本形成的作用。通过教育获得的人力资本，能够产生人力资本的内部效应。二是在实践中学习，在实际工作岗位边干边学也可以形成人力资本，即专业化的人力资本。这样的人力资本具有外部效应，使企业受益。

卢卡斯把人力资本分为社会一般人力资本和专业化人力资本，社会一般人力资本通过学校教育获得，专业化人力资本通过在实践中学习获得。但是，他又认为专业化人力资本形成的规模和速度，直接取决于社会一般人力资本已达到的水平。在现有人力资本总体水平较低的情况下，利用"干中学"获得的专业化人力资本的水平也不会很高。而且，如果单纯依靠"实践中学习"的方式，专业化人力资本及人力资本总体水平只能以十分缓慢的速度提高，难以适应经济快速发展的需要。只有学校教育才可以形成人力资本生产的规模效应，并突破专业的限制，最有效地提高一般知识水平。不仅如此，如果将"实践中学习"的思想贯穿于学校教育中，也可以通过学校教育形成专业化人力资本。

在欠发达地区，政府对农村的人力资本的投资不足。人是创造和发展的主导者，只有具备足够的知识和能力，再借助物质资本和环境条件，产业发展才有可能。因此，越是欠发达地区，越应该重视教育与专业化培训。

3. 人力资本对技术创新的推动作用

人力资本是经济发展的直接源泉，技术进步是经济发展的动力。人力资本是技术创新的决定性因素，通过技术创新能力和知识吸收、应用能力，促进技术进步。必须依靠技术进步等外力作用，才能促进经济系统在不同层次之间的演进。产业形成的重要基础和发展的内在动力一直都是技术创新。在产生技术快速改进的情况下，生产效率也在迅速地上升，资源配置也获得了足够的优化，需求升级，收入提高，因此带动了市场的分化，并有了提供更加全面个性化的服务和产品的需求，使产业链得到分化和延伸，因此更快地促进了技术发展与产业改革。人力资本提高技术创新影响着全要素生产率。

技术创新可分为流程创新和产品创新两种类型。流程创新是"通过对制造程序的周期性或者产品特性升级，来完成产品改进"。事实上，流程创新不但涉及创新推广，还包括市场营销、制造程序、公众认可等部分，使产品创新完成必要的商业化过程。产品创新就是不断设计、开发出市场需求的新产品，这是企业持续稳定发展的动力，新产品可以提高产品附加值，增加获利机会，赢得市场。企业一定要重视研发，研发费用的投入是评价企业技术创新的一个指标。"产品常新，企业长青"，企业要保持认识市场、了解市场和分析市场的能力，才能跟上市场潮流。

正是由于个体企业的不断创新，因而才促进了产业发展过程。当创新从成功个体慢慢向群体迈进并到达某个临界点时，成功的经验就被归为更有效的组织形式和行为模式，并由群体推行，完成全部产业的发展和制度变迁，并按照成功经验实施投入产出、决策管理、辅助支持和信息传输等。

对区域经济持续稳定增长的重要作用，不仅仅体现在对教育和研发的投入规模上，更重要的是体现在人力资本投入的效率上。

第五节 产业发展的保障措施

一 政府在产业发展中的作用

要推动迪庆州生物产业和旅游产业的发展，提升区域经济竞争力，政府作为制度提供者，承担着推进、协调、保护和弥补等重要作用，政府要积极主动发挥其重要正面作用。区域发展必须依靠政府推动或技术进步等外力作用，才能促进经济系统在不同层次之间的演进。

政府的力量要放在产业化前端，健全产品质量监督机制，建立市场规则，打击不正当竞争和治理市场秩序，营造公平的市场环境，推进企业信用体系建设，促进公共服务平台建设。要最大限度取消和下放行政审批事项，提高行政效能。补齐事中、事后监管的短板，不断提高制度供给的质量和水平。要大力推动科技创新体制改革，积极营造有利于各类人才干事创业的良好环境，也要完善投融资环境，引导社会资本投向，以市场化手段解决制造业重点领域的融资难问题。还要对那些处于发展初期的产业实施一定程度的"有效保护"和扶持，政府对于产业的保护应该通过完善法律法规、维护市场秩序等间接手段来实现。

政府政策、技术创新、制度变革、政府因素是产业发展的外生变量，是政府为了实现一定的经济目标，政府的主导作用需要通过制定经济政策、调配经济资源等方式，引导和影响市场机制发挥其作用。

迪庆州政府对其重点和支柱产业——生物产业和旅游产业发展的影响主要有以下几个方面。

一是作为制度供给方，根据发展需要进行制度创新。加强顶层设计，进行战略引导，制定区域发展规划，建立涵盖产业全局规划和局部政策在内的产业政策体系。

二是通过制定经济战略和经济政策来引导企业和市场行为。做好生物产业和旅游产业的长期战略规划、中期发展规划和近期具体计划，形成统一谋划、协调发展、稳步实施的格局。

三是协调产业的投资和必要的基础设施建设。通过基础设施建设投资、基础资源和金融资源的国有经营等实现对经济资源的调整和配置，包括规划、引导、保护、调整和限制等多维参与方式。

四是因势利导，制定优惠政策，对产业发展过程中具有外部性的活动予以补贴。通过减免税收政策，鼓励企业投入新产品和新技术研发资金，鼓励企业采取环保措施，鼓励企业向国际化方向发展，促进地方资源禀赋成为地方产业比较优势。

五是吸引外部投资以促进产业的发展，帮助企业克服资金短缺和约束的问题。有选择、有重点地招商引资，制定能发挥迪庆地方优势的利用外资引导政策，如优先选择资源使用型和深加工型、技术雄厚型和市场反应灵敏型等，制定有利于外来资源与本地优势融合的政策。

二 政策保障

首先，产业发展要在政府的统筹规划和指导下有序进行。完备的法律法规能保障社会经济健康有序发展，法律法规应根据产业发展的需要不断修改和完善。具体规划必须遵循总体规划的框架和方向，规划编制的全过程公开、透明，全程有民众参与，接受民众审议和监督。

其次，区域中任何产业的发展，都要依赖社会体系提供良好的基础环境。社会为区域产业发展提供的支撑包括：提供良好的政治、经济与法律秩序支持的基础制度与政策基础；提供人力资源规划、配置、招聘、培训等科学的人力资本要素基础，包括教育培训体系和卫生保健系统；提供知识与技术创新要素包括支持创新的人、财、物，以及将创新者、机会、环境和资源组合的机制；提供各种物质基础条件的公共事业基础和关联产业基础。

政策系统包括地区政府为了实现产业发展目标而对产业发展活动主动实施干预的各种政策，如货币政策、财政政策、知识产权政策、创新激励政策、人才激励政策、风险投资政策、资本市场政策、创业激励政策、开放政策、西部大开发政策等。作为具有法律与行政强制优势的正式规则，它通过对产业发展过程中全体利益相关者行为与利益的调节和规范，提供并优化产业发展的环境，促进产业发展目标的实现。

经济增长的主要原因是制度和产权、投资和技术创新，经济增长的源泉不仅在于资源禀赋和技术进步，也在于制度基础。制度基础起着举足轻重的作用。

1. 迪庆州生物产业发展的政策保障

目前，迪庆州生物产业的市场特征是产业结构以小、弱、散型为主；生产技术与生产效率相对落后；生产的产品集中在产业链的低端；缺乏国内和国际市场竞争力。其目标应该是：在国内市场上，从小、弱、散型的结构向小、精、特型的结构升级，并逐步培育国际市场竞争力。其取得竞争优势的主要手段是：资源优势、高原特色优势、环境优势及劳动力、土地等要素资源的低成本外生比较优势。周边环境对生物产业发展的影响是：县域间生物产业为同质竞争者。

迪庆州生物产业的企业特征是：多数为民营企业，员工素质不高，融资渠道狭窄，自身研发力量弱。个体企业间的比较优势主要体现在信息、人力资源、知识等基础性要素的差别性优势上。政府的作用范畴包括培育中小企业发展的环境、缓解融资困难、加大财税扶持力度、加快中小企业技术进步和结构调整、支持中小企业开拓市场、改进对中小企业的服务、提高中小企业经营管理水平和加强对中小企业工作的领导。

为进一步促进生物产业发展，根据迪庆州生物产业的发展现状，建议实施生物产业的"生态迪庆"品牌战略，从产品经营走向品牌运营，在自主品牌的塑造过程中提高自主创新能力，在价值链的高端寻求高利润。以概念招商吸引实力企业、资金和项目，打造核心驱动区，提升自主创新能力。通过双管齐下的战略，在资金和人才上形成合力，支持生物产业更优发展。

政府应该在法制规范、政策制定、舆论营造中发挥服务型作用，在目前市场经济条件下，地方政府的具体政策和措施是调控产业经济运行最直接、最有效的工具，因此，应该周密计划和确定迪庆州促进生物产业发展的各种优惠政策，包括项目奖励政策、项目用地政策、品种奖励政策、纳税贡献奖励政策、人才引进和奖励政策、科技创新奖励政策、孵化器使用政策、招商引资政策、种植和养殖基地扶持政策、企业上市奖励政策、工业旅游奖励政策等。

（1）制定和完善具有自身特色的科学技术政策，促进科技创新，提升自主创新技术和创新产品能力，政策应该详细规定不同类型专利的资助和奖励情况，积极促进各企业单位和个人申请专利。迪庆的生物产业是属于技术边界效应较低的产业，要采取引进、消化、吸收、再创新的方式进行自主创新。

（2）制定和完善有利于吸引外资和鼓励生物产业创新的财税政策和金融政策。整合资源，拓宽渠道，加大财政支持力度，设立生物产业发展专项资金，着力支持创新成果产业化、应用示范工程建设等。通过贷款贴息、补助（引导）资金等方式，设立创新基金、政府投入、银行贷款、风险投资等多元化的经费来源。各企业应根据自身发展特点，规模状况以及主要产品工艺特点等，走适合本企业竞争力提升的创新之路。对生物产业的研发投入、设备投入、产品销售等给予一定的税收优惠政策。通过放宽投资准入限制，利用投资补助、贷款贴息、税收优惠等措施，鼓励、支持和引导社会资本投入产业领域。

（3）加强生物产业人才队伍建设，大力发展职业教育，强化人才支撑。依托迪庆州民族中等专业学校，与省内、州内企业合作，以生物学科、项目、产业的实施和管理为载体，培养适应本地生物产业需要的专业技术人才、经营管理人才、高技能人才和信息技术人才。完善人才使用机制，着力培养造就一批熟悉生物产业市场、掌握专业技术的技术工人和管理人才。通过激励政策、优惠政策引进外来高层次人才（可以是来当地工作部分时间、阶段时间）。创建本地大学生、返乡人员创业园，吸引和激励外出工作后，有实力、有经验、有理想、热爱家乡的返乡人员，以及本地大中专毕业生入园创业。迪庆州地区企业缺乏管理人才与技术人才，各市、县可以根据本地情况，提出人才引进计划（例如，对于引进到迪庆州工作三年及以上的人才，政府给予一定的奖励，划分工作时间等级，给予不同的奖励措施）。

（4）建立健全指导协调机制，落实组织保障。一是成立州生物产业领导小组、专家咨询委员会及其办公室，实行部门联动，统一协调，整合资源，形成合力，提升决策水平。负责研究解决生物产业发展中的重点难点问题，负责形成有前瞻性、指导性、可操作性的生物产业专项规划。二是加强目标管理。按照规划要求分年度制定工作方案，明确主要任务、重大项目、重点工程、重要工作等，确保产业有序健康发展。三是优化协调服务。建立生物产业服务平台，受理投诉，协调解决问题。建立并引导生物产业行业协会或联合会自行协调内部发展问题，指导、规范行业发展。

（5）培育建设生物产业园区，促进产业聚集。创新需要有良好的空间载体和基地，产业园区是一种典型模式，可以实现生物产业在地理、资金、科技资源、人力资本等方面的有效集中。重视迪庆州高原特色产业园区基础设施建设，充分发挥企业孵化器的孕生作用，推进科技成果产业化。着力打造和提升园区投融资环境，增强园区专业性服务功能，全面提升园区管理水平和服务效率。培育一批"迪庆生态"名牌产品，鼓励州内企业对高原特色食品、药材等初级产品进行深加工，延伸产业链条，提升产品的高新技术含量，实现增值。

（6）制度创新是关键，提供有效和充分的激励。实施产业可持续发展战略的途径是通过观念创新、制度创新推动技术创新，进而实现资源技术路线的转换，从根本上摆脱资源环境的约束，实现可持续的、绿色的产业发展。

2. 迪庆州旅游产业发展的政策保障

目前，迪庆州旅游产业的特征是，围绕打造"世界的香格里拉"品牌目标，打造国际高原全域旅游目的地。同时，通过打造精品旅游线路，建设高 A 级旅游景区聚集区，发展旅游特色小镇，推动乡村旅游振兴，培育旅游新业态，推动旅游文化深度融合，强化旅游公共服务设施。

以政府主导、规划先行的原则，发挥政府在旅游产业发展中的主导作用，积极出台与旅游产业发展相关的政策，推动全州旅游资源和各类要素的整合，实现产业布局与市、县发展相协调，旅游产业发展与其他产业发展并重，经济效益与社会效益统一。以和谐匹配的原则，促进旅游经营管理水平的提升和民族文化内涵的发掘，促进迪庆州旅游产业优化升级、效益提高、和谐发展。以因地制宜、循序渐进的原则，加强区域旅游统筹发展，加快县、乡、镇基础设施建设，积极带动乡村社会经济的进步与环境的改善。整合全州各类旅游资源，做到点线结合、功能互补、抱团发展。

坚持对外开放、市场运作的基本原则，开拓旅游市场视野，正确分析形势和条件，努力在一些关键环节实现改革的新突破，在实现旅游效益最大化、最优化的前提下，尽快出台有利于公平竞争的政策，建立合理、公正的旅游收益分配和补偿反哺机制，让全州旅游业发展的成果惠及更多老百姓。关注民生，保证政府与市场之间、政府与社会之间、社会与市场之间的协调合作，加强规划过程中的公众与各类群体的参与力度，注重城市优良环境的营造，增强城市的可居性、可游性和安全性。

在跨县、市旅游产业发展过程中，政府应从旅游经济发展的客观规律出发，破除狭隘的地方主义思想，树立"大迪庆"的旅游产业理念，发挥调控、引导、协调、服务的职能，运用经济、法律和必要的行政手段对旅游经济进行宏观调控。

（1）构建政府主导下的大旅游管理机制

实施政府主导型旅游发展战略，确立旅游业在全国和云南省的产业地位，形成政府积极推动旅游产业发展的态势，推动并规范重点旅游景点景区。旅游产业是综合性极强的行业，因此要正视州旅游局在管理方面的局限性，一是难以做到全面管理；二是管理不权威，在工作协调中难以成为核心角色；三是旅游局履行职能与设定职能不一致，责任大、权力小。有必要组建地方政府旅游产业发展委员会，职能重在促进州旅游产业发展，把过去的管理协调转变为发展协调。该委员会将超越多个部门间的隶属关系，其工作原则是"统一领导、明确职责、分清主次、相互配合"，并直接对州党委、政府负责。要建立起长期有效的管理体制，从产业特征方面实现由单一部门管理向相关部门共同管理的转变。

（2）加强景区间合作，推动景区聚合

推行跨县、市旅游合作机制，使品牌共筑、资源共享、合作共赢。目前州内旅游企业间合作较少，合作的形式较单一，主要是由旅行社代理，闭关自守、各自为政的情形较为普遍。要由政府主导统筹规划、制定政策、协调利益、部署行动，并出台具体的、可操作性、实实在在的政策、措施和手段。应厘清区域旅游合作的障碍，建立跨县、市旅游合作的长效机制。

景区之间的竞争随着旅游市场细分化的趋势越来越激烈。单独一个景区要想长期保持市场份额难度越来越大。景区之间的整合能加速新旅游线路的推出，促使经营流程速度加快。通过景区联合可增强景区对市场的适应能力，提高整个旅游产业的运行效率。单独一个景区很难形成强大的吸引力，每位旅游者走进迪庆的一次旅游活动中都包括多个景区，相邻景区之间的联合更可能形成空间集聚效应，这也是景区之间联合营销的基础。同一旅游线路上两个存在互补关系的景区之间容易开展联合营销，可共同举办主题活动或旅游节事促销旅游线路。

存在空间竞争关系的景区间也存在共同利益，与相邻景区的共建、合作有利于扩大旅游地的知名度，如云南省正在着力打造的"大香格里拉旅游经济圈"，就是树立云南省西部地区的旅游形象和增强吸引力，从而达到共赢的目的。拥有相似旅游资源的景区可以围绕相关的主题展开合作，如梅里雪山、哈巴雪山、玉龙雪山等资源相似度高，可在相关景区间进行联合，推动大景区发展。

（3）加强景区与多种机构的联合

加强景区与旅游网络平台、旅游研究机构等的合作。与旅行社合作是景区的常规营销手段，而景区与网络平台、研究机构、高校等合作是新的营销手段，可以从科研和旅游形象方面提升景区知名度。如香格里拉高山植物园兼有引种、收集和保藏高山植物的功能，并和一些国内外知名的植物园、植物研究机构、园林部门、园艺协会等建立了联系，这对营销高山运动、高山植物旅游项目有着极强的宣传作用。

在景区与其他经济体合作的形式中，景区联合的股权形式值得考虑。

采取股权合作的形式，使景区与其他企业或非企业之间进行合作，采用现代化企业管理经营制度，将企业的经营权和所有权分离，以提高景区的管理水平，能够在很大程度上提高景区的融资能力。这种模式靠既有的优势产品、商标或技术吸引并聚集众多的独立经济个体作为销售中端或终端，构筑网络化的营销体系，通过品牌和销售渠道的独特性优势，强化产品本身对于消费者的差异性和可识别性，从而使特许双方共同利益最大化。

旅行社品牌特许经营有利于景区提升自身品牌效应，帮助合作双方拓展旅游市场，实现旅游资源优势向经济优势转化，而且有利于旅行社在竞争日趋激烈的旅游市场中出奇制胜，迅速占领市场，也有利于旅游产品知识专利保护工作开展，同时有利于旅行社专业化分工协作的形成和深化。

三 保障措施

保障措施是推进产业发展的重要手段，设置保障措施的目的在于：使产业发展有政策、制度、组织、经费、管理、人才等方面的具体保障。

1. 促进迪庆州生物产业发展的保障措施建议

（1）加强招商引资法治化和市场化建设

在生物产业招商引资上，做好"有限政府"，该管的管好，剩下的交给市场去做。市场经济要通过市场化手段解决，要将招商市场化，让企业招企业，或者通过政府购买服务等方式，将政府经济管理职能进行强化，让行政管理的角色从主导向指导转变，将政府精力放在经济资源优化配置等方面，从外部干预向内生动力转变，激发市场活力。

培育中介组织，地方政府要为招商机构、招商协会、行业商会、中介组织等尽快出台扶持政策，加快对中介组织的资格认定，明确准入规则，重点对中介组织进行指导和监督，促使其沿着健康有序的方向发展。

法治环境建设是良好的营商"软环境"重要的组成部分，地方政府在招商营商工作中要加强法治环境建设，依法依规开展招商引资工作，并明确责任、权利和义务，注重学法、懂法、守法，将法律应用贯穿全过程，做到执法行为公平、公正、公开。

（2）加强基础设施建设，为产业发展搭好平台

基础设施建设的社会需求与政府投入财力不足存在长期矛盾，滞后的基础设施和公共服务设施严重制约了迪庆州推进产业发展，科学运用PPP（Public-Private-Partnership）政府和社会资本合作营模式可为地方

政府研究和采纳。建议政府制定规则政策并参与其中，建立并完善契约制度，明确职责，改变传统的政府融资和企业融资思路，拓宽融资体系，地方政府牵头或地方政府请示上级政府，开展金融机构服务对接，提供资金保障。地方政府应因地制宜、突出特色，推进主导产业与 PPP 模式有效融合，解决资金、土地短板，实现提质增效。

（3）制定生物产业工作评价体系，加大奖惩力度

制定奖惩办法、科学的实施方案和科学的评价体系，科学分析迪庆生物产业优势和品种优势，挖掘高原特色产业、打造高标准的服务平台，创造良好的营商环境。制定和完善生物产业发展考核指标体系，将生物产业项目的谋划和落地纳入相关单位的年度考核并加大督导检查力度。做到部署有督办、执行有监督、落实有结果，落实奖励问责制度。对产业项目工作成绩突出单位给予表彰。同时，对在推进工作中不作为、慢作为、拖沓扯皮、推诿等行为进行问责。

（4）生物产业工业园区的建设

因地制宜才是各地发展最根本的原则。建设生物产业园区不仅能够提供投资环境以吸引外资，更重要的是能为入园企业提供良好的经营环境和产业发展环境，提升企业竞争力，带动本地供应商网络的发展，从而提升区域产业竞争力。通过关键要素供给共享平台和公共服务平台的建设，降低产业开发成本和发展风险，提升园区企业的竞争能力，强化园区内企业的产业关联性或业务关联所形成的协同效应，其发展政策的核心目标是带动生物产业的集聚。

园区通过其公共要素平台和灵活的机制，吸引那些具有优秀创新能力和企业家能力的创业人才在园区内集聚。园区不仅为本地区劳动人口提供就业机会，还吸纳区域外劳动力，形成经济活动的空间重组、人口的迁移流动及社会不同阶层的空间隔离化。内源性民间力量是推动迪庆生物产业发展的主要力量，在实现路径上，模式以原生型为主，在市场开拓上，国际市场和国内市场并重。

生物产业企业在地理位置上的集中和公共平台的共享并不必然产生聚集效应。如果内部各企业间缺少产业关联性，就不能形成良好的分工与协作。因此，政府与园区管理机构应该及时发现产业发展过程中的各种新需求，不断地进行机制的创新，确保各种要素获得更高的集聚激励和效率。应该给予积极的扶持和引导，进而有效地加速集群的发展。

(5) 在加强交通基础设施建设基础上，构建现代物流网络体系

将迪庆州物流企业或某企业的物流部门进行整合，由州政府牵头，市、县政府实施建立物流统一化管理系统，方便各个企业产品的运输，从而降低产品的运输成本，也能够提供部分就业岗位，同时开发更多的销售渠道，利用价格优势提高产品的竞争力。此外州政府还可以通过联合州境内其他企业，借助"一司五厂"的开发模式将迪庆州打造成"一家公司、三个原材料基地"。例如，迪庆州维西县的物流网络较为发达，政府可以通过创建或扶持一家或几家物流公司，以维西县物流网络为主体，联合德钦县、香格里拉市组建大范围物流网络体系，促进整个迪庆州物流服务体系的整合，通过贫困村参股和为贫困户提供岗位的形式，既可以降低企业的运输成本，也方便政府对物流行业的管理，同时还可以为迪庆州贫困人口脱贫攻坚做贡献。

政府可以尝试号召州境内中小企业组建企业联盟（如中药材企业），变相地扩大单个企业的规模，利用联盟式营销及网络优势，使各企业之间能够实现信息共享、优势互补。

2. 迪庆州旅游产业发展的保障措施

(1) 构建新格局，促进规划形成"多规合一"

全域旅游是一个系统工程，不仅需要注重现有景区在全域旅游中的带动作用，更需要注重现有其他项目的协同性及合理性，发展旅游产业需要坚持规划先行。一是将"多规合一"纳入迪庆州全域旅游规划中，以"多规合一"为核心，将经济社会发展、城乡建设、基础设施建设等纳入全域旅游中，实现统一规划、全面发展。二是促进全域旅游规划的整体协调性，在规划中避免出现同质化建设，打造系统性、整体性规划，实现景区内外皆有看点。以香格里拉品牌为依托，重点打造"茶马古道"旅游路线和民族文化特色小镇，充分彰显迪庆州人文历史的魅力。三是制定中长期规划目标。一方面，旅游是需要长期发展的产业，需要稳步前进，长期规划，持之以恒；另一方面，旅游的发展还需要与时俱进，不断改进规划，以满足新的形势、新的要求。

(2) 加强生态保护措施，保障全域旅游高质量运行

对州内优质的生态环境和旅游资源，应做到开发与保护并重，做到"既要金山银山，也要绿水青山"，这样才能实现旅游产业可持续发展。由于海拔高的地区生态环境先天脆弱，遭到破坏后恢复非常困难，甚至是

不可逆的。相较于其他地区，高山峡谷区域的旅游资源开发压力更大、成本更高，必须把环境保护放在第一位。加强自然保护区管理工作，推进动植物多样性的保护，但是可以设置远观点。在景区开发中减少人工景点，尽量避免对自然环境的破坏。加强旅游环境保护的宣传，重视对游客的科普教育工作，鼓励和引导公众在旅游的同时也参与到环境保护中来，在获得优质游览体验的同时增强游客的环保意识，养成良好的环保习惯。

保护并改善原生态旅游景区。根据国家生态保护相关文件，对现有生态区进行合理的保护，绝对不能超越生态红线，是迪庆州发展高质量全域旅游的重要保障。一是生态理念引领旅游资源开发。二是保护并改善原生态旅游景区，促进基础设施升级。对现有生态区进行合理的保护，采取建设生态步道（不添加人工设施）等形式，限制游客对生态的破坏，并根据旅游需要不断升级景区内基础设施建设。此外乡村旅游的开发也应在生态保护的大前提下，尽量营造原生态旅游，打造迪庆原生态旅游品牌。

（3）完善和健全旅游政策法规

除了在传统旅游立法领域要重视旅行社、导游、旅游饭店方面的法规制定以外，还应从"全域旅游"的观念出发，拓宽旅游立法领域，加强对旅游统计、旅游安全、旅游投诉、旅游专项、旅游行政执法等方面的立法研究，并制定相关的政策法规。此外，在执法方面，也要从"大旅游经济圈"的观念出发。旅游质量管理和监督部门是旅游执法者，在工作中应与公安、工商、税务、环保、物价、文化、文物等部门密切合作，维护正常的旅游市场经营秩序。

完善旅游产业立法，通过立法程序建立有限责任行政管理机构，确定法定框架下旅游管理部门的职能职权（依据《中华人民共和国行政许可法》）。参照国际惯例、国家法律和旅游发达国家的经验，制定《迪庆州旅游管理条例》及实施细则，保障旅游市场管理、旅游服务质量和游客权益。

第六节 产业发展的实施路径

一 高原特色生物产业发展路径

总体上，发展路径包括以下内容：编制好迪庆州生物产业发展规划,把握生物产业发展中的关键问题,明确生物产业的发展方向、目标、重点发展领域、发展思路和战略举措,通过培育和发展生物产业,推动迪庆州生物产业实现跨越式发展;加强宣传普及,营造生物产业发展氛围;制定相关配套规章和制度,制定生物产业发展专项规划;设立生物产业发展专项资金,加强软硬件建设;建设高水平的生物产业园区、生物产业示范基地;引进生物科技人才、管理人才等;通过健全完善区域交流合作机制,制定一系列区域交流合作政策制度,努力加强与上海的合作,包括建设合作关系、组织合作项目、聘请技术人员等多种方式,培育生物产业;营造良好的投融资环境,吸引外资,并大力鼓励社会资金投向生物产业。

1. 总体规划

迪庆州高原特色和境内的垂直气候、立体生态环境特征,以及可耕种土地条件和高山草场条件,应该积极发展多样性农业,做强藏香猪、牦牛、高山花卉苗木、中药材、葡萄、水果和油橄榄等重点产业,完善现代农业产业体系,围绕香格里拉市现代农业建设核心发展区域、维西中药材发展区域、德钦三大重点产业板块,高原特色农业对外开放示范区,建立优势农产品产业带、高原特色农业示范区等一批现代农业示范园区、特色产业专业村镇,通过稳定粮食生产、做强特色经济作物、壮大高山牧业、做精药食用业、提升高效林业,做大做强迪庆州高原特色农业。

2. 发展路径选择

(1) 高原特色产业

由于地理条件限制,迪庆州的经济作物无法大规模种植,因此可以借助迪庆州绿色无污染的形象标志和口碑,发展高原生态特色产品,发展小规模高品质产品。可以通过专业的成分检测机构,对迪庆州优势作物进行成分检测,精心打造一批具有迪庆州特色的高端品牌。建立以市场评价和质量评价为主,兼顾效益评价和发展评价的评价指标体系,打造具有迪庆特色的云南名牌农产品。例如:香格里拉市可以借助其生态优势,采用生态农庄与景点相结合的模式来促进高原特色农业与旅游业共同发展;德钦县在葡萄、核桃、中草药、油橄榄等农作物生产方面具有先天优势,借助"品质+文化+互联网"发展模式,建设德钦县独特的高原特色农业品牌;维西县高原特色产业可以形成以绿色蔬菜、豆类等优势产业为主,黑米等特色产业为辅的具有地域特色的农产品架构。

（2）中草药加工业

通过迪庆州政府建立中草药公共品牌，加强企业管理，维护好公共品牌，加强宣传引导药农理性安排生产，宣传有关法律法规，大力发展林下生态中草药产业，加强技术服务体系建设和人才队伍培养，加大标准化示范基地建设财政扶持力度，通过政府牵头建设中药材交易平台，由各中草药企业进行加盟。

香格里拉市中草药加工企业生产的产品附加值低，产业科技含量低，企业规模比较小，产品比较单一，因此，可以通过市场调研适当地扩大生产规模，提高市场占有率，根据市场需求逐步开展其他产品的加工，实现产品多样化；企业还可以把产品分级销售，单独挑选出优质产品，打造一个绿色、无污染的天然药物高端品牌，打开网上中药材高端产品销售渠道，为企业的未来打开新的局面。德钦县中草药种植规模较大，但是大多数中草药都是供给县外公司，可以整合县内中草药加工领域的各个企业，分别由这些企业参股组合成一家规模较大、科技含量高的药品加工企业。维西县以拖枝生物园区为重点，加大对中药材加工龙头企业的扶持力度，充分发挥龙头企业对中药材加工基地的带动作用，逐步形成以永春、保和镇为中心，产地初加工区为辅助的中药材加工格局。另外，还需要加大对当归、秦艽等优势产品的种植投入，坚持绿色、无污染的天然药物开发。

政府可以每年根据中药材种植的季节性特征，组织两到三次中药材种植培训，宣传引导药农理性安排生产，发展林下生态中草药产业。大力发展当地传统品种和优势品种（道地药材品种），形成单品种大产业，如当归、秦艽、木香、重楼（其中优选当归，当归具有较大的药食同源应用前景）。因为当地种植的悠久历史证明，这些品种适合度高，且有市场认知度。同时，要去发掘和调研同品种目前的主产区（如甘肃岷县的当归、陕西的秦艽、川北的木香、丽江的重楼等）的比较优势，例如可能的产量优势、生态环境适应性优势、品质优势和市场特殊需求（例如东南亚客户可能更喜欢迪庆地区种植的产品）等。研究国家公布的新资源食品名单上的品种，选择当地可能有优势的药食同源品种，发掘当地食用但有一定健康作用的品种，尝试发展种植，再根据市场逐步扩大。寻找药用（或具有健康功效）和其他经济用途（如花卉）共用的品种，尝试产业融合（生物产业和旅游产业融合）发展，开拓综合应用的新市场。谨慎引进新品种，新引进品种，一般不会快速扩大，先试种，开拓市场，确认种植全程适合，且有了明确的市场认知后，再扩大。

(3) 饮品加工业

迪庆州饮品加工业主要以酒业和核桃加工业为主。企业可以通过结合本州的旅游特色，打造绿色、无污染的品牌。对于葡萄酒业发展，企业可以采取个性化营销吸引高端消费人群，以迪庆州绿色、环保等先天条件为依托，结合自身酒文化，大力宣扬古法手工酿造，使产品更具独特性、不可模仿性，深入开展文化营销模式，先打造冰酒等高端品牌系列，紧紧抓住高端用户，再逐步向中低端细分市场进行一定的品牌延伸。而定位在中低端品牌的企业，应该通过机械化、规模化、标准化的生产模式，降低生产成本，可以学习五粮液发展模式（先扩张，后收缩），重点打造大品牌下的多品牌战略。同时政府通过与企业联手打造以葡萄酒文化为核心的旅游小镇，开发能够让人们亲手采摘新鲜葡萄、参与葡萄酒制作的休闲场所。

(4) 园艺观赏业

迪庆州园艺观赏业主要集中在香格里拉市，但是由于种植规模较小，运输成本过高，市场竞争力不足，近年来发展迟滞，因此，可以集中开发园艺种植，形成规模，建造旅游景点。同时也可以与乡村旅游结合发展，划分观赏区，通过农民种植、维护花卉，来提升园艺观赏业的发展前景。

(5) 畜牧业

迪庆州畜牧产业发展主要以动物食品加工为主，目前已经形成了部分知名品牌。香格里拉市可以借助草地资源优势，大力发展牦牛、藏香猪等肉质鲜嫩的牲畜养殖，提高肉类产品加工企业的生产能力，打上生态标签，提高藏香猪等产品的开发力度，加大产品宣传，坚持走高端产品道路。德钦县境内畜牧业发展迟缓，因此可以整合县内畜牧行业的所有产业，以参股的形式集中力量做大做强一家企业，形成产品优势，根据特有的品质特征或特殊的生产方式、人文因素来打造绿色、无污染的德钦县独特的地域标签。维西县要提高产业加工生产能力，拓展产业链条，创建具有地域特色的优势品牌，打造迪庆州常绿型草地畜牧业的重要基地，同时推广中华蜂科学养殖，打响"维西百花蜜"地理标志产品品牌，打造高原绿色蜜产业。

(6) 壮大经营主体，推进绿色发展

围绕市场化、组织化、专业化目标，以发展家庭农场、规范合作组织、打造"迪庆生态品牌"及培育职业农民、生物产业工人为重点,培育壮大各类新型农业经营主体。转变发展方式,以推进适度规模经营、加工转型升级、品牌建设、三产融合发展为重点,不断促进传统农业向现代农业转变,为高原特色农业现代化建设提供有力支撑。深入贯彻绿色发展理念,坚持农业可持续发展,以严格保护耕地、发展循环农业、加强环境保护为重点,形成资源利用高效、生态系统稳定、产地环境良好、产品质量安全的生物产业发展新格局。

(7) 生物产业共建和合作模式探寻

共建模式之一是科研院校与企业等按出资股份共同建立新的联合实体,共享资源和人才,优化资源配置。该模式所建立的实体以共同制定的契约形式开展工作,由各方共同投资、共同经营、利益分享和风险分担。共建模式适用于迪庆州生物产业发展,可由国内、省内大学和科研机构提供人才、科研力量、技术成果,当地企业提供资金和实践场地,政府作为创新体系中的一员,积极提供政策、法律甚至资金等方面的保障与服务。该模式适合具有一定规模和实力的企业。目前,迪庆州生物产业企业普遍规模不大,因此,在共建项目上,还需要政府的扶持。

共建模式之二是对口合作产业。上海对口帮扶云南是政治任务,迪庆州是重点帮扶地区,在考虑资源禀赋、产业特色、发展水平、合作基础等因素的基础上,积极推进上海相关企业与迪庆结成对口合作,促进贸易合作和产业对接,开展多领域、深层次、全方位的合作。上海在贸易、技术、金融、消费等领域位居全国前列,迪庆在各方面都需要先进的引领,加深两地合作和交流,供需结对,持续化、长效化,有利于促进双方需求的互惠,如发达地区对生态产品的消费需求和欠发达地区对技术、金融等方面的需求。

二 全域旅游产业发展路径

全域旅游是产业观光旅游的全景化、全覆盖,是资源优化、空间有序、产品丰富、产业发达的科学的系统旅游,是以大众休闲旅游为背景,以产业观光旅游为依托,通过对区域内经济社会资源尤其是旅游资源、产业经营、生态环境、公共服务、体制机制、政策法规、文明素质等进行全方位、系统化的优化提升,实现区域资源有机整合、产业融合发展、社会共建共享,以旅游产业带动和促进经济社会协调发展的一种新的区域协调发展理念和模式。

2018年国务院办公厅印发的《关于促进全域旅游发展的指导意见》（国办发〔2018〕15号）指出："旅游产业是我国经济社会发展的重要支撑，要发挥旅游一业兴百业的带动作用。"[1] 为迪庆旅游产业的发展指明了发展方向，迪庆州旅游产业需朝着全域旅游进行发展。2019年4月16日，云南省委副书记、省长阮成发在主持研究建设大滇西旅游环线时强调，要加强规划引领，优化方案设计，推进交通基础设施建设，完善旅游综合配套服务体系，加快建设大滇西旅游环线，全力打造世界上独一无二的旅游胜地（见图4-1）。[2] 这无疑更坚定了迪庆州进行全域旅游开发的信心。迪庆州旅游产业的发展和全面转型升级赶上了天时、地利、人和的好时机，对推动全州经济社会发展，特别是助力迪庆深度贫困地区稳定脱贫和高质量跨越式发展具有十分重要的意义。

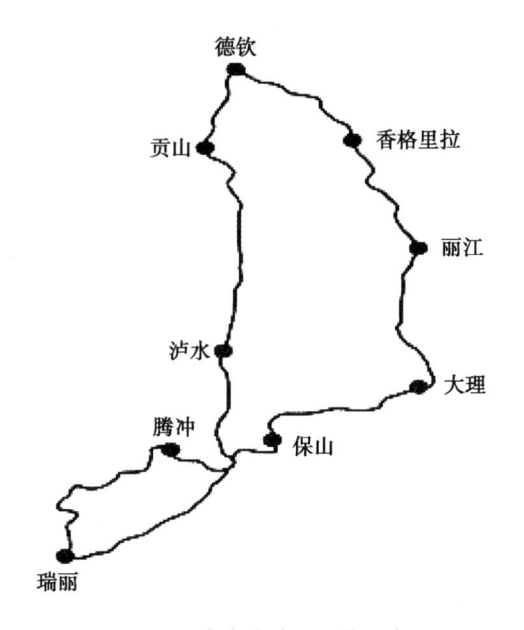

图4-1 云南省大滇西环线示意图

由于海拔较高，交通相对不便，迪庆州自然资源得到了良好的保护，

---

[1] 国务院办公厅：《关于促进全域旅游发展的指导意见》，《中国文化报》2018年3月24日第2版。

[2] 阮成发：《全力打造世界独一无二的旅游胜地》，https://www.yndaily.com/html/2019/yaowenyunnan_0417/112710.html。

境内 3A 级以上景区 7 家，其中有普达措国家公园、虎跳峡景区、梅里雪山等，也是少数民族聚集的重要区域，有藏族、纳西、傈僳等 25 个少数民族居住，民族文化特色鲜明，丰富多彩的自然景观，浓郁的民族文化色彩，分散在全州各县的景区、景点、小镇，正是全域旅游的最佳资源基础。

资源禀赋和生态环境的特点决定了旅游产业在发展过程中要因地制宜地选择个性化、具体化的旅游产业开发模式（见图 4-2）。

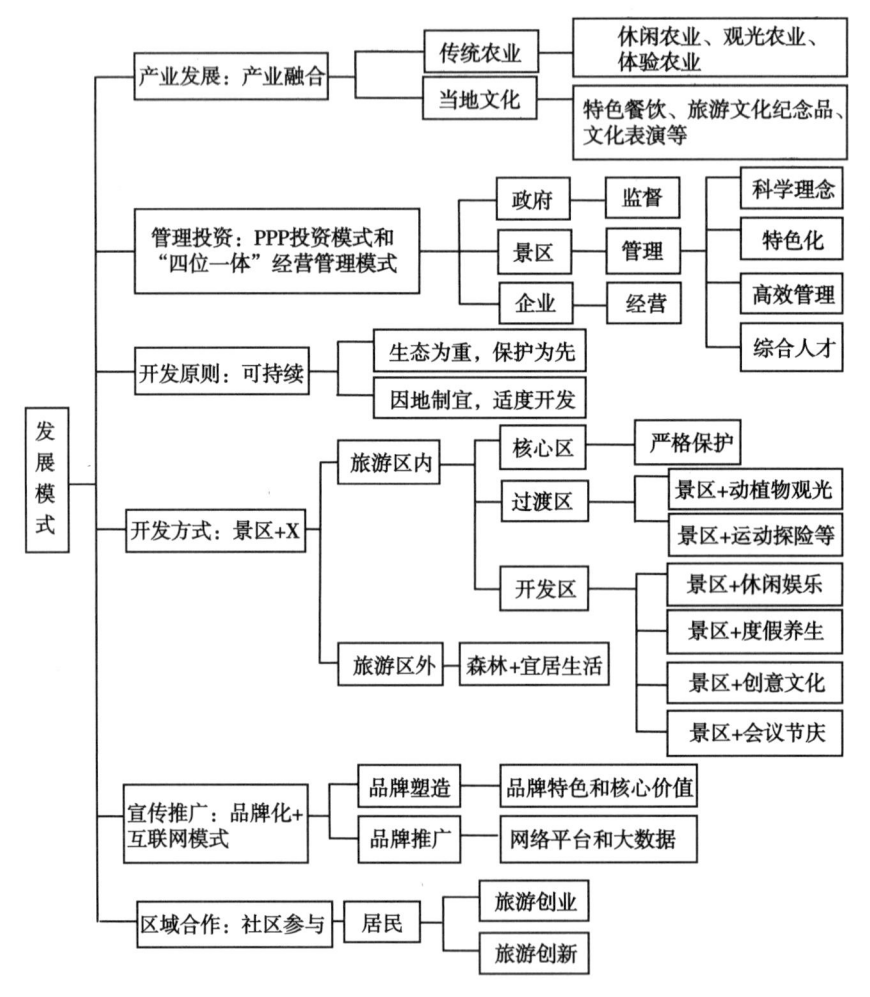

图 4-2　迪庆州旅游发展模式

根据迪庆州现有旅游资源情况和发展现状，主要从以下三个方面提出建议。

1. 全域旅游的资源准备

(1) 交通设施准备

旅游产业开发最关键的是道路建设，交通是旅游发展的重要基础条件。落后的交通设施会严重制约旅游产业的发展。迪庆州以高山峡谷地为主，境内道路建设高速公路和省级公路是首选。当地的航空系统也不发达，面向国内和国际的航班较少，对来往的游客量有影响，因此在巩固原有国内和国际航线的基础上，应积极寻求开通新兴客源地市场直飞航线，使游客到此出游更加方便快捷。在铁路建设方面，目前由昆明到大理、丽江的动车已经开通，迪庆州州长齐建新介绍说：丽香铁路正在建设中，由云南丽江到香格里拉的动车将于2019年年底通车，届时丽江到香格里拉的时长将大大缩短。[①] 同时丽江到香格里拉的高速公路2019年可以通车，对整个迪庆藏区、康巴地区的旅游事业的发展会起到助推的作用。高速铁路和高速公路的建成和通车将极大解决迪庆州旅游发展的瓶颈问题。

由于迪庆地处横断山脉腹地，致使整个州域内环山公路弯多路窄，节假日等高峰期容易出现拥堵现象，且雨季雪天容易发生地质灾害，影响旅游产业的发展。建议要保障道路畅通，及时维护。不断提升域内道路的等级，改善、改造县域和乡村道路的条件。交通输送客源的通道，无论是核心风景区还是农家乐旅游景点都要加强互动发展的观念，必须多方筹集资金，加大乡村交通建设投入，改善乡村交通设施，提高全域旅游景点通达性，使游客进得来、出得去，从而确保全域旅游开发的顺利进行，推动乡村与核心景区良性互动，实现区域旅游的可持续发展。

同时，州内各县的道路通达性和乡村道路建设将是推动全域旅游的重要基础。迪庆旅游资源呈现多而散的分布格局，且大多位置较为偏远，旅游团以重点和知名景点线路为主，很多景区景点还不能到达，因此，迪庆州的旅游主要应以发展自驾游和个性化旅游为主来设计，才能满足现代游客的全方位体验需求。但相比丰富的旅游资源，迪庆州的旅游基础设施目前却远远满足不了旅游产业的发展需求。

(2) 旅游路线设计

要充分利用迪庆州境内全部的吸引物要素，为前来旅游的游客提供全

---

① 齐建新：《动车明年底开到迪庆，丽江到香格里拉只要1小时》，http：//union.china.com.cn/txt/2019-03/15/content_ 40690396.html。

过程、全时空的体验产品，遵循"一个景点一个特色、一个小镇一个主题、一个村庄一个文化"的开发方式，实现景区的精细化分工，引导迪庆全域旅游朝个性化、差异化发展。

从单一景点景区建设和管理向综合目的地统筹发展转变。迪庆的自然环境天造地设就具备旅游观光的要素，很能吸引游客，但由于缺乏规划和开发，仍然深藏各地人未识。另外，璞玉还需雕琢，景点需要打造、开发和建设，应从旅游产业开发角度，认真、仔细地选择景点和规划线路，开发出一日游、二日游、三日游、全景游、自然科普游、徒步探险等多条线路，供游客选择。线路设计要多元化，让各层次、各类人群的需求有体现、能满足。徒步线路，可分长短、难易，让不同年龄人群都有选择和；观景线路可分类别，雪山、森林、花鸟、湖泊、滇金丝猴等；乡村文化旅游可分民族，藏族民居体验、傈僳族歌舞赏析、纳西族造纸和东巴文化学习、神秘宗教文化探秘等，让潜在游客有更多更好的体验。加大供给侧结构性改革，增加有效供给，引导旅游需求，实现旅游供求的积极平衡。

迪庆州地处高海拔地带，造就了其特有的高山花卉、高山葡萄等产品，发展全域旅游应加快培育旅游新产品、新模式，坚持纵向带动相关产业发展，横向扩展旅游产业面，打造"旅、学、养、商"共同发展的局面。一是推动旅游与农业的融合。大力发展乡村旅游，着力打造一批如霞思村、同乐大村等集农、旅、民族文化相结合的优秀乡村旅游品牌，着力打造具有高原特色的乡村旅游示范地。二是加快旅游与葡萄酒产业的融合。高山海拔铸就了迪庆独特的高山葡萄酒文化，应以现有葡萄酒产业为基础，打造集"品、赏、休闲"于一体的特色高山葡萄酒小镇。三是推动旅游与高山体育相融合。打造一批特色体育小镇，使得游客在旅游的同时也能享受高山体育文化，丰富游玩的娱乐性及健康性。四是推动旅游与中药产业的融合。中药是迪庆州的重要产品之一，也是高原特色之一，迪庆州生态环境未受到现代工业的影响，完全可以将旅游与中药相结合，打造适合长短时间居住的养老、康养基地，带动当地中药产业升级发展。

2. 全域旅游的设施准备

各景区周边一线应进行统一的规划和设计，形成"吃住行娱购"的旅游产业链。让进入迪庆州的游客能满怀信心来，满载收获归，还心心念念再来。

(1) 住宿

住宿是旅游产业的建设重点和收益来源，迪庆州目前正在大力发展家庭民宿，让游客深入了解当地文化，使旅游更具体验感。但民宿的经营主体为当地村民，他们必须经过系统的专业培训，并为民宿的发展构建良好的反馈机制，以积极应对旅客在住宿等方面的问题。特别是当地的特色产品尚未进行统一的整治，未形成有力的产品品牌，致使迪庆的民宿处于独自发展的态势，未能发挥联动效应。建议相关部门要统一管理，让大家抱团发展。政府负责建立网络平台，将符合规定和标准的民宿登记上网，既方便投建者又方便游客，也方便管理。

建议在全州范围内，以加盟等形式联合现有经济型酒店形成迪庆品牌的经济型连锁酒店（类似7天酒店、速8酒店），管理一致、装修一致、收费一致、服务一致。这样的优势是降低了投资和经营风险，统一管理模式，统一培训服务人员，客源相对稳定和丰富，营销网络平台统一规范，是全域旅游的重要基础保障之一，同时也是酒店行业未来发展的方向，是全球化的标志之一，符合现代消费者的需要和大众消费心理。

(2) 停车场

发展全域旅游，最重要的是要在旅游道路上预留停车位置，为游客观景、休息等提供方便，并保证交通安全。迪庆州内的雪山景色独特，适合各个角度的远观近摄，需要由交通和旅游专业人士共同沿途选择和设计一定数量的观景点、休息站和停车点。

要让停车点成为迪庆旅游亮点，每个点都是经典风景、民俗文化、生态文明的展示窗口，都是迪庆的宣传阵地。建议有条件的地方，可以把旅游信息全部印刷在小册子上，设置免费小册子发放台，供游客取用。这样的宣传费用小，收效好。

一定距离间的停车点内必须进行标准化旅游厕所建设和配置，既符合旅游产业开发需求，也是促进区域文明建设的一个重要内容。这是政府要负责和监督的重要工程之一，也是树旅游形象的重要内容之一。

从发展战略出发，建议开发一定数量的房车露营地和自驾游露营地，以适应未来旅游发展的新兴需求。

(3) 吃

吃是地方旅游产业的重要收益来源，也是游客要考虑的重点。迪庆州的饮食地方特色鲜明，也有独特的地方文化，是游客要体验的重要内容。

独具风味的饮食文化需要宣传,需要营销。如迪庆藏族人家"仙女教的"腌制琵琶肉就既有文化又有可口味道;还有牦牛餐、青稞糌粑、青稞酒、冰葡萄酒等都有故事、有文化、有美味。另外,迪庆生物产业与旅游融合发展的亮点也应该体现在饮食文化塑造和发扬方面,如其高品质的野生药材、强身疗病的传统药膳菜肴(如虫草鸡、药膳火锅、天麻炖猪肝、当归煮羊肉等)的推出、整理和创新,要有意识地形成迪庆饮食文化的系列内容。

3. 全域旅游的软件准备

(1) 旅游产业人才培养

旅游人才培养是全域旅游发展的重要保障。一是加强与云南省内高校合作,联合培养,定向培养。二是以迪庆州民族中等专业学校为旅游景区导游和工作人员的主要培养基地,实施旅学交替的学习模式,建立供需双向选择的人才培养模式。三是创新性地对相关人员进行再培训,如强化素质教育、业务培训和外语培训等。四是有计划地选派旅游行业业务骨干到旅游发达的地区和国家学习深造。五是积极引进高层次经营管理和专业领军人才。形成学历教育、职业教育、岗位培训和送出去、引进来相结合的旅游人才队伍建设新格局。

全域旅游不仅涉及旅游产业,更涉及住宿、餐饮、商品销售等不同行业,主管部门应积极组织各类相关人员通过培训班、沙龙、讲座、实地参观等形式,不断提高各类别人员在全域旅游中的作用。另外,应该组建旅游专家委员会,不定期对迪庆境内大小景区进行巡视、规划,对隐患进行通报、惩罚,对旅游新潮流予以增进,不断增加迪庆全域旅游的活力。

(2) 网络平台建设,宣传小册子制作

提升全域旅游管理能力,旅游宣传、广而告之是旅游产业可持续发展的重点。互联网时代,地理位置的偏远完全不能阻隔信息的传播。网络平台应该由政府主导和投资建设,既符合迪庆社会经济全面跨越发展的需要,也有官方的信誉保障,同时还利于政府监管。旅游产业部门要有专业人士负责迪庆州旅游信息的编纂和发布,如掌上迪庆之类的公众号,及时发布季节变换的美景,如杜鹃花、报春花、狼毒花等开放的时间,观看的景点分布,如何到达,路线远近,等等。

建议用旅游发展专项经费印刷迪庆旅游小册子,免费发放。组织专业人士认真做好旅游宣传册。里面应该包含迪庆的全部景区、景点、徒步线路等旅游信息的罗列，位置、交通、门票信息、游玩季节、天数建议、电话网址等，酒店、民宿、餐饮、特色产品等的罗列可收费纳入。

免费的、全面的迪庆旅游宣传册作用非常大，因为目标人群就是游客，非常精准，而且广告效应比其他方式更好，是熟人推荐宣传。信息全面是重点，想游客所想是硬道理。例如，虽然迪庆全州平均海拔达3300米，但多数景区的平均海拔只有2700米。其中，虎跳峡景区海拔只有1900米，巴拉格宗大峡谷海拔只有2200米，海拔因素是大多数游客的担忧，有准确的介绍，就可以解除顾虑。另外，海拔高低不同的旅游资源做到全时设计介绍，能使游客在一年四季都能获得多样游览体验。

(3) 打造民族文化旅游特色，促生态旅游和乡村旅游发展

迪庆旅游产业发展繁荣主要依托的是具有突出的地域特色和个性的民族文化以及与之和谐的壮美的自然风光。要充分利用资源整合发挥其效益，以弘扬民族文化为抓手，制定迪庆文化旅游产业发展的定位、发展目标、发展战略的中长期规划。同时要注重对民族文化的保护式研究与开发，以民族文化的保护挖掘带动旅游产业的整体发展，这既是满足人民群众日益增长的文化需要，也是提高人民生活水平、构建和谐社会、实现迪庆全面协调可持续发展的重要途径，更是迪庆旅游产业在激烈的市场竞争中可持续发展的重要方式。

要充分重视对其民族文化内涵的策划塑造和产品设计，确立主导民族文化旅游产品，进行重点培育。在充分掌握迪庆文化资源特征和脉络的基础上，提炼出最具有代表性文化特征的旅游产品，重视宣传和推介。藏民家访、尼西土陶产业的发展、独克宗古城的打造都是对旅游品牌的成功推介。迪庆需要进一步推进民族文化旅游品牌的策划、塑造和宣传，通过民族文化旅游品牌延伸产业链，丰富旅游内涵，提升旅游产品质量。

依托和积极挖掘具有高原特色的农业旅游资源，大力开发生态旅游、休闲农业、观光农业，建设生态旅游村、藏家家访点等民俗特色项目，推动迪庆旅游产品结构由以观光型为主向休闲度假山庄、康体养生、文化体验、科普教育、民族民宿体验等各种旅游产品并重的复合型方向转变，也改变了旅游产业就是门票经济的单一状态。

不断推进第一、第二、第三产业与旅游产业的融合发展，增强产业叠加效应。在旅游景区开发中，优先安排景区内的农户从事导游、日常管

理、清除景区垃圾污染物等工作；在乡村推出小规模生态养殖、垂钓、烧烤、餐饮等旅游经营模式，聘用农村剩余劳动力从事服务工作，推动了农村剩余劳动力就业，拓宽了农产品的销售渠道，加快了民族地区群众实现脱贫致富，也提高了社区居民的参与度。

（4）加强旅游协作，相互依存，促进旅游产业良性互动与发展

统一州内所有旅游相关产业的相互关联性的发展信念，以及全域旅游的发展模式。国家认定的AAA级以上核心风景区是地方乡村旅游发展的重要依托、外围环境和有机补充。普达措国家公园、梅里雪山等核心风景区的客流就是州内其他边缘型乡村旅游开发的主攻目标市场。加强旅游协作，旅游线路和产品开发应突出优势互补，宣传促销应联合行动，共同拓展市场。组建乡村旅游协会，制订乡村旅游管理制度，规范经营管理，净化旅游市场。加强各乡村旅游企业和单位的合作，着力抓好旅游软环境建设，营造一个文明、优美、有序、舒适的旅游环境。

有效利用成熟风景区的核心带动和集聚效应，吸引企业和投资商投资乡村旅游开发，为乡村旅游发展引进资金、人才、技术等，进一步推动乡村旅游向高档次、高品位发展。另外，全国知名和成熟风景区凭借其经营企业雄厚的实力和政府的大力支持，带动其他旅游景点经营商开拓市场，提高乡村旅游景点知名度，也拓展了乡村旅游的生存空间。州内的乡村文化旅游与景区发展要相互依存、相互促进，促进乡村旅游与核心风景区旅游的协同发展。

（5）加强品牌塑造，提升迪庆州整体旅游的知名度

迪庆州旅游资源独特，具有鲜明的高原雪山特色和民族文化特色，且品位较高，有国家公园和世界文化遗产，具有特色与品位的资源是进行旅游协作的根本之源。为此，充分挖掘当地民族文化内涵，设计出特色旅游产品，加强香格里拉旅游品牌建设，塑造形象，提高知名度和美誉度，是推动旅游产业良性发展的有效途径。

目前在观光内容上，旅游产品文化内涵和参与性的挖掘深度不够，基本处于初级开发阶段，旅游产品缺乏鲜明的个性和魅力，吸引力不足，未能与核心风景区形成互补态势，因而导致核心景区旅游与乡村旅游互动不明显。品牌塑造是通过各种广告途径传播、介绍给消费者，使产品属性、名称、包装、价格、历史、信誉等概念集合成识别代码，成就产品的品牌价值。大多数乡村旅游开发者的品牌意识淡薄，品牌经营还很粗放。

(6) 建立多渠道投融资模式

旅游产业是高投入、高产出、高收益的"朝阳产业"。发展旅游业需要投入大量资金。要解决旅游业发展所需资金的问题，需要充分发挥政府投资的导向性和市场机制的作用，建立多渠道的投融资体系，实现旅游业投资的多元化，多渠道筹措资金。做好招商引资工作，在重点风景区、重点旅游项目的开发上，采取优惠政策鼓励外商以独资、合资开发或合作经营的形式，按照"谁投资、谁受益"的原则，对资本运作采用股份制形式，强化投资者对投资取向、投资效益、企业经营的监督和约束力，形成建设资金筹集、管理、运营畅通高效的运作机制，选择知名度高、经济效益好的旅游企业或旅游集团公司。可向社会发行债券，可积极创造条件，鼓励旅游企业上市公司发行股票，直接面向全社会融资筹建旅游发展基金等。也可尝试地方财政拨款以"拨改贷"的形式纳入基金，并采取有偿使用、滚动发展的办法。还可以通过银行贷款、政策支持性融资、PPP融资等多种渠道筹措资金，鼓励民间资本的介入和投资。采用招商引资的方式筹集资金，政府可通过积极宣传、给予一定优惠政策以及本地区所具有的资源优势来吸引外资注入。鼓励民间资本投资旅游产业，民营经济介入文化旅游产业，既可丰富文化旅游内涵，同时也会不断为旅游产业的发展开拓突破口。制定优惠和奖励措施，引导民营资本发展精品项目，创好口碑品牌。

(7) 推进"智慧旅游"建设

发展旅游产业"互联网+"模式，充分运用大数据驱动，促使旅游产业突破传统的运营模式，智慧旅游思维在大众旅游、全域旅游和自助旅游时代将会有越来越广阔的前景，也将带来大量的游客和附加值。

推进"一部手机游云南"建设，完善迪庆全州4A级以上景区名片信息采集含景区概览、景区视频、景区直播、景区攻略、景区玩法、景区游记、语音导游导览、投诉要求、找厕所、景区地理信息测绘、手绘地图制作等。游客可利用平台上城市中英文概览、景区票务预定、入园、景区介绍解说、AI识景识花、停车、住宿等方面数据，同步享受行程规划、产品预订、游记分享、特色产品购买等智慧旅游体验和服务，提高游客的满意度。另外，通过对反馈数据进行统计分析，可预测和挖掘游客的兴趣点和热点景区，便于策划提供对应的旅游产品，规划旅游主题路线，强化旅游资源整合和进行联动精准营销。

App 上配置的"一键投诉",游客在任何时间、任何地点都能使用该功能发起投诉。在大数据的支持下,线上线下联动配合,游客的投诉会准确快速地到达责任单位,要求责任单位快速反馈响应,同时政府部门进行监督,并根据事件的紧急程度进行相应的升级处理,从投诉的发起到结束、从责任单位反馈到政府部门的联动处置,整个流程透明公开,信息公开可见。开展智慧旅游建设,从游客的需要到政府管理两端进行智能化、数字化改造,力图通过"互联网+"来整治旅游市场乱象和推动旅游产业的转型升级,重构一个健康、诚信、便利的省级旅游环境。

(8) 规范旅游市场管理

2017 年云南省出台了《云南省旅游市场秩序整治工作措施》,整治工作以"坚决取消旅游定点购物、坚决下架不合理低价产品、强化导游管理、斩断利益链条"为重点页展开。根据 22 条旅游市场整治措施,迪庆结合实际出台地方旅游市场秩序整治方案,对旅游资源开发、旅游设施建设、旅游市场经营、旅游服务培训等各方面实行全面依法监督管理。

提升社区居民参与度,全域旅游强调全民参与,共建共享,旅游业的发展离不开当地居民的参与,应完善参与保障机制,提升居民参与的积极性。在旅游开发中充分考虑他们的利益,积极听取他们的意见,使其共享旅游业发展成果。鼓励当地群众积极参与到旅游的经营和管理中来,作为利益相关者,规范自身行为,通过宣传提升环保意识,向游客展示热情良好的旅游形象。鼓励利用居民的现有资源进行开发,如将自家房屋改建为民族特色民宿,开发特色手艺、特色旅游商品等,丰富旅游产品,构建和谐的旅游环境,还有利于传统手工艺的保护传承。

鼓励组织民间旅游协会,使民间行业协会自治、自律、监督、咨询等职能得以充分发挥,使自我约束、自我教育、公平竞争、联合促销、互相监督、优质服务的意识得以强化,切实做到维护企业自身的合法权益和行业的公平竞争秩序,使之成为企业与政府之间的协调者、沟通者。

要可持续发展旅游,还必须加强旅游市场的管理,对黑导、恶导、欺客霸市、强卖强买的行为必须严惩,否则难有良性发展。

第五章

迪庆州扶贫实践及成效分析

我国是一个统一的多民族国家,共有55个少数民族、155个民族自治地方,少数民族人口占全国总人口的8.5%,民族自治地方面积占全国国土总面积的64%。"十三五"期间(2016—2020年),把加快少数民族和民族地区发展摆到更加突出的战略位置,对于补齐少数民族和民族地区发展短板,保障少数民族合法权益,提升各族人民福祉,增进民族团结进步,促进各民族交流、交往、交融,维护社会和谐稳定,确保国家长治久安,实现全面建成小康社会和中华民族伟大复兴中国梦,具有重要意义。

云南有25个世居少数民族、15个独有民族,有8个民族自治州、29个民族自治县、140个民族乡。2018年,全省人口4740万,少数民族人口占总人口的33.67%。云南山高谷深、沟壑纵横,山区面积占94%。长期以来,云南是一个经济社会欠发达省份,贫困人口多、贫困面广、贫困程度深、扶贫开发难度大。

截至2007年6月,云南省尚有350万贫困人口,贫困发生率为7.4%。云南省129个县级单位中,有88个国家级的贫困县(即集中连片特困区县85个+国家扶贫开发工作重点县73个,重合的除外)。[1] 云南省迪庆藏族自治州是属于"三区三州"[2] 范围的藏区,其辖区一市二县全部是国家级扶贫重点工作县,是云南脱贫攻坚的"硬骨头"。

对"三区三州"的具体扶贫政策有:

(1)中央统筹,重点支持"三区三州"。新增脱贫攻坚资金、新增脱

---

[1] 截至2017年9月,全国共有832个国家扶贫开发工作重点县和集中连片特困地区县(包括县级行政单位区、旗、县级市),云南省共有88个。这充分说明云南省确实是经济欠发达省份,扶贫攻坚任务艰巨。

[2] 指西藏、四省藏区、南疆四地州和四川凉山州、云南怒江州、甘肃临夏州(简称"三区三州")。

贫攻坚项目、新增脱贫攻坚举措主要用于深度贫困地区。加大中央财政投入力度，加大金融扶贫支持力度，加大项目布局倾斜力度，加大易地扶贫搬迁实施力度，加大生态扶贫支持力度，加大干部人才支持力度，加大社会帮扶力度，集中力量攻关，构建起适应深度贫困地区脱贫攻坚需要的支撑保障体系。

（2）中央和国家机关有关部门要落实行业主管责任，对"三区三州"和其他深度贫困地区、深度贫困问题，予以统筹支持解决。重点解决因病致贫、因残致贫、饮水安全、住房安全等问题，加强教育扶贫、就业扶贫、基础设施建设、土地政策支持和兜底保障工作，打出政策组合拳。

（3）支持"三区三州"等贫困地区脱贫攻坚。通过强化产业指导、技术援助、人员培训、营销帮扶、品牌打造、企业合作和范例推广，支持打造一批特色农业扶贫联系县，实现村村有特色产业、户户有增收项目、人人有脱贫门路。

民族地区的发展一直以来都受到国家的重视，2016年年底，国务院制定了《"十三五"促进民族地区和人口较少民族发展规划》，习近平总书记关于实现全面小康"一个民族都不能少"的指示精神，明确了实现各民族共同富裕的目标。

迪庆藏族自治州是云南省8个自治州之一，是唯一的藏族自治州，辖区内的3个市、县都是国家级贫困县（市）。国家层面于2018年年初特别提出了针对"三区三州"地区深度贫困的重点帮扶，同年5月，国家农业农村部专题研究部署了"三区三州"产业扶贫工作。迪庆州就属于"三区三州"中的云南藏区，国家层面划定的深度贫困地区。

迪庆州近几年脱贫攻坚工作取得了突出成就，"十二五"期间，实施整乡推进10个、整村推进75个，减少贫困人口5.3万人[①]；2016年度，扶贫攻坚体制机制进一步完善，转移农村劳动力14.2万人次，实施整乡推进13个、整村推进120个，累计减少贫困人口10.3万人[②]；2017年度，全州贫困人口下降到5.5万人，贫困发生率下降到18%[③]。迪庆州抓住中央对深度贫困地区实施特殊扶持政策的机遇，高质量完成迪庆"三

[①] 齐建新：《迪庆藏族自治州国民经济和社会发展第十三个五年规划纲要（草案）》，2016年2月26日。

[②] 齐建新：《2016年度迪庆州政府工作报告》，2016年12月30日。

[③] 齐建新：《2017年度迪庆州政府工作报告》，2017年12月28日。

区三州"重大扶贫项目规划编制工作；是民族地区扶贫攻坚的典型示范。

截至 2019 年 5 月迪庆州已选派 854 名精兵强将担任驻村工作队员。从县、乡机关选派 184 名优秀年轻干部担任村（社区）党总支书记。在 29 个乡镇全覆盖建立青年人才党支部，把 579 名致富带头人、村组后备干部纳入乡镇党委直接培养。投入 2.7 亿元的专项扶持资金，采取"党组织+合作社（企业）+贫困户"等模式，大力发展壮大村级集体经济。把党的组织优势转变为扶贫发展优势，为全州打赢打好脱贫攻坚战提供坚实基础保障。

第一节　迪庆藏族自治州贫困人口情况

一　贫困现人口情况

迪庆藏族自治州位于云南省西北部，地理位置偏僻，该地区生活着藏族、纳西族、白族等少数民族，是全国典型的少数民族聚集区。有着特殊的地理条件，平均海拔达 3380 米，气候分明，处于"三江并流"世界自然遗产的腹心地带，境内高山陡坡林立，其间遍布河流峡谷，生存条件恶劣，是全国贫困状况较为严重的地区。迪庆州下辖香格里拉市、德钦县和维西县均为国家级重点贫困县，是全省乃至全国贫困发生率最高的地州之一。[①] 截至 2018 年年底，全州有 14 个贫困乡镇，147 个贫困村，已经脱贫 35 个贫困村，还有 112 个贫困村共计 56452 个贫困人口未脱贫，贫困发生率约为 13.87%，相比 2017 年贫困发生率 18.25%下降了 4.38 个百分点。扶贫成效较为显著，但是相对全国扶贫状况，迪庆州的贫困发生率大约是全国的 4 倍，距离 2020 年全面实现建成小康社会还有较大差距。

迪庆藏族自治州是集藏族、傈僳族、彝族、纳西族、汉族等多民族聚集的少数民族聚集区，各民族具有"大杂居、小聚居"的居住特点，集中分布于迪庆州的各个村落地区，因此，按各地民族贫困人口分布来看（见图 5-1），迪庆州人口总体上虽然藏族占比居多，但贫困人口状况却是傈僳族居多，占比高达 57%，这与该民族生活的区域生态环境状况、贫困人口的贫困基础以及生活方式息息相关，藏族具有朴素、勤俭的优良

---

① 韩斌、李贵云：《抗逆力视角下我国生态扶贫模式策略优化研究——以云南省迪庆州为例》，《生态经济》2018 年第 34 卷第 4 期。

传统，居住区域多为平坝，因此贫困状况相对较轻，占总贫困人口的17.92%，其他民族也都存在不同的贫困状况，因为民族人口总体基数小，因此贫困人口占比较小，多民族混杂居住区域的贫困问题值得重点关注和着力解决，这对于维护少数民族地区的稳定和繁荣有着重要的意义。

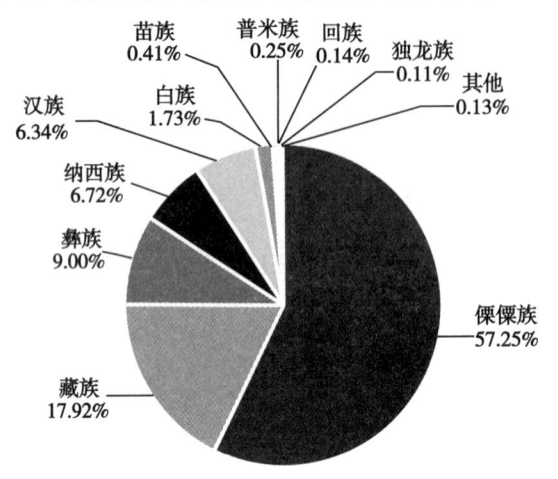

图 5-1 迪庆州贫困人口按民族分占比情况（%）

资料来源：迪庆州人民政府扶贫开发办公室。

迪庆州香格里拉市的少数民族民族贫困状况（见图5-2）较为平均，彝族、藏族、纳西族分别占贫困民族人口的28.62%、20.52%和18.40%，这与该地区民族人口分布较为均衡有关。

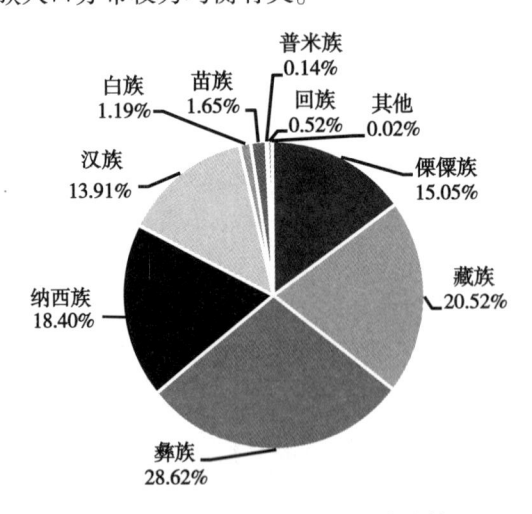

图 5-2 香格里拉贫困人口按民族分占比情况（%）

资料来源：迪庆州人民政府扶贫开发办公室。

维西县作为傈僳族自治县，傈僳族人口占总人口的 57.42%，贫困人口也以傈僳族为主。① 从图 5-3 中可知，傈僳族贫困人口占总贫困人口的 82.97%，可见维西县的傈僳族贫困状况严重，扶贫难度大，因此，在制定扶贫政策时，应该更加重视傈僳族的民族传统、生活方式，加大教育投资，带动民众脱贫积极性，从而达到有效脱贫的目的。

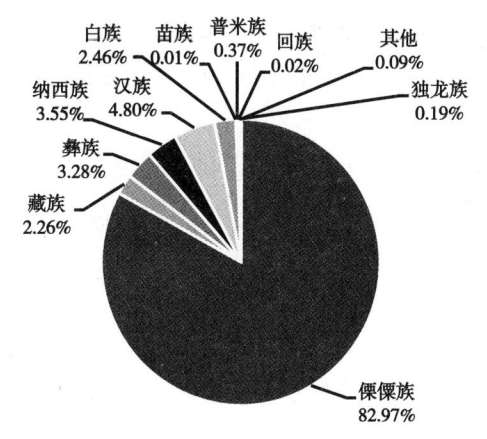

图 5-3　维西县贫困人口按民族分占比情况（%）

资料来源：迪庆州人民政府扶贫开发办公室。

德钦县的贫困少数民族主要集中在藏族和傈僳族（见图 5-4），当地应加大对这两个少数民族聚集区的扶持，根据民族特点和地位优势制订扶贫计划。

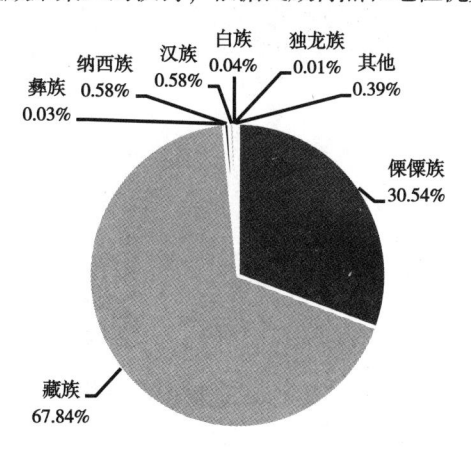

图 5-4　德钦县贫困人口按民族分占比情况（%）

资料来源：迪庆州人民政府扶贫开发办公室。

---

① 数据来源：《维西傈僳族自治县 2017 年国民经济和社会发展统计公报》。

二 致贫原因分析

早在2013年习近平总书记就提出要"实事求是、因地制宜、分类指导、精准扶贫",在精准扶贫政策的指导下,一方面要做到对贫困户的精准识别,另一方面则要分析出导致贫困的关键原因,由此可以更好地为精准制定帮扶措施提供指导。分析迪庆州2017年致贫原因,可以为迪庆州2020年实现全面脱贫提供政策指导依据,从而更好地实现减贫目的。如图5-5所示,迪庆州整体存在多样且较为均等的致贫原因,其中因资金缺乏致贫、自身发展动力不足致贫以及技术缺乏致贫的情况较多,分别占致贫原因的33.99%、15.82%和15.36%,因此州政府在进行扶贫政策制定时,应加大金融扶贫、财政扶贫力度以及加大依托优势产业、以企业带动农户脱贫的产业扶贫力度,尽力确保有劳动能力的贫困户以自身力量脱贫。除此之外,也应该加强教育及劳动技能的培训,提高贫困户的思想觉悟,改变传统、闲散的生活方式,尽力补足自身因缺乏技术或是发展动力不足的缺项,积极减贫。

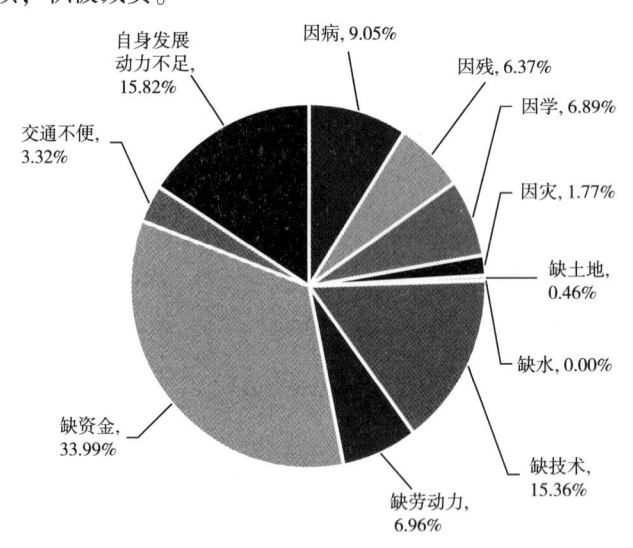

图5-5 迪庆州贫困人口致贫原因占比分析(%)
资料来源:迪庆州人民政府扶贫开发办公室。

对于迪庆州下辖的3个县、市,香格里拉市、德钦县和维西县的致贫原因有相似之处,也有较大差异。第一,香格里拉市的贫困状况较轻,且因资金致贫的贫困家庭占致贫原因的58.20%,可见,香格里拉在基础设施建设、教育培训等方面基础较好，扶贫成效较为显著。

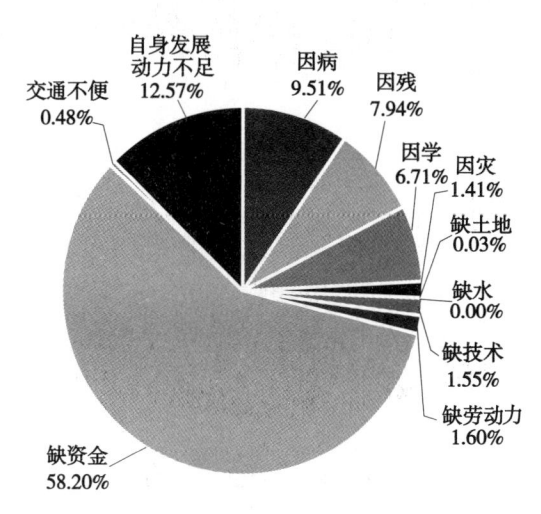

图 5-6 香格里拉贫困人口致贫原因占比分析（%）

资料来源：迪庆州人民政府扶贫开发办公室。

德钦县和维西县在基础设施和教育培训方面，与香格里拉还有较大的差距，因此在减贫方面，也需要加大对基础设施的投入、扩大劳动技能的培训范围和力度，特别是两县都存在因劳动力缺乏致贫的问题，因此对于那些缺乏劳动力的贫困户，除了加大金融、财政扶贫外，更应该相应制定扶贫路径，做到可持续扶贫。

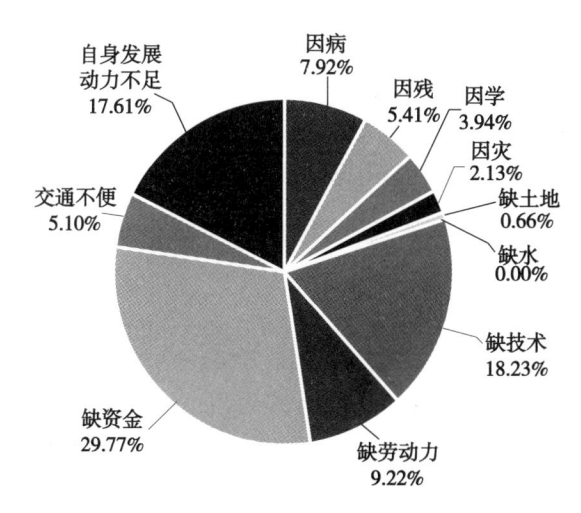

图 5-7 维西县贫困人口致贫原因占比分析（%）

资料来源：迪庆州人民政府扶贫开发办公室。

第二，香格里拉市和维西县因缺资金而致贫的情况较多，因此对于后续的扶贫，应该侧重对资金的投入以及特色产业的挖掘，由此增强农户的发展动力。

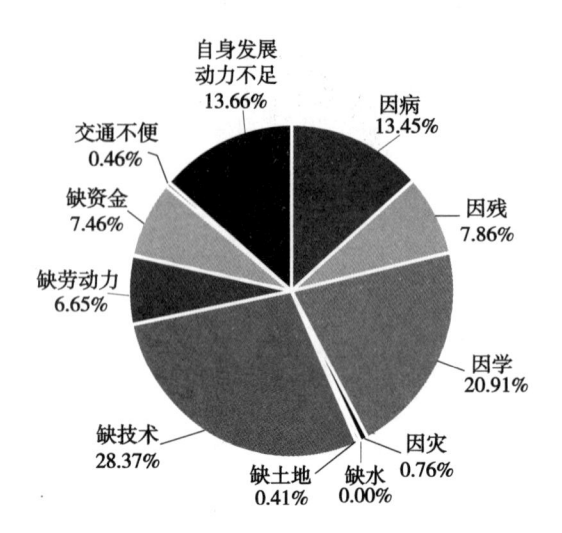

图 5-8　德钦县贫困人口致贫原因占比分析（%）

资料来源：迪庆州人民政府扶贫开发办公室。

综上所述，迪庆州的扶贫工作，应该加大资金扶持、提高技术能力和增强自身发展动力，在扶贫模式的选择上，除了易地搬迁扶贫、生态扶贫、科教文卫综合扶贫、基础设施建设扶贫等扶贫路径外，针对迪庆州贫困状况，应该加大产业扶贫和财政扶贫力度，由此保证扶贫的有效性和可持续性。[①]

第二节　迪庆州扶贫特色分析

一　高原特色生物产业扶贫

迪庆州地处青藏高原南缘，横断山三江并流腹地，起源于古北大陆，不仅是古老动植物区系成分南延、定居和发展的场所，也是第三纪东亚古热带生物区系和古亚热带生物区系的"避难所"及其区系成分在古代分

---

① 韩斌：《云南省扶贫开发模式的实践及完善》，《中共云南省委党校学报》2014年第15卷第1期。

化发展的关键地区之一。这样独特的地貌孕育了迪庆州丰富的植被，从山原型水平带看，这里是云南北亚热带常绿阔叶林植被区向青藏高原高寒植被区过渡的地带，从垂直高度看，这里山高谷深，山川相间，海拔相对高差达5260米，植被随山地海拔的升高和气候土壤类型的递变呈现出"亚热带常绿阔叶林及云南松林带、温性常绿针叶林带、寒温性针叶林带、高山灌丛草甸带、高山流石滩疏生植被带和终年积雪带"等有规律的垂直带状分布，因此，从南至北仅2.4纬度的迪庆高原，几乎包含了相当于从中国南部亚热带地区到北半球极地约70个纬度所具有的水平带气候类型和生态植被类型。因此，在迪庆州161.5万公顷的林业用地中，森林覆盖率达73.9%，高于全省平均水平，居云南各地州之首。主要树种有云杉、红杉、冷杉、高山松、红豆杉、香榧、云南松、华山松等。同时，动物种类也十分丰富，有兽类120种，占云南兽类总数283种的42.4%，鸟类290种，占云南鸟类总数782种的37.08%，全州已知的国家级重点保护动物有63种，占全国重点保护动物总数的24.5%。白茫雪山国家级自然保护区，哈巴雪山、碧塔海、纳帕海三个省级自然保护区，保护区总面积达32.0129万公顷。丰富的植被类型和绚丽多彩的生物区系，使迪庆呈现出丰富的生物多样性和生物资源。

围绕优势资源，1996年迪庆州正式成立"18工程"办公室，2000年更名为迪庆州生物资源开发创新办公室，负责推进全州生物资源的开发利用。2003年迪庆州把特色生物产业扶贫作为提高贫困人口自我发展能力、自我造血功能从而摆脱贫困的根本出路，州生物创新办、农林等相关部门进行政策制定，提供适宜的产业发展环境，采取"企业+基地+农户"的生物产业开发模式，在龙头企业的带动下围绕青稞、葡萄、玛卡、药材和牦牛等具迪庆州特色农业生物产业进行产业扶贫，培育产业基地，打造饮品、观赏品、药品、食品、生物化工等特色生物产业群，形成高原葡萄酒、名贵药材等特色产品。2018年迪庆州三县投入产业扶贫资金51872万元，其中种植业项目计划投资17838万元，上半年完成经济作物种植51819亩，完成经济林果种植36579亩，完成中药材种植38945亩；养殖业项目计划投资5630万元，其中养牛24117头，养猪34690头，养鸡20万羽，养蜂5843箱，养毛驴605头，养黄山羊920头，并启动水产养殖扶持2项；集体经济计划投资19366万元，截至2018年6月，已有46个村已注册成立了发展村集体经济；对贫困户的产业扶贫计划投入3080万元，迪庆州对 3817 户贫困户的产业扶持资金已分别入股和谐毕松种养殖合作社、香格里拉市嗑嘛措农庄有限公司、虎跳峡旅游经营公司等公司及合作社；对龙头企业和合作社扶持计划投入 2738 万元。通过这些资金投入拓宽贫困群众增收渠道。

以维西县白济乡永安村的产业扶贫为例，该地区通过"八个一"工程打造产业品牌，在产业扶贫方面成效显著。"八个一"的具体实施如下：建强一个基层组织，凸显党组织的政治功能，指导产业选择、环境营造与品牌发展；培养一项拳头产业，按照"一村一品"的发展思路，打造养猪示范基地；打造一个永安品牌，注册永安竹斑鸡，不仅是对本地优质鸡种的保护，更通过这种方式进一步打提纯优化，借助品牌效应响知名度；构建一个销售平台，依托维西特色农业扶贫开发公司销售，采取"支部+实体体验店"方式，进一步开销路；绘制一张扶贫地图，将永安村的集体产业、村民小组、建档立卡户、教堂活动点、通组公路桥梁等分布为一体的综合立体地图，由此便于实施把控全村动态，掌握扶贫成效；营造一种氛围，通过分片包租帮扶教育引导、强化宣传舆论引导、注重亲情道德引导、加强培训提升脱贫等方式，激发群众内生动力，为可持续脱贫提供动力；创建一个最美乡村，通过组织志愿者对村民进行指导，主要包括整理内务、规划日用品摆放，最终建成一个美丽、和谐的永安村。[①]

二 旅游产业扶贫

在生态景观旅游扶贫方面，迪庆州地处举世闻名的"三江并流"世界自然遗产核心区，生态环境优美，气候适宜，境内有连绵的雪山、险峻的峡谷、花毯似的草甸、明镜般散落的湖泊、浩瀚的原始森林、珍奇的动植物，拥有中国大陆第一个国家公园——普达措国家公园，成为生态景观旅游最具代表性的景点。除了普达措外，还有梅里雪山、虎跳峡、白水台、滇金丝猴国家公园、香格里拉大峡谷等国家公园，共同构成迪庆州生态旅游圈。迪庆州丰富的旅游资源为旅游产业发展提供了良好的基础，近年来，实施香格里拉到德钦二级公路沿线旅游观景台建设，着力提高全州交通沿线旅游基础设施水平，打造"香格里拉""三江并流"旅游品牌。生态景观旅游扶贫的带动作用主要表现在旅游产业发展的辐射效应方面，

---

① 《迪庆州维西县永安村"八个一"打造产业品牌，扶贫成效凸显》，2018 年 7 月 17 日，基层网，https://www.jiceng.org/povertyrelief/2385.html。

辐射范围包括餐饮服务业、酒店住宿业、交通运输业、服饰加工类、副食品生产行业，同时，这些相关行业的发展又会带动另一批相关产业的发展，辐射到社会中的广大行业，为当地创造更大的经济效应，相应地，迪庆州的旅游扶贫也取得了较大成效。

以迪庆州梅里雪山小镇建设为例，依托梅里雪山景区丰富的生态环境优势，在德钦县升平镇雾浓顶村计划修建梅里雪山小镇。小镇规划总面积为3.07平方千米，核心区面积0.97平方千米，结合雾浓顶绝佳观景视野，打造以生态观光旅游产业为核心、以摄影产业为支撑、以康体养生为补充的世界级心灵朝圣地、国家级雪域高原摄影基地、大香格里拉区域多元文化体验基地。雾浓顶村海拔3600米，年平均气温7—8℃，全村有22户农户，约150人。在这个规模不大的小村中，旅游小镇的建设不仅可使雾浓顶村全面脱贫，还能带动周围村民。旅游小镇中，旅游产业是其核心产业，还需要兼备旅游功能，包括社区人居、文化、生产、商业、服务等，由此创造多样的岗位，解决当地村民就业问题。梅里雪山旅游小镇除了主打生态旅游外，也可以跳出旅游看旅游，以本地特色农业为基础，不断延伸农业产业链，通过农产品深加工，农产品衍生品的开发实现三产融合发展，从游客消费需求出发，提高农村经济效益，促进村庄整体经济的发展，达到可持续脱贫。

在文化旅游扶贫方面，迪庆州不仅拥有壮美的风景，还有绚丽多彩的民族文化，是全国10个藏族自治州之一，以藏族、傈僳族、纳西族为主的26个少数民族相互影响、相互融合，由此形成了独一无二的民族特色，包括国家级非物质文化遗产——维西傈僳族自治县叶枝镇同乐村阿尺木刮，省级非遗项目——德钦藏族弦子舞蹈，以及建塘锅庄、尼西情舞、傈僳族瓦器等。截至2017年，迪庆州有国家级非遗项目保护单位8个、省级19个、州市级106个、县级201个，省级民间文化艺术之乡5处、州级7处。

迪庆州旅游业发展的初期，主要以自然观光为主，虽然有丰富的民族文化资源和丰厚悠久的历史文化底蕴，但没有将少数民族文化与旅游相互结合，不利于旅游业的多样性发展，也不利于文化的保护和传承。2000年以前的文化旅游，主要形式为在香格里拉城郊进行藏民家访，一定程度上打破了迪庆州传统单一的旅游模式，并增加了被访藏民的家庭收入，带动了旅游扶贫、农业产业结构调整的步伐。2001年，迪庆州确立了"生态立州、文化兴州、产业强州"的总体发展战略，并在文化旅游需求日益旺盛之际，州委、政府以招商引资的方式建成了坛城文化广场、香格里拉文博中心、独克宗古城、霞给生态温泉村等文化旅游产业项目；围绕打造香格里拉品牌，政府着重支持香格里拉演艺业，成立了香格里拉文化发展有限责任公司，由迪庆州旅游投资公司控股，主要经营香格里拉文博中心，成立迪庆梦幻香格里拉旅游文化传播有限责任公司，创造了大型歌舞诗《梦幻香格里拉》；藏民家访旅游项目规模逐步扩大，民宿数量剧增，传统手工艺品逐渐发展，其中东巴文化衍生的工艺品、尼西土陶、卡卓刀等民族传统手工艺品深受游客喜爱。随着迪庆文化旅游的发展，辐射范围越来越广，特别是家访、民俗、农家乐、土特产及传统手工艺品售卖在很大程度增加了农民收入，实现可持续脱贫。

以白水台文化旅游为例，白水台是迪庆较为著名的生态景观旅游胜地，因其含有碳酸氢钙的泉水慢慢下流形成乳白色台幔，犹如层层梯田而闻名。然而，白水台地区作为东巴文化的发源地，有着丰富的纳西古代文化，包括东巴文字、东巴经、东巴绘画等，却鲜为人知。近年来，白水台地区加大对文化旅游的发展，坐落于白水台景区旁边的白地村因其得天独厚的地理区位成为发展文化旅游的最佳地点。目前，白地村居住着现有国家级非遗传承人——和志本及其儿子、儿媳，家中高挂"圣地东巴集贤院"，偏房展示有东巴纸、东巴经、东巴传统服饰以及极具民族特色的工艺品，儿媳李秀花为每一个到访的游客亲切详细地介绍，从制作流程到用途，一一展示，尽力推广。除此之外，为弘扬东巴文化，和志本的儿子除了在家制作东巴纸外，也到大学开展关于东巴纸制作、东巴文化普及的讲座。东巴纸作为白水台景区周边一大文化输出载体，是其发展文化旅游的亮点，目前白水台文化旅游正处于起步阶段，在今后的景区发展中，应该重视东巴文化的推广，不仅可以带动景区发展，形成对东巴文化的保护，当地村民还能通过接待游客，提供餐饮、住宿、东巴纸制作等体验性活动以及制作传统东巴手工艺品等增加村民收入，做到精准扶贫。

在乡村旅游扶贫方面，乡村旅游是近年来兴起的旅游模式，是指以乡村空间环境为依托，以乡村独特的生产形态、民俗风情、生活形式、乡村风光、乡村居所和乡村文化等为对象，利用城乡差异来规划设计和组合产品，是一种集观光、游览、娱乐、休闲、度假和购物为一体的旅游形式。① 该种模式遵循当地的自然条件进行，不需要昂贵的改造费用，也不要求奢华的旅游服务。近年来，迪庆州乡村旅游在政府的引导扶持下，以香格里拉尼西、维西塔城、德钦奔子栏等为代表的乡村旅游呈现出欣欣向荣的发展局面。2018 年迪庆州在乡村旅游项目上投入 3220 万元，全州 4 个村提交了旅游扶贫项目科研报告，其中维西县计划发展乡村旅游点 3 个，截至 2018 年上半年完成度已达 80%。② 截至 2018 年 6 月，全州农家乐共有 150 余家，特色民居客栈 140 余家。③ 在云南省 2018 年深度贫困地区旅游规划扶贫公益行动中，省旅发委组织动员，旅游规划资质单位提供科学的旅游开发意见，包括乡村旅游资源挖掘、旅游产品打造、旅游项目建设、旅游公共服务设施完善、市场推广，迪庆州有 20 个村收益，由此带动一大批贫困群众脱贫。

以小中甸镇鼐思村（也写为奶思村）为例，鼐思村位于香格里拉市小中甸镇阳塘措（湖）的北岸，据说在 500 年前木氏土司曾在此建造最大的领主庄园，因其地理区位优越，被认为是祥瑞之地，赐名"奶思"，沿用至今。因此，该地秀美的自然风光和历史文化成为其发展旅游业的重要基础。2014 年 7 月，鼐思村依托香格里拉阿佳拉旅游集团进行旅游开发，采用"公司+村民小组+农户"的旅游扶贫开发模式进行，由公司提供乡村旅游的整体规划设计及资金保障，村民小组负责协调以及农户接待任务的分配，村民则负责具体的实施。2017 年 4 月，由镇党委、政府牵头，公司与村民小组分别以占股 60% 和 40% 共同注册成立了鼐思·碧水蓝天乡村旅游合作社，同年，鼐思村"两委"也把村集体资金 50 万元以原始股的形式投放到乡村旅游开发之中，这一系列举措极大地促进了当地乡村旅游的发展，进一步达到脱贫目的。一方面，公司吸收当地农户，特别是精准扶贫户进入公司工作，从事服务员、保洁员、保安、讲解员等工作，由此每年给村民带来近 80 万元的收益，解决当地剩余劳动力 50 余人，一定程度上改善了当地的贫困状况；另一方面，景点建成后，通过开发民族餐饮、民族歌舞、民族建筑、服饰文化等旅游项目，按人均纯利润 50 元计算，年收入可达 500 万元左右，可解决当地农民劳动力就业达 300

---

① 肖佑兴、明庆忠、李松志等：《论乡村旅游的概念和类型》，《旅游科学》2001 年第 3 期。

② 数据来源：迪庆州 2018 年上半年总结。

③ 李齐凡：《迪庆州全域旅游发展初见成效》，云南省文化和旅游厅网，http://www.ynta.gov.cn/Item/38164.aspx，2018 年 6 月 21 日。

人左右。鼎思村民通过合作社每年收入可达到 200 万元左右,即按全村人口 193 人计算,每人每年收入可达 1 万元左右。[①] 可见,鼎思村旅游扶贫成效显著,通过乡村旅游,改变了农村面貌,保护宣传了当地历史文化,从原本单一的仅靠务农或打工的收入来源变为多样的、收益较高的收入来源,从根本上改变了村民的生活条件。

在全域旅游扶贫方面,近年来,迪庆州积极发展生态旅游、文化旅游、乡村旅游、休闲度假旅游、红色旅游、宗教旅游,以及自驾游、美食、科学考察、商务、养生、探险等多样的旅游模式,在发展新型旅游模式的同时,迪庆州围绕打造"世界的香格里拉品牌"这一目标,坚持全境布局、全景规划、全时设计、全民参与、全业联动、全域治理,坚持绿色发展、特色发展、高端发展、融合发展,通过集点、联结、汇面,打造国际高原全域旅游目的地[②],从而实现迪庆州旅游业从门票经济转向服务业经济,从经典旅游专向全域旅游。迪庆州在全域旅游的实现上应该以自然景观为主、文化景观为辅,组成一定地理范围内的区域协作模式,同时以民族的分布为重点,通过多级节点(景区景点中,核心景区景点为一级节点,次核心景区景点为二级节点,在一级节点文化和二级节点文化之外还存在可延伸节点文化)实现 1+1+1≥3 的文化合力。

迪庆州全域旅游开发是促进当地脱贫致富的重要途径之一,借助 214 国道、德维、香德等州内主干道构成全域旅游交通网,不仅可以连接雪山、冰川、峡谷、湖泊、草甸等自然景观,还可以沿途体验不同的文化、宗教、习俗。同时,还能享受奇妙独特的旅游体验,入住当地村民家,品尝乡野美食,体验非遗文化,与多民族原住民共舞,远离喧嚣,感受田野带来的宁静美好。在推进全域旅游时,应该注意旅游主题、旅游路线的设计,可以将虎跳峡、香格里拉古城、松赞林寺、白水台、梅里雪山、飞来寺、滇金丝猴等生态景观、文化旅游景观等串联,以旅游小镇、乡村旅游地作为串联点,既充实旅游内容,也可以延长旅游链条,带动相关地区的旅游增收,从而实现旅游扶贫。

---

① 石长毅:《坚决打赢精准脱贫攻坚战,云南迪庆奶思村:"旅游+扶贫",美了景区富了百姓》,国务院扶贫开发领导小组办公室,http://www.cpad.gov.cn/art/2017/11/23/art_5_73766.html,2017 年 11 月 23 日。
② 李齐凡:《迪庆州全域旅游发展初见成效》,云南省文化和旅游厅网,http://www.ynta.gov.cn/Item/38164.aspx,2018 年 6 月 21 日。

三 财政专项扶贫

习近平总书记在指导扶贫工作时强调,"要增加资金投入和项目支持,实施'精准扶贫'、'精准脱贫'"。目前,我国农村扶贫资金投入主要分为政府财政资金、国际扶贫资金和其他扶贫资金。政府财政资金作为财政扶贫的最大资金来源,主要依靠中央专项财政扶贫资金,省、自治州相关配套专项资金作为辅助,具体资金来源有财政发展资金,以工代赈资金,扶贫贷款财政贴息,少数民族发展资金,国有贫困农、林场专项扶贫资金,以及教育、医疗、卫生、社会保障、公益事业等相关发展资金;国际扶贫资金主要来源于世界银行和亚洲银行;其他扶贫资金主要来源有国内社会捐赠、定向帮扶、社会主体帮扶资金等。[①] 现将迪庆州近两年的财政扶贫资金罗列如下(见表5-1)。

表 5-1　　2016—2017 年迪庆州财政扶贫资金使用情况

项目			年份	2016 年	2017 年
政府财政扶贫资金	六大工程	基础设施建设工程	计划(万元)	85240	—
			实际(万元)	42474.96	109284.61
			到位率(%)	49.83	
		农村人居环境提升工程	计划(万元)	39370	
			实际(万元)	60720.67	24825.21
			到位率(%)	154.23	
		产业发展工程	计划(万元)	27234	
			实际(万元)	5123.8	23144.49
			到位率(%)	18.81	
		基本公共服务工程	计划(万元)	16654	
			实际(万元)	9951.17	14333.801
			到位率(%)	59.75	
		生态环境保护工程	计划(万元)	27092	
			实际(万元)	34216.96	17269.22
			到位率(%)	126.29	
		能力素质提升工程	计划(万元)	2539	
			实际(万元)	1294	1748.51
			到位率(%)	50.96	
	整乡推进项目		计划(万元)	7000	—
	溜索改桥项目		计划(万元)	13253	—
	易地搬迁项目		计划(万元)	267739	—
	"直过民族"脱贫行动计划		计划(万元)	140375	—

---

① 刘天琦:《我国农村财政扶贫资金投入与运行机制的优化问题研究》,硕士学位论文,首都经济贸易大学,2018 年。

续表

项目		年份	2016年	2017年
其他扶贫资金	基础设施建设工程	社会帮扶 实际（万元）	—	3170.43
		群众自筹及投工投劳折资 实际（万元）	—	1600
	农村人居环境提升工程	社会帮扶 实际（万元）	—	1346.15
		群众自筹及投工投劳折资 实际（万元）	—	4697
	产业发展工程	社会帮扶 实际（万元）	—	2224.76
		群众自筹及投工投劳折资 实际（万元）	—	1355
	基本公共服务工程	社会帮扶（包括昆明、上海） 实际（万元）	—	3246
	生态环境保护工程	社会帮扶 实际（万元）	—	540
		群众自筹及投工投劳折资 实际（万元）	—	175.6
	易地搬迁	群众自筹 计划（万元）	25593	—
	"直过民族"脱贫行动计划	业主投入 计划（万元）	16483	—
		社会帮扶 计划（万元）	2741	—
	对口帮扶	上海 计划（万元）	6300	13403
		省内 计划（万元）	6000	—

资料来源：迪庆州扶贫办2016年、2017年工作总结及工作要点。

从2016年、2017年扶贫办年度工作总结中可知，迪庆州财政扶贫资金来自政府财政资金（中央财政资金、省级财政资金、政策性贷款、部门整合、信贷资金）和其他扶贫资金（社会帮扶、对口帮扶、群众自筹及投工投劳折资），暂时没有国际扶贫资金投入。迪庆州财政扶贫主要按照《迪庆藏区脱贫攻坚三年行动计划（2016—2018）》《迪庆州易地扶贫搬迁三年行动计划》《沪滇帮扶云南省迪庆州"十三五"对口支援规划》《迪庆州"直过民族"脱贫攻坚行动计划及实施方案》等规划进行，2016

年、2017年，扶贫工作按照六大工程进行①，2018年按照九大工程进行①，在项目分析上存在不可比性，因此，本书仅用2016年、2017年财政资金投入进行分析。

从表5-1可知，第一，六大工程项目的资金投入情况有较大差别，2016年主要为政府财政扶贫，共计投入153781.6万元，其中对基础设施建设工程、农村人居环境提升工程、生态环境保护工程投资较大，2017年财政扶贫共计投入190605.8万元，加大了基础设施建设工程、产业发展工程、基本公共服务工程、能力素质提升工程的投资力度，特别是在产业发展工程中，2017年财政投资比2016年高18020.69万元，主要原因在于2016年实际投入较少。2016年和2017年除了政府财政扶贫外，还加入了其他扶贫资金的投入，2016年主要为易地搬迁、"直过民族"脱贫行动计划的群众自筹、业主投入、社会帮扶投入以及上海、省内的对口帮扶，共计57117万元；2017年主要是六大工程的社会帮扶和群众自筹及投工投劳折资，共计投入21600.94万元，占六大工程投入的11.33%。总体而言，在迪庆州扶贫六大工程中，政府财政扶贫总投入在逐步增加，对各项目的投入也趋于平均，仅在能力素质提升方面投入较少，并且逐步加入了其他扶贫资金的投入，但占比较少，仅能作为政府财政扶贫的补充。第二，从2016年六大工程资金投入到位率看，各项目到位率存在较大差别，其中农村人居环境提升工程资金到位率最高为154.23%，其次是生态环境保护工程，为126.29%，说明这两个项目2016年度超额完成，资金到位率最低的为产业发展工程，仅为18.81%，而基本公共服务工程、能力素质提升工程、基础设施建设工程的资金到位率分别为59.75%、50.96%、49.83%，均已完成该年度计划。基于2016年的资金投入率，

---

① 六大工程分别为：1. 基础设施建设工程，包括水利设施建设、农村电网改造提升、道路建设、农田地建设、网络建设；2. 农村人居环境提升工程，包括易地搬迁、以工代赈、农村危房改造、公益性项目、入户建设项目；3. 产业发展工程，包括种植业、养殖业、旅游扶持项目；4. 基本公共服务工程，包括教育、卫生、文化体育、社会保障、基层党组织阵地建设项目；5. 生态环境保护工程，包括天然林保护、退耕还林、退牧还草、地质灾害防治、石漠化治理、湿地综合保护工程等；6. 能力素质提升工程，包括劳动力转移技术培训、劳动力引导性适用技术培训、劳动力职业技能培训项目。

① 九大工程分别为：易地扶贫搬迁工程、产业就业扶贫工程、生态扶贫工程、健康扶贫工程、教育扶贫工程、能力素质建设工程、农村危房改造工程、贫困村提升工程（包括交通基础设施建设、农村水利基础设施建设、村庄人居环境项目建设、村组通信及网络建设、活动场所建设等）以及民政兜底扶贫。

2017年大幅提升了产业发展工程的实际到位资金，适当提高了基本公共服务工程、能力素质提升工程和基础设施建设工程的资金投入，同时大幅降低了农村人居环境提升工程和生态环境保护工程的资金投入，以期获得均衡全面的发展。第三，从财政扶贫分类看，政府财政扶贫方面，2016年除了对六大工程的资金投入外，还对整乡推进项目、溜改桥项目、易地搬迁项目、"直过民族"脱贫行动计划进行资金支持，共计582148.6万元，占2016年总体政府财政扶贫的79.10%，投入巨大。

根据2016年、2017年迪庆州财政扶贫的数据分析可以看出，第一，迪庆州在财政扶贫方面投入巨大；第二，迪庆州的财政扶贫途径较为单一，在资金投放使用方面，也缺少完善的资金使用和投放体系；第三，迪庆州财政扶贫成效统计工作存在统计口径不一致、成效体系构建不完善的问题。基于此，笔者提出如下建议：第一，完善财政扶贫投入体系，保证一定的资金到位率，同时拓宽资金来源，特别是争取国际援助；第二，完善资金管理制度，从资金的分配、使用、监管、绩效考核等方面进行，具体可参照《中央财政专项扶贫资金管理办法》《财政专项扶贫绩效评价办法》等[1]；第三，扶贫工作仅依靠政府的力量不足以满足"精准扶贫"的需求，也需要金融机构积极参与，通过创新投融资模式，改变以商业银行为主体的传统金融"输血型"模式为开发性金融、共享金融的"造血型"新型金融扶贫模式。[2]

四　金融扶贫

通过因乡因族制宜、因村施策、因户施法，迪庆州在金融扶贫方面的经验有以下几个方面。第一，积极助力特色产业发展，依托迪庆高寒藏区农业特色，重点扶持迪庆州三大园区、四大基地建设以及青稞、葡萄等五个特色产品，通过产业链服务和生产资料入股等形式对贫困户进行帮扶，直接带动农户增收。同时，金融机构通过"政府主导、企业担当、银行支持、建档立卡户参与"的形式，解决了农村担保抵押难的问题，扶持了产业的发展。第二，扶持龙头企业发挥辐射带动作用，同时强化农村致

---

[1] 张曦文：《中央财政大力支持打好精准脱贫攻坚战》，中华人民共和国财政部，http://www.mof.gov.cn/zhengwuxinxi/caijingshidian/zgcjb/201803/t20180313_2834916.html，2018年3月13日。

[2] 《金融支持精准扶贫模式有哪些》，凤凰财经，http://finance.ifeng.com/a/20180920/16517987_0.shtml，2018年9月21日。

富带头人金融扶持引领作用。以迪庆州57家省级以上农业产业化龙头企业为依托,采取"龙头企业+贫困户""龙头企业+农民专业合作社+贫困户"等模式向产业链上下游开展金融服务。金融机构则主要通过抵押贷款、保证贷款等方式对涉农企业进行扶持。截至2018年3月末,迪庆州龙头企业贷款余额4457万元,同比增长17.79%。金融机构还通过支持贫困农村致富带头人创办企业、成立专业合作社、经营家庭农场等形式,发挥其示范引领作用。截至2018年3月末,全州纳入创新统计农村金融产品贷款余额达14.86亿元,比年初增长4263.38万元;贷款支持农民专业合作社1348个(其中国家级农民专业合作示范社5个,省级农民专业合作示范社16个,州级农民专业合作示范社16个)。第三,改善地方基础设施建设,通过开展农村基础设施建设贷款等业务进行农村综合开发建设、农村流通体系建设、农村人居环境提升改造建设。第四,支持易地移民搬迁点产业发展建设,当地农信社等金融机构为具备中药材种植或是特色养殖条件的易地搬迁户提供信贷资金支持,对建档立卡户贷款利率按央行同期同档次基准利率执行。

五 异地搬迁扶贫

易地扶贫搬迁旨在通过对生存环境恶劣地区的农村贫困人口实施易地搬迁安置,根本改善其生存和发展环境,实现脱贫致富。2018年国家发展改革委新闻发言人、政研室主任施子海提道,"通过实施易地扶贫搬迁工程,搬迁群众的生产生活条件得到明显改善,脱贫致富的步伐明显加快,迁出地区生态环境同时得到有效改善,收到了良好的经济社会和生态效应"。易地搬迁扶贫模式不仅是全国精准扶贫的重要模式之一,更是解决因自然资源禀赋缺失的山区持续脱贫的重要途径。迪庆州在易地扶贫搬迁中,坚持"群众自愿、积极稳妥"的原则,重点针对建档立卡贫困人口,进一步加大投入力度,根据《迪庆州易地扶贫搬迁三年行动计划实施方案》,2016—2018年全州总规划投入资金46.2亿元,完成10344户、42563人的易地扶贫搬迁工作。[①] 同时,创新投融资机制,加强政策协调指导,更加注重精准扶持,在工作前期加大惠民宣传。在工作执行中,要做到以下几点:第一,公平、公正、公开地选择符合易地搬迁政策的家庭

---

① 资料来源:迪庆州扶贫办2016年工作总结及2017年工作要点。数据说明:该处易地搬迁包含生态移民、就近整租集中改造、插花安置。

和区域，认真执行、记录扶贫资金使用情况；第二，重视易地搬迁资金的多渠道多手段，创新投融资机制，注意风险防范，加强资金追踪问效；第三，在住房建设方面，因地制宜探索搬迁安置方式，加大安置区建设力度，强化质量监督，保证住房安全；第四，做好易地搬迁后的安置工作，为搬迁户后续的生产生活提供必要的条件。

六 生态扶贫

迪庆州地处滇西北横断山"三江并流"世界自然遗产腹心地带，是当今世界上生物多样性最丰富、中国原生态系统保留最完好和垂直生态系统最完整的地区之一。全州有林地面积 188.38 万公顷，森林覆盖率达 73.95%；草地面积 82.56 万公顷，可利用的草场面积 59 万公顷，野生食用菌 136 种、芳香植物 124 种、观赏植物 578 种、药用植物 867 种、药用动物 150 种。近年来，迪庆州实施了"生态立州，文化兴州，产业强州，和谐安州"战略，实施天然林保护、退牧还草、游牧民定居等工程，使丰富的自然资源得到广泛地开发利用，经济社会取得了一定的发展，但是，迪庆州属于典型的生态脆弱型贫困地区，生态环境、自然资源与人口之间存在矛盾和冲突。一方面表现在自然资源丰富，但生态环境脆弱，自我恢复能力差，地质灾害点高达 998 处，且呈逐年增多趋势；另一方面表现在人口与土地资源之间的矛盾，迪庆州山地面积超过 90%，70%以上的地方不适宜栽种农作物，粮食种植面积小、耕作困难。为了地区的可持续发展，2010 年国务院印发了《全国主体功能区规划》（国发〔2010〕46 号），迪庆州的 3 个市县的大部分区域被列为限制开发区和禁止开发区，一定程度上限制了迪庆州的短期经济发展。

基于以上背景，迪庆州积极进行生态扶贫工作，按照《迪庆藏区脱贫攻坚三年行动计划（2016—2018）》，迪庆州六大工程之一为生态环境保护工程，2017 年共计完成投资 17984.82 万元，帮扶资金 540 万元，群众自筹及投工投劳折资 175.6 万元[①]，这些资金的投入，有助于这项工程的顺利实施，从而更好地实现该地区自然资源和社会资源的优化配置。实施天然林保护是生态扶贫工程的一大重要内容，这项工程既可以维护地区生态环境的平衡，也最大限度地减轻了贫困状况，2018 年迪庆州计划续

---

① 资料来源：迪庆州扶贫办 2017 年工作总结和 2018 年工作安排。

聘选聘生态护林员 6234 名,并已完成生态护林员续聘选聘工作,这将意味着 2018 年通过护林员工作实现脱贫;实施生态移民也是迪庆州生态扶贫的另一项重点工作,"十二五"期间,迪庆州投入超过 12 亿元,生态移民搬迁近 1 万人,由此可以降低对生态环境的胁迫,促进人口的合理分布,改善贫困人口发展环境,提升抗逆力,破解生态保护与生存发展的矛盾。通过实施生态移民扶贫开发战略,将山区、半山区不具备生存条件或自然条件过于恶劣的聚居人口,搬迁至河谷沿线的平缓地带。迪庆州在推进移民工作方面,创新扶贫开发新模式,探索实施"人下山、树上山"生态战略,推进集中连片开发的重要示范工程,在项目实施过程中,"搬得出、稳得住、逐步能致富"的目标正在实现。除了护林员工作和生态移民工程,迪庆州还积极推进退耕还林工作,2018 年迪庆州已完成 3.4 万亩退耕还林外业调查工作,并计划实施退耕还林 2.3 万亩,根据《国务院关于完善退耕还林政策的通知》具体政策,在原先的退耕还林粮食和生活补助期满后,中央财政将以 1500 元/亩对退耕农民予以现金补助,由此迪庆州相关农户将共计得到补贴 7935 万元,这也是生态扶贫的一项重要补贴,能在一定程度上改善贫困户的生活水平。

生态扶贫不仅是对贫困户的扶助,也是保护生态环境、维持生态平衡的重要手段,只有保护了自然资源,才能可持续发展旅游业和生物产业,才能通过旅游扶贫和产业扶贫模式有效脱贫。2017 年迪庆州第三产业占比 55.7%[①],很大程度上是依赖于迪庆州的旅游业发展和高原特色农产品生产经营活动带动的,可见生态扶贫模式的重要性。

七 科教文卫综合扶贫

迪庆州因地理区位闭塞,经济发展滞后,社会综合发展较为缓慢,尤其在教育和医疗卫生方面与全国其他地区有较大差距。在这样的前提下提高精准扶贫质量,做到可持续扶贫的关键就是进行科教文卫的综合扶贫。教育扶贫作为迪庆州摆脱贫困的重要抓手,在全面推进迪庆藏区教育精准扶贫工作中,迪庆州从以下几个方面进行推进。第一,迪庆州全境实施 14 年免费教育,并加大教育资金支持,2018 年投入义务教育阶段资金 15138.16 万元,高中教育阶段资金 4375.47 万元,职业教育及教师培训、

---

① 资料来源:迪庆州 2017 年国民经济和社会发展统计公报。

进修项目资金7675.95万元，学前教育阶段资金14810.42万元①，教育资金的投入为提升基础教育、职业教育质量提供基础保证。第二，提高教师教学能力，改善教学设备，开展教育对口帮扶、建立省内迪庆高中班合作办班帮扶政策等②，2018年计划450名教师进行省内外互换交流培训，全州计划新建30所幼儿园，新建2所、改扩建27所中小学，新建1所、改扩建3所高中学校③，教师授课能力和教学场所的改进是迪庆州提升教育质量的关键，该项措施有利于激发教育发展活力。第三，针对受教育对象，实施高原农牧子女学生生活补助、义务教育阶段农村中小学营养改善计划、职业中专涉农专业学生免学费及补助生活费等教育惠民政策，从政策上保障贫困家庭子女接受教育的权利，减轻家庭负担。第四，迪庆州将教育扶贫与"互联网+"相联系，2018年迪庆州举行沪滇合作"腾讯智慧校园"教育扶贫推进会暨签约仪式，标志着迪庆州"互联网+教育"的精准扶贫模式正式启动。该种新型扶贫模式可以通过线上平台产品，用符合校园场景的呈现形式，为学校、老师、学生、家长等提供各类场景中的应用功能，可有效提高贫困地区受教育程度，促进教育均衡，是迪庆州教育扶贫的重要补充，由此提升教育质量。

云南省现有因病致贫返贫20.5万户、79.3万人，占到全省建档立卡贫困人口总数的23.49%，且60%集中在以迪庆州、怒江州为代表的深度贫困地区，是全国救治人数规模在50万以上的五省之一。④ 在推动健康扶贫方面，第一，省卫计委与迪庆州政府共同建立了健康扶贫共同推进机制，加大对健康扶贫工程的重大项目投资，争取中央预算内项目、县级综合医院提升达标等项目。第二，云南省和迪庆州采取"一院一策"措施，由云南省第一人民医院、昆明医学院附属第二医院分别牵头省内外多家三级医院，"组团式"帮扶迪庆州医院，开展区域内医学检验、影像、卒中、胸痛、创伤、危重孕产妇救治、危重儿童和新生儿救治"七大中心"

---

① 杨勇：《中央支持迪庆教育脱贫资金4.2亿元》，中国藏族网通，http://www.tibet3.com/news/zangqu/yn/2018-09-28/89408.html。
② 唐盛强：《探索藏区教育扶贫新举措，开启迪庆人才培养新模式》，迪庆州政府信息公开，http://xxgk.yn.gov.cn/Z_M_003/Info_Detail.aspx?DocumentKeyID=C7D678F83C174422BB822ECCA73AEE97，2016年11月24日。
③ 资料来源：迪庆州2018年上半年扶贫工作总结。
④ 何梦煌：《真帮实干，尽锐出战，坚决啃下迪庆州怒江州健康扶贫"硬骨头"》，云南省卫生计生委，https://baijiahao.baidu.com/s?id=1604587617018659341，2018年6月29日。

建设,确保到2020年,州人民医院达到三级甲等综合医院水平,迪庆州藏医院达到三级藏医院标准。第三,大力实施基层服务能力提升行动、重点疾病防控行动、健康素养提升行动,最大限度降低重大传染病、地方病对深度贫困地区各族群众的健康危害;实行农村定向医学类学生免费培养、全科医生特岗、住院医师规范化培训、紧缺人才培训等项目,加快深度贫困地区医疗服务能力提升。除此之外,迪庆州也于2017年正式启动健康扶贫工程,建立精准的建档立卡户信息数据,提高报销比例,推行大病补偿和兜底政策等,进一步减轻迪庆州因病致贫率及返贫率。

八 基础设施建设扶贫

基础设施建设是迪庆州居民生活的重要保障,也是贫困区域脱贫攻坚的重要组成部分,早在1994年世界银行就提出:"发展中国家基础设施存量每增加1%,GDP就会增加1%",可见基础设施建设对于一个地区经济发展的重要作用。迪庆州在基础设施建设扶贫中,涉及面较广,迪庆州扶贫工作主要从交通、城镇基础设施、能源、水利、信息化等"五网"建设进行,由于迪庆州偏僻的地理区位,交通的发展是迪庆州经济发展的重要支撑,发挥着先导性作用。目前,迪庆州已经构筑了"一干四纵三连接十七通道"的陆路交通体系,开拓了面向南亚、东南亚的国际旅游航线。截至2018年,迪庆州29个乡实现了乡乡通油路、通客车、通邮递。[①] 2018年又投入资金81327万元,用于道路优化改造、危险路段防护、村组道路硬化和小河桥建设,项目建成后直接受益农户将达到2883户。[②] 利用迪庆州的水利资源优势,进行地上水利网建设,先后建设了犁地坪水库、康斯水库、小中甸水库,实施了农田水利项目、热区(低海拔的金沙江澜沧江一线)饮水等工程,保障地区居民日常生活劳作。"十二五"期间,迪庆完成各类水利投资23.36亿元,新增水库总库容约1.7亿立方米,共建成水库、沟渠、"五小"水利等各类水利工程7732件,迪庆州24.2万农村居民饮水不安全问题全部得到解决。[③] 村庄人居环境项目建设中,2018年投资44451万元,用于村内户外道路建设、城乡接合部居民

---

① 唐延、戴建伟:《迪庆新跨越(六):基础设施建设迈大步,强筋骨》,康巴卫视网,http://www.kangbatv.com/xw/qxxw/201709/t20170911_3584378.html。
② 资料来源:迪庆州人民政府扶贫开发办公室2018年上半年扶贫工作总结。
③ 资料来源:《2016年迪庆州政府工作报告》。

改造、改厕改圈改院项目等，旨在提升迪庆州居民的生活品质。

迪庆州基础设施扶贫不应该局限于传统的建设内容，针对迪庆地区的特色，可以扩充和丰富基础设施扶贫路径。例如，基础设施建设可以与旅游产业发展相融合，迪庆州全域旅游的发展是其旅游业发展的大方向，在全域旅游发展过程中，旅途当中的体验是重要的环节，因此在旅游主干道上的沿路路灯、绿化、站台、路标、厕所、街道商铺等建设中结合当地自然特色和民族特色，实现"基础设施+旅游"的协调发展。

第三节　迪庆州扶贫成效分析

"十二五"以来，迪庆州累计投入扶贫资金17.48亿元，通过整乡整村推进、产业扶贫、劳动力转移培训、安居工程、易地扶贫、生态移民、社会扶贫、信贷扶贫等系列措施，使全州扶贫开发工作取得显著成效。农民人均纯收入从2010年的3347元增加到2014年的5865元，农村贫困人口减少到2014年年末的11.58万人，8.33万贫困人口稳定解决温饱问题，贫困发生率从63.7%下降到36.38%，农村贫困人口明显减少。

一　层次分析法扶贫绩效研究

1. 评价指标体系的构建

本书在精准扶贫的相关理论研究基础上，结合精准扶贫的实践工作，以政策法规与相关文献为依据，形成了一套针对该地区精准扶贫绩效评价的指标体系，具体如表5-2所示。

本书数据主要来源于《2015—2017年迪庆州年鉴》、《2015—2017年香格里拉年鉴》、《2015—2017年维西县年鉴》《2015—2017年德钦县年鉴》、《2015—2017年迪庆州统计年鉴》、《2015—2017年香格里拉统计年鉴》、《2015—2017年维西县统计年鉴》、《2015—2017年德钦县统计年鉴》、2015—2017年迪庆州《政府工作报告》、2015—2017年《迪庆州扶贫工作总结》、2015—2017年《香格里拉扶贫工作总结》、2015—2017年《德钦县扶贫工作总结》、2015—2017年《维西县扶贫工作总结》及迪庆州扶贫办公室数据资料。

表 5-2　　扶贫绩效评价体系

		指标变量	符号
扶贫绩效评价体系（A）	产业扶贫子系统（B1）	投入扶贫产业项目（万元）	C1
		实现总产值数（亿元）	C2
		生物农业实现产值数（亿元）	C3
		生物林业实现产值数（亿元）	C4
		生物医药实现产值数（亿元）	C5
		发展农村经济合作组织的数量（个）	C6
	异地搬迁扶贫子系统（B2）	易地扶贫搬迁工程投资（万元）	C7
		整体搬迁户数（户）	C8
		农村危房改造（户）	C9
	生态扶贫子系统（B3）	生态效益补偿金（万元）	C10
		退耕还林（亩）	C11
		护林员人数（人）	C12
		护林员补助资金（万元）	C13
		发放太阳能热水器（套）	C14
	科教文卫扶贫子系统（B4）	小学阶段入学率（%）	C15
		资助在校大中专学生（万元）	C16
		劳动力培训人数（人）	C17
		新增转移就业劳动力（人）	C18
		全县农村低保障人数（人）	C19
		实施政策性兜底保障资金（万元）	C20
		村民小组的村民活动室建设（万元）	C21
		贫困家庭的新农合参合率（%）	C22
		标准医疗卫生室投入（万元）	C23
	基础设施建设扶贫子系统（B5）	村内道路硬化投入资金（亿元）	C24
		移动电话普及率（%）	C25
		网络覆盖率（%）	C26
		安全饮水工程投资（万元）	C27
		新建田间沟渠、灌溉沟渠（千米）	C28
		贫困村内新建太阳能路灯（个）	C29

指标选取说明：首先，选取的指标遵循全面性原则，2016 年国务院在"十三五"脱贫攻坚工作有关情况新闻发布会上提出精准扶贫的"六个精准、五个一批"，即发展生产脱贫一批、易地扶贫搬迁脱贫一批、生态补偿脱贫一批、发展教育脱贫一批、社会保障兜底一批。同时，2017年国务院发布的《关于支持深度贫困地区脱贫攻坚的实施意见》中重点

支持"三区三州"财政投入力度、易地扶贫搬迁实施力度、生态扶贫支持力度、加大社会帮扶力度。根据以上,笔者构建了产业扶贫子系统、异地搬迁扶贫子系统、生态扶贫子系统、科教文卫扶贫子系统、基础设施建设扶贫子系统。其次,选取的指标遵循可量化及数据可获得原则,由于各市、县在统计以及扶贫报告中展现的数据纬度、统计口径有所区别,经过匹配对比获取具有相同统计口径和纬度的数据。最后,选取的指标遵循相关性和独立性原则。对指标的选取,需要从不同的纬度展示扶贫成效,指标均应体现精准扶贫直接或间接的成效,但应尽量避免各指标间的相关性,即相互独立,由此可获得更为精准的研究结论。

2. 评价方法确定

目前,在扶贫绩效评价方式中,主要有回归分析法、主成分分析法、数据包络分析法以及层次分析法作为定量研究方法,并定性分析扶贫活动的实施、相关操作的完成情况,以及通过主观判断无法可视化的成效。通过查阅相关文献以及对多种方法的尝试,根据可得数据,笔者确定使用层次分析法对迪庆州的香格里拉市、德钦县以及维西县进行扶贫成效分析,并定性分析迪庆州整体的扶贫成效,由此得出较为科学、全面的结论,对后续政策建议提供理论依据。

层次分析法(Analytic Hierarchy Process,AHP)本质上是一种决策思维方式,它把复杂的问题分解为各组成因素,将这些因素按支配关系分组以形成有序的递阶层次结构,通过两两比较判断的方式确定每一层次中因素的相对重要性,然后在递阶层次结构内进行合成以得到决策因素相对于目标的重要性的总顺序。① 该方法自产生以来,以其完备的理论、严谨的结构、简洁的解决问题思路,成为一种有效的决策方法,同时层次分析因其权重的确定兼具主观性和客观性,因此在扶贫绩效分析中被广泛使用。层次分析法主要分为建立层次结构模型、构造判断(成对比较)矩阵、计算特征值和特征向量并做一致性检验、确定层次总排序并做出决策四个具体步骤。本书把迪庆州精准扶贫绩效作为分析主题,将迪庆州下属的香格里拉市、维西县、德钦县作为本次的分析目标,对三地的扶贫绩效进行较为全面的分析,以期为精准扶贫提出针对性的意见。

---

① [美] T.L. 萨蒂:《层次分析法——在资源分配、管理和冲突分析中的应用》,许树柏等译,煤炭工业出版社1988年版。

3. 层次分析法分析步骤

（1）建立层次结构

本研究通过两轮专家、扶贫相关工作人员以及相关领域研究生的共同商议，实地走访调研迪庆州市县扶贫工作，结合各地扶贫工作重点，筛选出精准扶贫绩效考量的 29 个指标，建立 1 个目标层、5 个准则层以及 29 个指标层，即表 5-2。

（2）建立判断矩阵

判断矩阵是针对上一层某元素，比较本层次与相关元素之间的相对重要性。[①] 专家对各层指标依据重要程度比值进行两两打分，标度区间见表 5-3。

表 5-3　　　　　　　　　　　判断尺度

判断尺度（B_{ij}）	定义与说明
1	具有同等重要性
3	前者稍重要于后者
5	前者明显重要于后者
7	前者强烈重要于后者
9	前者极端重要于后者
2、4、6、8	介于上述两个相邻判断尺度的中间值
$1/B_{ij}$	若元素 i 与元素 j 的重要性之比为 b_{ij}，则元素 j 与元素 i 的重要性之比为 $b_{ji}=1/b_{ij}$

根据元素的重要程度得出相对重要性的比例标度（如表 5-4）。

表 5-4　　　　　　　　　　相对重要性的比例标度

甲指标比乙指标	极重要	很重要	重要	略重要	同等	略次要	次要	很次要	极次要
甲指标评价值	9	7	5	3	1	1/3	1/5	1/7	1/9

依据表 5-4，对指标重要性程度进行两两比较，回收有效数据并进行整理分析，得出最终各层次指标重要性判断矩阵，见表 5-5、表 5-10。

[①] 李鹤：《云南省红河州精准扶贫绩效评价研究》，硕士学位论文，云南农业大学，2017 年。

表 5-5　　精准扶贫指标体系准测层指标重要性判断矩阵

A	B1	B2	B3	B4	B5
B1	1	3	1	1	3
B2	1/3	1	1/3	1/3	1/3
B3	1	3	1	1	3
B4	1	3	1	1	1
B5	1/3	3	1/3	1	1

表 5-6　　产业扶贫子系统指标重要性判断矩阵

B1	C1	C2	C3	C4	C5	C6
C1	1	3	5	7	5	3
C2	1/3	1	3	5	3	1
C3	1/5	1/3	1	3	1	1/3
C4	1/7	1/5	1/3	1	1/5	1/5
C5	1/5	1/3	1	1/5	1	1/3
C6	1/3	1	3	5	3	1

表 5-7　　易地搬迁扶贫子系统指标重要性判断矩阵

B2	C7	C8	C9
C7	1	3	3
C8	1/3	1	1
C9	1/3	1	1

表 5-8　　生态扶贫子系统指标重要性判断矩阵

B3	C10	C11	C12	C13	C14
C10	1	3	5	5	5
C11	1/3	1	3	3	3
C12	1/5	1/3	1	1	1
C13	1/5	1/3	1	1	1
C14	1/5	1/3	1	1	1

表 5-9　　　　　科教文卫扶贫子系统指标重要性判断矩阵

B4	C15	C16	C17	C18	C19	C20	C21	C22	C23
C15	1	3	1	3	1	1	5	1	3
C16	1/3	1	1/3	1	1/3	1/3	3	1/3	1
C17	1	3	1	3	1	1	5	1	3
C18	1/3	1	1/3	1	1/3	1/3	3	1/3	1
C19	1	3	1	3	1	1	5	1	3
C20	1	3	1	3	1	1	5	1	3
C21	1/5	1/3	1/5	1/3	1/5	1/5	1	1/5	1/3
C22	1	3	1	3	1	1	5	1	3
C23	1/3	1	1/3	1	1/3	3	3	1/3	1

表 5-10　　　　基础设施建设扶贫子系统指标重要性判断矩阵

B5	C24	C25	C26	C27	C28	C29
C24	1	3	3	1	3	5
C25	1/3	1	1	1/3	1	3
C26	1/3	1	1	1/3	1/3	3
C27	1	3	3	1	3	5
C28	1/3	1	3	1/3	1	3
C29	1/5	1/3	1/3	1/5	1/3	1

（3）确定权重及一致性检验

以上已经在建立层次模型结构的基础上，构建了判断矩阵：$(B_{ij})_{5 \times 5}$，$(C_{ij})_{n \times n}$。此步骤通过判断矩阵计算权重向量，目的在于寻找决策问题的显示规律。利用矩阵方程 $AX = \lambda X$（A 为判断矩阵，λ 为矩阵的特征值，X 为其对应的特征向量）可计算出矩阵的最大特征值 λ_{max} 及其对应的特征向量 X，即为指标的权重。

根据层次分析法的定义，如果判断矩阵不一致，则计算出的权重的确定性将难以保证，因此在权重计算出来后，需要进行一致性检验，才能最终确定权重。一致性指标计算公式为：$CI = \dfrac{\lambda_{max} - n}{n - 1}$，通常，CI 绝对数值越高，表示判断矩阵的一致性越明显，矩阵的建立也更加科学合理。同时，由于判断矩阵也会出现随机出现的概率，所以需要计算相应的 CR

值，CR 的计算公式为：$CR = \dfrac{CI}{RI}$。表 5-11 为平均随机一致性指标 RI 标准值，由此对比检验判断矩阵的一致性程度。

表 5-11　　　　　　　平均随机一致性指标 **RI 标准值**

矩阵阶数 n	1	2	3	4	5	6	7	8	9	10	11
RI	0.00	0.00	0.58	0.96	1.12	1.24	1.32	1.41	1.45	1.49	1.51

当 CR≥0.1 或 CR≤0 时，则需要对指标赋值进行调整，使其具有满意的一致性。

当 0≤CR≤0.1 时，指标权重可行，判断矩阵具有一致性。

本书通过计算，得出的一致性结果（见表 5-12）。

表 5-12　　　　　　精准扶贫评价指标一致性检验结果

指标		B1	B2	B3	B4	B5	结论
指标层	λ_{max}	6.395	3.000	5.042	9.770	6.196	接受
	CI	0.079	0.000	0.010	0.096	0.039	
	CR	0.064	0.000	0.009	0.066	0.0317	
准则层	λ_{max}	5.196					接受
	CI	0.049					
	CR	0.044					

根据表 5-12 可知，迪庆州扶贫绩效评价体系的判断矩阵均具有一致性，各指标权重的选取较为科学，在此基础上，计算各指标的综合权重，具体结果如表 5-13 所示。

表 5-13　　　　　　各评价指标相对权重与综合权重

目标层	准则层	指标层	指标层权重	综合权重	排序
扶贫绩效评价体系	产业扶贫子系统（0.279）	投入扶贫产业项目（万元）	0.489	0.136	2
		实现总产值（亿元）	0.193	0.054	4
		生物农业实现产值数（亿元）	0.065	0.018	18
		生物林业实现产值数（亿元）	0.023	0.006	28
		生物医药实现产值数（亿元）	0.038	0.011	26
		发展农村经济合作组织的数量（个）	0.193	0.054	4

续表

目标层	准则层	指标层	指标层权重	综合权重	排序
扶贫绩效评价体系	异地搬迁扶贫子系统（0.075）	易地扶贫搬迁工程投资（万元）	0.600	0.045	6
		整体搬迁户数（户）	0.200	0.015	21
		农村危房改造（户）	0.200	0.015	21
	生态扶贫子系统（0.279）	生态效益补偿金（万元）	0.498	0.139	1
		退耕还林（亩）	0.236	0.066	3
		护林员人数（人）	0.089	0.025	14
		护林员补助资金（万元）	0.089	0.025	14
		发放太阳能热水器（套）	0.089	0.025	14
	科教文卫扶贫子系统（0.224）	小学阶段入学率（%）	0.158	0.035	9
		资助在校大中专学生（万元）	0.056	0.013	24
		劳动力培训人数（人）	0.158	0.035	9
		新增转移就业劳动力（人）	0.056	0.013	24
		全县农村低保保障人数（人）	0.158	0.035	9
		实施政策性兜底保障资金（万元）	0.158	0.035	9
		村民小组的村民活动室建设（万元）	0.026	0.006	29
		贫困家庭的新农合参合率（%）	0.158	0.035	9
		标准医疗卫生室投入（万元）	0.072	0.016	20
	基础设施建设扶贫子系统(0.144)	村内道路硬化投入资金（亿元）	0.306	0.044	7
		移动电话普及率（%）	0.113	0.016	19
		网络覆盖率（%）	0.094	0.014	23
		安全饮水工程投资（万元）	0.306	0.044	7
		新建田间沟渠、灌溉沟渠（千米）	0.135	0.020	17
		贫困村内新建太阳能路灯（个）	0.046	0.007	27

评价结果表明：第一，迪庆州的精准扶贫绩效评价中，产业扶贫和生态扶贫是较为重要的两个指标，权重均为0.279，略高于其他三项指标。迪庆州作为云南西北地区特色高原地区，种植着大量的高原特色农产品，同时拥有丰富的旅游资源，因此依靠优质的旅游资源和特色农业发展产业，是精准扶贫最有效的方式之一。正如习近平总书记提出的"绿水青山就是金山银山"，迪庆州的经济发展，除了依靠第一产业，还需要依靠优质的自然生态环境，通过退耕还林、还草工程，护林体系建设工程等，改善迪庆州生态环境，优化生态产品供给能力，提高生态保护补偿水平，有助于当地经济持续发展。第二，科教文卫扶贫占扶贫成效的22.4%，科教文卫扶贫系统中，主要衡量了教育水平、医疗水平、政府兜底保障能

力以及村民的心灵建设，从指标层的综合权重看，四类评价指标中的教育、医疗、政府兜底保障排名较前，说明迪庆州目前的扶贫工作重心仍处在满足困难群众的物质需求，对群众的精神需求有待在后续的扶贫中逐步提升。第三，基础设施建设扶贫和易地搬迁扶贫的权重分别为 0.144 和 0.075，占比相对较低。基础设施建设扶贫中道路建设和安全饮水工程建设是最重要的两项，其权重占比排名均为第 7，充分说明在海拔高、山地多、修路难的迪庆州，保障道路通畅与安全饮水是扶贫攻坚的两大重要任务，是当前贫困地区急需解决的问题，也是切实提高困难群众生活质量的有效方式。第四，综合看 20 个扶贫指标，权重排名较高的大多数集中在对扶贫工作的资金投入上，即财政扶贫，无论是救济式扶贫还是开发式扶贫，都需要扶贫资金的大力支持，因此，财政扶贫的效果是扶贫成效的重要考量指标，无论是资金投入农业科技生产还是投入基础设施建设、教育、卫生、易地搬迁，都能显著带来经济和社会效益。

在此需特别说明，本书的分析是基于地区资源、发展现状、功能定位等方面的综合考量，权重的设定存在地区差异，在运用时，可适当进行增减和调整。总体而言，迪庆州的扶贫工作是以产业扶贫和生态扶贫以及在各个扶贫中占据重要作用的财政扶贫为主，辅以科教文卫扶贫、基础设施扶贫和易地搬迁扶贫，但差异性并不显著，从其权重可以看出，权重最高的产业扶贫和生态扶贫与权重最低的易地搬迁扶贫之间相差 0.204，差异在可接受范围内。扶贫成效指标的权重仅能反映当前的扶贫倾向与政府工作的重点，而不能评判扶贫方式的优劣，对于权重较高的指标，说明其是当前贫困地区亟待解决的需求，而权重相对较低的指标，则代表着更高层次的需求，是在满足了群众基本生活条件的基础上，后续逐步加强的部分。

4. 迪庆州精准扶贫绩效评价

（1）无量纲处理

迪庆州扶贫绩效指标评价体系中，各指标的属性和量纲级不同，使得我们无法对其直接合成，因此，在进行综合绩效计算时，应该对原始数据进行量纲归一化处理。本书的 29 个均为正向指标，因此，统一使用正向指标归一化处理方式，即 $X_i' = \dfrac{X_i - X_{min}}{X_{max} - X_{min}}$，其中 X_i' 为无量纲处理后的指标值，X_i 为原始指标值。

(2) 精准扶贫绩效评价结果分析

通过对29个无量纲处理后的指标值采用加权综合指数法进行计算,得出分数,计算公式为: $F = \sum_{i=1}^{n} W_i X_i' (i=1, 2, 3, \cdots, n)$,其中, F 为综合得分, W_i 为各指标综合权重, X_i' 为各指标标准化值。具体得分见表5-14。

表5-14　　　　　　　　迪庆州各市、县扶贫绩效得分

	得分情况	香格里拉市	德钦县	维西县
准则层得分	产业扶贫子系统	0.275693	0	0.217754
	易地搬迁扶贫子系统	0.059668	0.025938	0.014059
	生态扶贫子系统	0.048288	0.13981	0.13981
	科教文卫扶贫子系统	0.129546	0.091442	0.190989
	基础设施扶贫子系统	0.100016	0.07393	0.080414
目标层得分		0.613211	0.331121	0.643065

对迪庆州扶贫工作进行综合分析,根据表5-14可知,迪庆州的3个市县中,维西县综合得分略高于香格里拉市,以0.643分排名第一,主要在于维西县在产业扶贫、科教文卫扶贫、生态扶贫方面得分较高,维西县在产业扶贫投入资金、兜底保障、医疗卫生建设以及村民活动室建设方面投入较大,且生物医药产业发展较好,退耕还林数量巨大,护林员数量较多;其次是香格里拉市,以0.613分排名第二,香格里拉的扶贫工作较为全面,每一个扶贫子系统都有较高的得分,但在生态扶贫、科教文卫扶贫中得分略低于维西县,主要原因在于香格里拉退耕还林以及护林员数量较少,以及在兜底保障投入资金、标准卫生室投入资金方面略低。德钦县得分最低,仅有0.331分,特别在产业扶贫和基础设施扶贫方面,与维西县、香格里拉市有较大差距。但是,德钦县的生态扶贫得分较高,高于香格里拉市0.092分,主要在于德钦县的生态效益补偿金投入较大。

从各市、县产业扶贫子系统得分看,香格里拉市得分最高,德钦县得分最低,且分数悬殊较大。香格里拉市作为迪庆州的首府所在,有着较为充裕的劳动力投入、资本投入,较为优越的基础设施以及较为开放的市场,生物产业发展也具有一定的优势,从2017年州级以上农业产业化龙头企业的数量上可见一斑,迪庆州共52个企业,其中香格里拉市、德钦县、维西县分别有30个、5个和17个。因此,香格里拉市生物产业实现

的产业值占迪庆州总产业的45.33%，农村经济合作社数量也占了总体数量的50.46%，由此带动的贫困群众较多。维西县的生物产业发展也具有一定优势，特别是医药产业发展，素有"中药材之乡"的维西县，近年来重点发展"企业+基地+农户"的订单农业模式，将精准扶贫和生物医药产业发展相结合，种植适合当地的及种植周期较短、投入资金较少的特色中药材，公司从种源、技术、加工、订单等方面给予保障，由此带动农民的种植积极性，2017年维西县生物医药实现总产值5.22亿元，占迪庆州生物医药实现总产值的60.38。相比而言，德钦县的产业发展较为落后，2017年实现产业总产值仅有4.40亿元，仅占迪庆州的8.39%。德钦县依托高海拔、高温差以及传统的葡萄种植优势，近年来大力发展葡萄产业，采用以政府投入为主，相关涉农部门相互协调，企业、农户分项投入的模式进行。但在葡萄产业发展过程中，存在技术性高、投入高的特点，发展难度较大，这也是其辐射带动贫困户增收效果不显著的重要原因之一。

从异地搬迁扶贫子系统看，香格里拉市的扶贫成效较为显著，其次是德钦县，最后是维西县。易地搬迁扶贫成效除了取决于扶贫工作本身外，更多地取决于易地搬迁的必要性、受众群体的数量、搬迁难度等外在因素，因此，本书在此不进行过度分析。

从生态扶贫子系统综合看，维西县和德钦县得分相同，均为0.14分，香格里拉得分较低，为0.048分。生态扶贫成效的差距，主要体现在生态效益补偿资金和护林员人数上，退耕还林数量和发放太阳能数量两个指标受之前年度扶贫绩效以及当地可用于退耕还林的土地数量影响，因此，其仅作为扶贫成效体系构建的重要指标，在具体分析中不进行过度的解读。迪庆州有着丰富的自然资源，森林广袤，迪庆州将部分建档立卡贫困人口就地转换为生态护林员后，可增加护林员家庭平均一万元年收入，基本实现"脱贫一人带动一家"的扶贫思路。2017年，香格里拉市、德钦县、维西县护林员分别有1330人、993人和2777人，护林员人数的多少可以直接反映该地的扶贫成效，维西县通过生态扶贫带动2777个建档立卡户家庭基本脱贫，这也是维西县在该项中得分较高的主要原因；德钦县得分较高主要在于生态效益补偿金较高，其投入资金占迪庆州生态效益补偿资金的55.32%，生态效益补偿资金可以解决森林管护困难问题，同时让林农和林权所有者受益，因此德钦县生态扶贫成效显著；香格里拉市森林覆盖率较高,自然资源十分丰富,但在生态扶贫方面得分较低,其护林员数量相对较少,由此造成生态扶贫成效相对不显著。

从科教文卫扶贫子系统看,维西县成效最为显著,其次是香格里拉市,最后为德钦县。在这一评价子系统中,涵盖了教育、政府兜底保障、健康评价指标。从教育指标看,维西县和香格里拉市成效较为显著,在劳动力培训方面两地表现略有突出;从政府兜底保障看,维西县扶贫成效显著优于香格里拉市和德钦县,做到了让贫困户病有所医、学有所教、老有所养、住有所居。从健康扶贫看,扶贫成效依次为维西县、香格里拉市、德钦县,但差别不大。迪庆州的健康扶贫工程完成度较高,根据《健康扶贫 30 条措施》,加快扶贫进度,实现慢病管理签约率 100%,加大村卫生室标准化建设,逐步解决迪庆州贫困户看病难、看病贵的问题,扶贫成效十分显著。

从基础设施建设扶贫子系统看,香格里拉市成效最为显著,其次是维西县,最后是德钦县。近年来,迪庆州加强基础设施建设,取得了显著成效。实现了信号、网络、广播基本覆盖,同时实现了道路互通,村村通电,户户有水。从扶贫系统看,三地的差异主要集中在安全饮水工程投资、农村水利设施建设方面,香格里拉市在这两方面表现较好,2014 年以来,围绕"6.10.6.5"指标[①],筹集资金近 25 亿元,对各项基础设施补齐短板。实施了 187 个农村安全饮水及巩固提升工程,实现农村人口安全饮水全覆盖。在农村水利设施建设方面,围绕经济社会发展和水利建设双目标任务,积极建设水利工程。总体而言,在基础设施扶贫方面,三地差异不显著,2017 年以农村安全饮水和农田水利建设为中心的水利行业扶贫均超额完成计划[②],扶贫成效显著。

综上,迪庆州根据《迪庆州藏区脱贫攻坚三年计划(2016—2018)》《云南省迪庆藏族自治州全力推进深度贫困脱贫攻坚实施方案(2018—2020)》,2016 年实施六大工程精准扶贫,2018 年实施九大工程精准扶贫。本书扶贫成效分析结合迪庆州扶贫侧重以及当前扶贫现状分析了产业扶贫、异地搬迁扶贫、生态扶贫、科教文卫扶贫、基础设施扶贫,涵盖了

---

① 参见《市委书记在兑现军令状如期脱贫摘帽动员大会上的讲话》,中国共产党香格里拉市委员会,dw. xgll. gov. cn/html/2017/xw_ ldgzdt_ 1027/14217. html,2017. 10. 27。

② 《2017 年迪庆超额完成重点水利建设》,香格里拉网,http://xgll. com. cn/xwzx/2018-02/14/content319245. htm。

迪庆州近年来的扶贫工作重点。通过层次分析法得出以下结论：第一，总体而言，迪庆州的扶贫成效显著，五类扶贫模式中，产业扶贫和生态扶贫成效更为突出，各地区之间因经济发展状况、扶贫工作重点不同，具有较大差异。第二，从各地区分析，维西县扶贫成效最为显著，香格里拉市与其差异不大，德钦县与其他两地差异最大，扶贫成效相对较差。第三，结合地区和扶贫模式看，香格里拉市的产业扶贫成效较为显著，维西县的产业扶贫、生态扶贫和科教文卫扶贫成效较为显著，德钦县的生态扶贫成效较为显著。

二 产业扶贫模式分析

迪庆州的产业扶贫并非采用统一的建设模式，而是各乡镇，不同的产业类型，在协商之后再决定建设模式。根据不同的产业发展类型、各乡镇不同的自然和人文条件，在入户调研及一些种植、养殖场和合作社调研的基础上，总结出迪庆州的发展主要有以下几种建设模式。

1. "公司/龙头企业+政府+合作社+基地+农户"模式

此种模式积极发挥公司/龙头企业在生物产业规划与开发中的主导作用，在发挥区域优势的基础上引进公司、企业投资，由政府规划发展的片区以及因地制宜地发展经济作物，企业与政府商讨土地流转事宜，进行承包。项目区的农户以土地、资金入股，组建合作社，也可在原有合作社的基础上继续发展新的贫困户，扩大合作社规模（农户自愿加入合作社），合作社的成员都是本乡农户，由成员共同研讨，选出大户或者威望比较高的几个人组成理事会，负责合作社的事宜，其他的成员共同进行监督。龙头企业与合作社对接生产、管理（或技术服务）、销售及加工等环节，公司在政府的帮助下，在当地规划种植片区，发展相同的种植模式，公司主要提供技术方面的培训和产品的收购及销售，在规划片区之内的农户除了种植的产品能够得到公司的最低收购价格，还可以得到相应的补助来发展种植。合作社中的理事会与公司对接、谈判价格，旨在保障参与农户的利益，有效地解决了小农户与大市场的对接问题。公司、合作社、农户之间最终建立起以利益为纽带、各方共赢、紧密联结的机制。

绝大部分的种植小区和一些生态养殖小区的建设都采用此种模式，所占比重较大。实地调研发现，尽管此种模式的初衷和根本是保证农户的利益，但是，一些贫困农户在收购价格、收购标准上还是与公司的要求存在很大的差异。由于公司规模较小、能力较弱，在将药材类向外销售时，在价格谈判上总是处于劣势，而合作社与公司的谈判也处于地位不对等的状态，导致农户的利益容易受到损害。乡镇企业的发展壮大，还有很长的路要走。

2. "种养殖大户+合作社+小区/园区+农户"模式

此种模式充分发挥合作社的主人翁精神，积极动员、吸纳当地的种植、养殖大户加入合作社进行提质增效改造，一方面壮大合作社的发展，另一方面带动贫困户的发展。合作社中有威望、有能力的人组成理事会，管理合作社的事宜，参与的成员共同进行监督。合作社负责联系相关部门组织对种植、养殖农户进行培训，联系当地的兽医站及时进行疫情的防疫，并且负责进行招商，与相关企业进行谈判，保证合作社内的产品集中、统一标准销售，对于涉及全体社员利益的事情集中协商，最大程度上保证农户的利益。在种植、养殖园区内是各家自己种植、养殖，但是防疫、销售等由合作社集中管理。另外此种模式以种植、养殖能人为依托，将能人的资金、技术、管理、劳动力等优势与政府对贫困户的帮扶政策相结合，采取委托种养、寄养、按比分红的模式，贫困农户还可以到能人的基地参观，免费学习技术，对于实在没有能力参与的农户还可以到种植、养殖大户的基地打工，赚取劳务收入，解决了种植、养殖大户劳动力不足的问题。此种模式有效地解决了能人想扩大生产规模但受扶持到户政策限制，而贫困户想发展生产但受资金紧缺和劳动力缺乏等局限，能人帮助贫困农户分担了参与产业发展的自然风险和市场风险。并且这些种植、养殖大户与贫困户居住在同村同乡，交流、学习和技术指导方便，能够更好地发挥种植、养殖大户的示范带动作用。

此种模式虽然能减小贫困农户单独参与产业发展的自然风险和市场风险，但单个农村经济能人抵御风险的能力也十分有限，在出现较大的自然灾害、价格下跌时，能人往往要先顾及自身的利益，很难再兑现与贫困农户分成分红的承诺。如何建立风险共担机制是此种模式能否可持续发展的关键。

3. "合作社+基地+农户"模式

此种产业模式的发展形式是农户以土地、劳动力、自有资金等入股成立合作社，由合作社统一组织生产、统一管理、统一销售，年底分红。合作社将势单力薄的广大贫困户凝聚在一起，形成了利益共享、风险共担的整体，有利于提高农业竞争力，抵御市场挑战。此种模式不像上述模式，有能人的示范带动作用，并且发展的产业是传统的优势产业，经过多年的发展，一些养殖大户有着丰富的养殖经验，大大降低了养殖的风险。此种模式是将一群散户和贫困户集合起来共同发展产业，合作社在该模式下发挥着更大的作用，合作社不仅有联系市场的作用，更是社员联系的纽带，合作社管理的好坏直接关系着社员产业发展的成败。

农业产业的发展离不开经济组织的建立健全，将农民专业合作社这一重要的组织力量纳入农业产业化扶贫工程建设中来，顺应了市场经济发展的客观规律，顺应了提高农民组织化程度的必然趋势。但在项目建设后期，要着重解决"企业领办的合作社实力较强但与农户联结较弱，而农户自发成立的合作社实力较弱但与农户联结较强"的问题，进一步完善合作社的规范化运营，加强合作社与贫困农户的联结。合作社与农户之间的联结程度如何，能不能够形成良好的、规范的运行机制，是该模式发展到后期必须注意的，后期也应该加强对合作社的扶持与引导。

三　产业扶贫成效评价

1. 增加贫困户脱离贫困的机会获得

农民获得机会的变化，贫困户拥有的机会多少以及是否公平，对农户的收入增加、能力提高有重要影响。产业扶贫的发展，以农业产业化的发展路径，通过当地龙头企业和合作社的帮扶，可以为贫困户提供一些机会。一是靠近市场的机会。龙头企业和当地的合作社可以将分散的农户与大市场联结起来，降低农户在市场单独交易中的交易成本，提高其农产品的商品化程度。二是获得信贷的机会。龙头企业和当地政府通常以现金或提供投入要素的方式向农民提供信贷，可以解决农民贷款困难、生产受资金制约的问题。三是获得技能和技术进步的机会。产业扶贫实际上是改变传统的农业生产方式，走农业产业化、集约化、生态化的道路，可以促进新生产技术的引进、提升产品质量。在生产的过程中，农户通过农产品生产中的培训、指导和管理等知识的学习来获得技术进步或技能的提高。

2. 为农业产业化扶贫模式提供补充

扶贫主体是相对于扶贫对象而言的，是在整个扶贫工作中起引领或带动作用的组织、团体或个人。产业扶贫的发展采取多种发展模式，发展过程之中采取多主体模式，一改传统的政府主导模式，将政府、企业和农户三大主体共同纳入发展模式当中。政府作为扶贫主体的主导作用表现在两个方面，一是直接参与，二是出台相应的产业扶贫政策，提供政策上和资金上的扶持。企业特别是龙头企业作为产业扶贫产业发展的有效依托，在产业扶贫开发中占据着关键一环，对扶贫开发工作起着有力的助推作用。而在传统的观念之中，农户只是作为被扶贫的对象，其实农户也是扶贫工作中的一个重要主体。贫困农户只有真正获得脱贫技能才会防止返贫，达到真正的脱贫，这也是"造血式"扶贫要达到的效果。产业扶贫在发展的过程中，对不同种类的产业发展采取不同的模式，这些模式的发展也为扶贫工作的发展提供一些模式借鉴。

3. 促进农户能力的发展

阿马蒂亚·森将贫困定义为能力不足，他认为能力是比收入和财富更重要的概念。贫困人口的低收入是导致他们获取收入能力丧失的一个重要因素，但并不是全部因素。[1] 疾病、人力资本不足、社会歧视等都是造成人们收入能力丧失不可忽视的因素。因此，阿马蒂亚·森所强调的贫困概念是指发展机会和自我发展能力的缺乏和不足。产业扶贫在实践的过程中，首先是影响农民的思想观念，农民在产业化经营中切实体会到这种组织模式的优势，并主动接受，进而接受新的生产方式。其次是在合作中，农民逐渐学习、采用和掌握新技术，并能主动要求新技术的引进或者自己改进新技术。在此基础上，农民就可能提高自我发展能力。

4. 一批新型经营主体得到培育发展

产业扶贫在推进过程中，也带动了合作社、村集体和能人的培育和发展。据统计，迪庆州在产业扶贫发展期间成立的合作社达10个之多，覆盖农户400多户，其中绝大部分是贫困户。合作社为农户提供的服务涵盖农资供应、技术指导、信息提供和负责销售等领域，降低了单个农户的经营成本和风险，有效地将农户聚集起来，共谋发展、共同致富。能人是产业发展不可或缺的力量，与贫困户相比他们更加有技能、懂技术、善经营，同时也便于与当地人交流，在农村社区中影响力和号召力较大。因此在扶贫产业的发展过程中，当地的致富能人和种植、养殖大户在带动群众自谋发展，帮助贫困户获得发展方面起到了重要的作用。在采取"能人+

---

[1] 郭建宇：《农业产业化扶贫效果分析——以山西省为对象》，《西北农林科技大学学报》（社会科学版）2010年第10卷第4期。

贫困户"的模式下，在自愿、公平的原则基础上，将贫困户的扶持资金入股到能人，贫困户也能获得较为稳定的分红，不仅有利于贫困户脱贫致富，还能增加能人的实力，学习到管理方面的技能，双方共同获得发展。

5. 种养殖类项目生态效益明显

产业扶贫产业中种养殖项目涵盖了经济作物种植、果品种植、中药材种植、食用菌种植；蛋鸡、生猪、竹鼠等养殖。从迪庆州目前已有的种植区域来看，种植类项目普遍取得了较好的生态效益。像核桃、长寿豆、中药材等项目的种植，适合当地的气候和坡地环境，提高了农户的收入，取得了较好的经济效益；同时增加了坡地的植被覆盖率，有效减少了水土流失，提高了土壤保水保肥的能力，有利于当地生态环境的恢复。食用菌的种植项目利用农村种植玉米后的废弃秸秆打碎制作成菌棒，变废为宝，循环利用，改变了群众随意丢弃和焚烧秸秆影响环境的不良习惯。当地的养殖项目，特别是一些种养结合的项目，一方面促进了当地"立体农业"模式的发展和推广；另一方面养殖基地产生的动物粪便，可以为当地农业的发展提供大量的有机肥料，改善土质，提高耕作效益。

四 脱贫过程中存在的问题

通过上述对迪庆州扶贫成效的定性定量分析可知，迪庆州作为云南省唯一的藏族自治州，具有民族自治州的突出特点和扶贫中存在的突出困难。又因云南地区整体经济发展水平、迪庆州较为闭塞的地理区位和以山地居多的地形特点，推进精准扶贫更是困难重重，主要体现在以下几个方面。

1. 贫困状况严峻，地区差异显著

2017年迪庆州贫困发生率为18%，约是云南省贫困发生率的2倍，是全国贫困发生率的4倍，且贫困状况较为严峻，对于有条件、有能力脱贫的贫困群体已经实现了脱贫摘帽，剩下的很大部分存在自身发展动力不足，属因病因残因灾致贫的情况，扶贫难度较大。除此之外，迪庆州3个市县的贫困状况也有所差别，2017年香格里拉有贫困村26个（其中9个深度贫困村），仍有4410户、15936人未脱贫，贫困发生率为11.97%。[①]维西县有深度贫困乡3个，深度贫困村44个，仍有9185户、32668人未

---

① 资料来源：《香格里拉市脱贫攻坚工作汇报材料》，2018年6月17日。

脱贫，占全州贫困人口总数的59%，贫困发生率高达24.6%[①]。德钦县贫困人口2001户、8937人，贫困发生率为18.03%[②]。可见，迪庆州贫困状况地区差异巨大，特别是维西县，由于地方财力弱、基础建设滞后、龙头企业少、人才支撑不足等原因，导致脱贫资金缺、产业发展缓、民生短板多、观念转变难等问题较为突出，使全县成为迪庆藏区贫困面最大、贫困人口最多、贫困程度最深的县份。除此之外，迪庆州经济增长主要依靠城镇地区的产业发展，而农村地区鲜少得到城镇发展的红利，不利于扶贫攻坚工作的开展。[③]

2. 自然条件恶劣，人文因素制约，产业发展受限

迪庆州地处高寒、缺氧地区，山多路险，划拨生态红线后，可开发区域大大减少，交通不便。严酷的自然条件阻碍了当地产业的发展，对于第一、第二产业，由于地理区位的限制，农户种植及企业都呈现出"小、散、弱"的格局，远离市场，产量较少、物流成本较高的现状影响本地农产品的市场竞争力，由此第一、第二产业的扶贫带动效应较小。虽然迪庆州第三产业的GDP占比较高，但也同样存在发展因地理区位受到局限的问题。产业发展除了受到自然条件的限制外，还受到人文因素的制约，迪庆是进藏和联系东南亚"茶马古道"的要冲，是藏、汉文化的结合部和交集点。传统农耕模式和现代产业发展存在差异，使得扶贫开发工作有难度。第一，农户受到自足自给传统农业理念的影响，难以向市场提供多余的粮食及农副产品，通过市场经济手段劳动致富的方法不受重视，收入来源十分有限；第二，受民族文化影响，少数民族聚居区的贫困群众对生活容易满足，幸福感强烈，脱贫致富的内生动力严重不足；第三，农户对专业化认识不足，基地建设又缺少辐射力，造成专业化生产发展道路崎岖波折。

3. 迪庆州扶贫开发和生态保护难以并举

迪庆州地处"三江并流"世界自然遗产腹地，被划分为"川滇森林及生物多样性生态功能区"，自然保护区面积占全州总面积的13.4%，"三江并流"核心区面积的58%位于迪庆州境内，生态地位十分重要。同

---

① 资料来源：《维西傈僳族自治县2017年脱贫攻坚成效报告》。
② 资料来源：《德钦县2017年脱贫攻坚工作成效报告》。
③ 王丹、王彤、王晨：《浅析迪庆州精准扶贫情况》，《商》2016年第16期。

时，由于迪庆州高海拔、恶劣的气温以及稀薄的氧气，植物生长速度较为缓慢，生态脆弱，加之迪庆州历史上曾经历了毁林炼钢、铁、铜，毁草开荒及木头财政后，脆弱的生态环境需要经历漫长的修复过程。① 在此过程中，迪庆州将面临经济发展与生态保护难以并举的难题。在扶贫开发过程中，主要涉及基础设施建设对生态环境的影响以及产业发展对生态环境的破坏。一方面，随着迪庆州交通、城镇基础设施、能源、水利、信息化等"五网"建设的逐步完善，"十二五"期间先后完成了香格里拉机场三期扩建，香德、德维（塔）二级公路，丽香铁路、香丽高速公路开工建设，滇川通道、香稻、德贡、羊拉公路的建设，截至2016年年底公路通车里程达到6000千米②，完成犁地坪水库、康斯水库、小中甸水库以及农田水利项目，并逐步推进油、气、电输送网络建设。这些建设无疑将带来当地经济发展，从而带动贫困地区脱贫，但对草原、农田、山脉等也将造成一定程度的破坏。另一方面，迪庆州要利用水电、矿产、绚丽的自然景观以及多彩的民族文化发展工业经济和旅游业。随着大型水电站、"三江片区"矿产开发强度的逐步加大以及旅游业的发展，生态环保的压力也在逐日加大。

4. 社会事业发展较为滞后

迪庆州长期的经济发展落后造成其社会事业发展较为滞后，特别是医疗和教育，近年来经过政府的努力，迪庆州医疗和教育事业有了很大的提高，贫困地区看病、上学都有了极大改善。但目前最主要的问题是：第一，医疗和教育人才队伍水平不高、总量偏少、专业结构不合理，迪庆州缺乏高品质的医院和学校。第二，教育扶贫不够精准。截至2016年年底，迪庆州小学适龄儿童辍学率为0.29%，初中辍学率为1.31%，辍学比例虽然不高，但距离教育扶贫目标还有一定距离。第三，基本医疗保障薄弱，根据《云南省开发领导小组关于迪庆州2016年党委和政府扶贫开发工作成效考核情况的通报》，迪庆州"有8.68%的人口未参加大病保险"，"医疗费用支出高，德钦县有的脱贫户年度医药费用负担高达8000—

---

① 李昆云、金娇娇：《云南藏区经济发展与生态保护问题研究》，《时代金融》2016年第35期。

② 唐延、戴建伟：《迪庆新跨越（六）：基础设施建设迈大步，强筋骨》，康巴卫视网，www.kangbatv.com/xw/qxqw/201709/t20170911_3584378.html。

30000 元"①。健康扶贫目标是要保证全体居民 100%参加大病保险,并确保建档立卡户在 28 种疾病门诊政策范围内报销比例达 80%,尽量降低看病成本,目前的扶贫仍存在漏洞。

5. 财政扶贫途径单一,扶贫政策应用不到位

一方面,从上述财政扶贫模式可以看出,迪庆州财政扶贫途径主要为省级以上财政拨款、社会帮扶、群众自筹及投工投劳折资、对口帮扶,相对较为单一。从形式上主要是以政府投入为主的"输血型"模式,特别是缺乏国际援助;在财政扶贫投入方面,迪庆州也重点倾向于改善贫困户的基本生活条件,对医疗、教育、能力素质提升、心灵建设方面的投入较少;在金融支持方面,迪庆州金融基础设施建设滞后,农村地区金融机构十分单一。另一方面,迪庆州财政扶贫存在部分优惠政策应用不到位的问题,无论是扶贫贴息贷款还是少数民族特需商品优惠贷款,都存在与现实相矛盾之处。例如,项目贴息贷款条件必须是投资在 300 万元以上的项目才能给予贴息,且不得连续贴息,这就给很多小微企业设置了门槛和障碍,能享受该项优惠政策的企业少之又少。贷款期限设置与种养业生产周期也相矛盾,近 80%以上的扶贫贴息贷款及信用贷款期限都设置在一年以内,使得诸如重楼、核桃、牦牛养殖等期限相对长的种养业不能在贷款期内获得收益,因此而形成不良记录,影响种植、养殖业的信用。②

6. 扶贫工作管理存在漏洞

第一,迪庆州扶贫工作存在统计上的偏差,扶贫数据的统计是一个庞大而繁复的工作,迪庆州在数据统计中存在不同系统中的数据不一致,甚至相互矛盾、统计口径不统一、数据时滞的问题,这对于后续扶贫工作管理造成一定困难,也对扶贫绩效研究结论造成一定干扰;第二,迪庆州扶贫工作存在部分乡镇、村干部职工,驻村工作队员政策知晓率不高、对村情、贫困情况掌握不全面的问题;第三,档案台账资料不齐、不规范的情况突出,存在帮扶记录登记不全、重复资料多、归档时间混乱等现象;第四,存在寻租行为,这类行为主要为审核把关不严、违规发放低保、利用职务之便为本人及家人申报享受低保或贪污、虚报、冒领、套取低保金以

---

① 资料来源:《迪庆州扶贫办 2017 年工作总结和 2018 年工作安排》。
② 蒲丽敏、郭怀亮:《金融支持贫困地区扶贫开发的实践与建议——以迪庆藏族自治州为例》,《时代金融》2015 年第 33 期。

及违法私占公益林补助、草山补助、危房改造资金、扶贫项目资金、低保等。

五 解决路径

1. 突出特色，重点扶贫

围绕迪庆州突出优势，对拥有不同地理环境、气候特征、旅游资源、生物资源的市县，寻求符合各自特色的项目和产品。一方面，依据"靠山吃山、靠水吃水"的发展模式，香格里拉市可依托州府优势，集聚众多龙头企业，占有优势旅游资源，适宜同时发展旅游业和高原特色农业产业，引导和扶持部分村民发展林下经济和大山经济。维西县作为"中药材之乡"，适宜发展高原农业产业，与云南白药集团、云南农垦集团等6家企业合作推行订单农业脱贫。德钦县除了有丰富的旅游资源外，还适宜种植葡萄，发展旅游业和高原农业特色产业。总之，迪庆州生物产业和旅游产业是其产业发展的特色，也可广泛带动贫困户脱贫，因此，突出重点，加大人力、物力投入将获得更大的经济收益。另一方面，根据上述分析可知，迪庆州扶贫工程中易地搬迁扶贫、基础设施建设扶贫成效相对较低，而产业扶贫、生态扶贫、科教文卫扶贫成效相对较高。因此，应该加大易地搬迁和基础设施建设扶贫工作，并对深度贫困乡和贫困县进行重点扶贫，切实保证2020年全面脱贫。

2. 巩固基础，加强基础设施建设

迪庆州产业发展的巨大阻碍因素是基础设施建设，对交通基础设施与经济增长的关系，国内外的学术研究基本上已经形成定论。第一，产业发展需要基础设施建设作为后盾，厂区的建设依赖便捷的交通、持续稳定的电力设施、良好的投资环境以及齐备的公共服务设施，特别是物流的方便快捷，直接影响企业的利润，对于依赖特色生物产业脱贫的维西县，只有补齐了基础设施这块短板，才能成为其产业发展、转型的驱动力，进而带动农户脱贫；第二，基础设施建设也是迪庆州发展全域旅游的重要基础，迪庆州景区呈现点状分布，需要依靠路网建设将其连接，完善全州基础设施建设，即是完善"迪庆景区"硬件设备，从而提高旅游的综合服务水平，满足游客多样化的需求，推动旅游业转型升级，以此增加沿线贫困户收入。

3. 注重产业转型，维护可持续发展

依据迪庆州发展现状，进行产业转型才是迪庆州可持续发展的根本路径。第一，迪庆州第一、第二产业主要是高原特色农业产业和矿产加工产业，产业转型升级主要是指对矿产资源进行保护性开采，提高矿产的开采利用率，对矿产资源和生物产业进行深加工，提高其附加值；第二，迪庆州第三产业主要是旅游业和服务业，在景区开发过程中注重保护与开发合理配置，对于国家划分的生态红线坚决执行，绝不触碰，严格控制服务业发展对环境的污染；第三，加强环境保护，对污染的环境进行治理，以政府为主导、市民共同参与的方式进行，同时加强居民、游客的环保意识，尽力保护迪庆州生态环境，维护可持续发展，保持迪庆州经济发展动力，促进迪庆扶贫攻坚。

4. 加大人才建设，补齐教育健康扶贫短板

第一，加大社会事业发展的投入，制定人才培养体系，加大人才引进优惠条件，制定定向培养政策，促进人才流入；充分借助"沪滇"、"昆迪"等对口帮扶平台，除了给当地医疗人员和教师提供外出进修的机会外，还积极争取外地知名专家到迪庆驻点指导，通过岗位锻炼、能力培训、带教示范等措施，提升医疗、教育人才队伍素质。第二，在教育扶贫方面，完善适龄学生建档立卡，精准建档立卡数据库，实施一体化帮扶体制，对无条件上学的学生家庭进行一对一帮扶，降低辍学率。提高大中专学生的资助比例，特别是维西县，其在这方面投入不足，应加大对贫困学生的补助，包括助学金和生源地助学贷款，防止贫困学生因贫辍学或因学返贫。第三，在健康扶贫方面，进一步完善基本医疗保险、大病保险、医疗救助机制、民政救助、商业保险多措并举的保障机制。特别是德钦县，由于海拔最高、氧气最稀薄、紫外线最强、人均寿命最短，因此，德钦县要加快落实医保、医疗救助、兜底保障的工作，为德钦县贫困户提供坚实保障。

5. 加大财政扶贫投入，强化金融支持力度

财政扶贫是迪庆州扶贫攻坚工作的保障，资金投入和使用效率很大程度决定了扶贫成效。加大财政扶贫投入，除了加大产业扶贫、生态扶贫和基础设施建设扶贫投入的力度外，进入扶贫攻坚工程的中后期，更应该对健康扶贫、教育扶贫提高投入，以满足贫困户更高的需求。

除此之外，强化金融支持力度，可以将其作为财政扶贫的一大补充。第一，借助金融力量加大对"三农"的支持力度，在风险可控的前提下，扩大对广大农户的授权、授信额度；针对上述贷款期限设置与种养业生产周期相矛盾的问题，可以根据产业发展和生产周期的需要，适当延长和放宽贷款期限。第二，创新农村金融，推进农村土地、林权、房屋确权工作，搭建农村土地、林权流转服务机构和信息平台，盘活农村闲置资源，使其能够变现融资，降低农村资源与金融资源的错配率，吸引金融资源投向农业产业，促进农村发展、农民增收。第三，鼓励金融机构因地制宜健全贷款抵押担保机制，适当扩大贷款抵押担保品范围。针对农户缺乏合格的贷款抵押担保品等现实问题，围绕农民的切实需求，探索研发结合当地实际的农村土地承包经营权抵押、宅基地使用权抵押及农产品抵押等围绕农村"三权三证"的新型抵押方式，有步骤地将产权清晰、风险可控的动产和不动产试点用于贷款抵押担保，为农民提供更加实际、更加完善的金融服务。第四，培育和扶持特色农业产业化发展，优先引进和扶持农业龙头企业，搭建工业园区和高原特色农业龙头企业合作发展平台，从政策、项目和资金等方面给予支持，做大做优迪庆高原特色农业龙头企业，延长高原特色农业产业链条，促进农产品精深加工，构建"产、供、销"一条龙的高原特色农业产业，增强农业抵御风险的能力。

6. 加强扶贫工作管理

对于扶贫工作的统计偏差，需要建立一套完善的、适合迪庆州扶贫绩效的评价系统，统一统计口径，对数据统计人员进行培训，防止原始数据的错报、漏报。各市、县在统一的统计框架下进行，并根据自身发展对扶贫指标进行适当补充；对于驻村干部业务能力不足问题，制定明确的绩效评价制度；对于寻租行为，需要依靠政府强有力的手段进行打击，包括强化问责、倒逼责任制度及加大打击力度、牢固思想防线、创新监督体制等，通过一系列强硬手段保证扶贫资金、项目的落实，切实维护大众利益，为脱贫攻坚提供保障。

总体上，迪庆州扶贫攻坚工作做得非常深入和扎实，通过各级政府部门、企业公司、扶贫干部和广大群众的努力，收效十分显著，全州贫困率已经从2015年的20%，减至2018年年底的0.54%，一定能保证2020年全部脱贫，顺利打赢脱贫攻坚战。

参考文献

韩斌、李贵云：《抗逆力视角下我国生态扶贫模式策略优化研究——以云南省迪庆州为例》，《生态经济》2018年第4期。

贺能坤：《旅游开发中民族文化变迁的三个层次及其反思——基于贵州省黎平县肇兴侗寨的田野调查》，《广西民族研究》2009年第3期。

胡建绩：《产业发展学》，上海财经大学出版社2008年版。

黄泽虎、戴贤君：《民族地区旅游产业利益相关者的产权关系研究》，《旅游管理研究》2012年第12期。

金莲芳：《云南藏区文化旅游业发展问题探索——以迪庆藏族自治州为例》，《经济研究导刊》2014年第06期。

可星、任文娟、霍传冰：《国内外生物制药产业技术创新管理模式比较研究》，《科技管理研究》2017年第13期。

李昆云、金娇娇：《云南藏区经济发展与生态保护问题研究》，《时代金融》2016年第35期。

李强：《少数民族村寨旅游的社区自主和民族文化保护与发展——以云南泸沽湖与青海小庄村为例》，《贵州民族研究》2010年第2期。

李庆雷、明庆忠：《旅游产业生态集群及其实现方式》，《北京第二外国语学院学报》2008年第9期。

厉无畏、王振：《中国产业发展前沿问题》，上海人民出版社2003年版。

娄勤俭：《中国电子信息产业发展模式研究》，中国经济出版社2003年版。

蒲丽敏、郭怀亮：《金融支持贫困地区扶贫开发的实践与建议——以迪庆藏族自治州为例》，《时代金融》2015年第33期。

[美]钱纳里等:《工业化和经济增长的比较研究》,吴奇等译,上海三联书店1989年版。

[美]T.L.萨蒂:《层次分析法——在资源分配、管理和冲突分析中的应用》,许树柏等译,煤炭工业出版社1988年版。

苏东水:《产业经济学》,高等教育出版社2000年版。

[英]威廉·配第:《政治算术》,陈冬野译,商务印书馆1978年版。

吴必虎、余青:《中国民族文化旅游开发研究综述》,《民族研究》2000年第4期。

吴其付:《旅游发展与公共空间的变迁——以阿坝州理县桃坪羌族为例》,《旅游论坛》2011年第4卷第4期。

王登荣:《从产业经济学视角分析欠发达地区的特色产业发展问题》,《山西财经大学学报》2013年第S2期。

王丹、王彤、王晨:《浅析迪庆州精准扶贫情况》,《商》2016年第16期。

夏正超、谢春山:《对旅游产业集群若干基本问题的探讨》,《桂林旅游高等专科学校学报》2007年第4期。

肖佑兴、明庆忠、李松志等:《论乡村旅游的概念和类型》,《旅游科学》2001年第3期。

徐赣丽:《民俗旅游的表演化倾向及其影响》,《民俗研究》2006年第3期。

杨勇:《中国旅游产业聚集水平的实证研究》,《山西财经大学学报》2010年第9期。

杨昌儒、潘梦澜:《贵州民族文化村寨旅游发展问题与对策研究》,《贵州民族学院学报》(哲学社会科学版)2004年第5期。

杨慈、陈志明、张展鸿:《旅游、人类学与中国社会》,云南大学出版社2001年版。

叶红:《我国旅游产业区模式:比较与实证分析》,《旅游学刊》2008年第8期。

易小力:《香格里拉核心区梅里雪山的旅游开发与管理模式研究》,《北方民族大学学报》2009年第4期。

云南省统计局:《云南统计年鉴2018》,中国统计出版社2018年版。

云南人口普查办公室:《云南省人口统计资料汇编1949—1988》,云南人民出版社 1990 年版。

庄军:《论旅游产业集群的系统架构》,《桂林旅游高等专科学校学报》2005 年第 4 期。

Flowers, J., Easterling, K., "Growing South Carolina's Tourism Cluster", *Business & Economic Review*, Vol. 52, No. 3, 2006.

Gollub, J., Hosier, A., Woo, G., "Using Cluster – based Economic Strategy to Minimize Tourism Leakages", *The World Tourism Organization*, 2002.

Greg Richards, "Creativity and tourism", *Annals of Tourism Research*, Vol. 38, No. 4, 2011.

Kiernan, K., "The Nature Conservation, Geotourism and Poverty Reduction Nexus in Developing Countries: A Case Study from the Lao PDR", *Geoheritage*, Vol. 5, No. 3, 2013.

Novelli, M., Schmitz, B., Spencer, T., "Networks, Clusters and Innovation in Tourism: A UK Experience", *Tourism Management*, Vol. 27, No. 6, 2006.